网络技术系列丛书

普通高等教育"十三五"应用型人才培养规划教材

计算机网络技术项目实践

主 编 ◎ 罗萱 柳惠秋 李芳
副主编 ◎ 李瑛 张欢

西南交通大学出版社
·成都·

内容简介

根据高职高专教育的培养目标、特点和要求，本书在内容上遵循"宽、新、浅、实"的原则，较全面地介绍了计算机网络的基础知识和基本技术。本书从先进性和实用性出发，系统地介绍了计算机网络基本概念、网络体系结构、数据通信基础、局域网、网络互连、TCP 和 UDP、网络服务、无线网络和网络安全。本书针对高职的特点，侧重于实际应用和动手能力的培养，以提高学习者分析问题、解决问题的能力。

本书内容丰富，条理清晰，难度适中，通俗易懂；实用性强，学做合一，每个项目都配套了实训操作内容，每个项目后还附有大量习题以供练习。本书作为高职高专的计算机网络技术基础课程教材，适合其他专业作为选修课程教材使用，亦可作为其他读者的兴趣读物。

图书在版编目（CIP）数据

计算机网络技术项目实践 / 罗萱，柳惠秋，李芳主编. —成都：西南交通大学出版社，2016.9
普通高等教育"十三五"应用型人才培养规划教材
ISBN 978-7-5643-5052-9

Ⅰ. ①计… Ⅱ. ①罗… ②柳… ③李… Ⅲ. ①计算机网络–高等职业教育–教材 Ⅳ. ①TP393

中国版本图书馆 CIP 数据核字（2016）第 224011 号

普通高等教育"十三五"应用型人才培养规划教材

计算机网络技术项目实践

主编 罗 萱 柳惠秋 李 芳

责 任 编 辑	宋彦博
助 理 编 辑	秦明峰
封 面 设 计	严春艳
出 版 发 行	西南交通大学出版社 （四川省成都市二环路北一段 111 号 西南交通大学创新大厦 21 楼）
发行部电话	028-87600564　028-87600533
邮 政 编 码	610031
网　　　　址	http://www.xnjdcbs.com
印　　　　刷	四川森林印务有限责任公司
成 品 尺 寸	185 mm × 260 mm
印　　　　张	12
字　　　　数	256 千
版　　　　次	2016 年 9 月第 1 版
印　　　　次	2016 年 9 月第 1 次
书　　　　号	ISBN 978-7-5643-5052-9
定　　　　价	29.80 元

课件咨询电话：028-87600533
图书如有印装质量问题　本社负责退换
版权所有　盗版必究　举报电话：028-87600562

前　言

随着计算机技术的迅猛发展，计算机的应用逐渐渗透到各个技术领域和整个社会的各个方面。随后产生的网络技术的发展又推动了信息技术的发展，改变了人们日常生活的方式，也改变了社会活动，随着网络技术推广和应用的效率的提高，全球信息的共享引起全世界的强烈关注，人们对于信息的巨大需求又反过来促进和推动了网络技术的发展。网络技术在计算机以及信息方面的应用促进和推动人们去建设更加有效的信息网络，使其拥有更广泛的覆盖面和更多样化的内容，也更加的方便实用和快捷。因此计算机网络技术受重视的程度越来越高，对计算机网络技术的学习显得尤为重要。

本书根据高职教育的特点，基于"项目引导、任务驱动"的项目化教学方式编写而成，将全书分为 7 个项目，具体内容如下。

项目一：认识计算机网络，包括计算机网络的定义、组成和功能；计算机网络的产生和发展历程；计算机网络的分类方法；计算机网络的体系结构；分层原理和标准化组织。

项目二：组建计算机局域网，包括数据传输方式；电路交换、报文交换、分组交换及交换技术的比较；计算机网络的组成与拓扑结构；交换式以太网的工作原理。

项目三：网络的互连，包括 IP 地址、子网掩码；子网划分技术和方法；IP 数据报头部格式；ARP 协议和 ICMP 协议的工作原理及常用命令；路由选择协议 RIP 和 OSPF 原理。

项目四：TCP 和 UDP，包括 TCP 提供的服务、段格式和工作原理；端口号和套接字的概念；计算机网络的分类方法；UDP 数据包格式、提供的服务和传输方法。

项目五：网络服务，包括网络应用服务器的功能与作用；域名解析的原理与模式；安装、创建和配置 DNS 的方法；以及 DNS 客户端的设置与测试方法。

项目六：组建无线局域网，包括无线局域网 WLAN 标准；无线局域网硬件设备的功能和特点；无线局域网 WLAN 的组建形式；无线局域网 WLAN 的安全性。

项目七：网络安全，包括计算机网络安全的定义、特征、意义及面临的威胁；防火墙技术的定义及分类；密码体制及常见密码学的分类、数字签名的概念。

本书的编制以理论联系实际为原则，每个项目后都配备了相关的实训，将各个知识点与操作技能都融入到各个项目中，通过本门课程的学习，学生应能扎实掌握计算机网络理论基础，并具有较强的实践动手能力。

本书由重庆青年职业技术学院信息工程系罗萱、柳惠秋，重庆城市管理职业学院李芳担任主编，四川交通职业技术学院信息工程系李瑛和四川科技职工大学张欢担任副主编，具体编写分工为：罗萱编写了项目一、项目三、项目四，柳惠秋编写了项目二、项目五，李瑛和张欢编写了项目六，李芳编写了项目七。全书由罗萱统稿。

由于作者水平有限，书中难免出现疏漏和错误，恳请各位专家和读者批评指正。

编　者
2016 年 6 月

目 录

项目一　认识计算机网络 1
　任务 1　了解计算机网络的基本概念 1
　　1.1　任务描述 1
　　1.2　相关知识 1
　　习题 10
　　实训 1-1　认识计算机机房的网络 12
　任务 2　掌握计算机网络体系结构 13
　　2.1　任务描述 13
　　2.2　相关知识 13
　　习题 15

项目二　组建计算机局域网 17
　任务 3　了解数据通信知识 17
　　3.1　任务描述 17
　　3.2　相关知识 17
　任务 4　组建局域网 26
　　4.1　任务描述 26
　　4.2　相关知识 26
　　习题 37
　　实训 4-1　制作双绞线 37
　　实训 4-2　组建对等网 39
　　实训 4-3　VLAN 的划分与互通 48

项目三　网络的互连 52
　任务 5　掌握 IP 编址 52
　　5.1　任务描述 52
　　5.2　相关知识 52
　　习题 64
　　实训 5-1　IP 地址和子网掩码等配置 66
　　实训 5-2　IP 地址与子网划分 68
　任务 6　ARP 协议和 ICMP 协议 69
　　6.1　任务描述 69
　　6.2　相关知识 69
　　习题 73

  实训 6-1 常用网络命令的练习 ··· 74
 任务 7 认识路由选择 ·· 76
  7.1 任务描述 ·· 76
  7.2 相关知识 ·· 76
  习题 ·· 80
  实训 7-1 路由器基本配置 ··· 80
  实训 7-2 配置静态路由、RIP 协议、OSPF 协议 ·· 87

项目四 TCP 和 UDP ·· 95
 任务 8 了解传输层的工作原理 ·· 95
  8.1 任务描述 ·· 95
  8.2 相关知识 ·· 95
  习题 ·· 100

项目五 网络服务 ·· 102
 任务 9 配置网络服务 ·· 102
  9.1 任务描述 ·· 102
  9.2 相关知识 ·· 102
  习题 ·· 108
  实训 9-1 配置 DNS 服务 ··· 108
  实训 9-2 配置 FTP 服务 ··· 127
  实训 9-3 WWW 服务器的安装配置 ·· 133
  实训 9-4 DHCP 服务的安装和配置 ·· 140

项目六 组建无线局域网 ·· 147
 任务 10 熟悉无线局域网 WLAN ·· 147
  10.1 任务描述 ·· 147
  10.2 相关知识 ·· 147
  习题 ·· 153
  实训 10-1 组建家庭无线局域网 ··· 153

项目七 网络安全 ·· 161
 任务 11 熟悉网络安全基本知识 ·· 161
  11.1 任务描述 ·· 161
  11.2 相关知识 ·· 161
  习题 ·· 178
  实训 11-1 X-scan 扫描工具的使用 ··· 179

参考文献 ·· 186

项目一　认识计算机网络

任务要点

- ❖ 理解计算机网络的定义、组成和功能
- ❖ 了解计算机网络的产生和发展历程
- ❖ 了解计算机网络的分类方法
- ❖ 掌握计算机网络的体系结构、分层原理和标准化组织

21世纪的一些重要特征就是数字化、网络化和信息化。它是一个以网络为核心的信息时代。网络现已成为信息社会的命脉和发展知识经济的重要基础。网络是指"三网",即电信网络、有线电视网络和计算机网络。传统电信网传输语音信号,有线电视网传送广播电视信号,计算机网络传送数据信号。发展最快的并起到核心作用的是计算机网络。计算机网络是计算机技术和通信技术紧密结合的产物。目前看来,三网融合是大势所趋,三网融合是指电信网、广播电视网、互联网在向宽带通信网、数字电视网、下一代互联网演进过程中,三大网络通过技术改造,其技术功能趋于一致,业务范围也趋于相同。

任务1　了解计算机网络的基本概念

1.1　任务描述

当今社会计算机网络已经渗透进人们生活的方方面面,应用于各个领域。本任务主要对计算机网络的相关概念进行学习,包括计算机网络的定义、组成、功能、分类等,通过实例和实训让学生理解计算机网络这个抽象的概念。

1.2　相关知识

1.2.1　计算机网络的定义

所谓计算机网络,就是利用通信设备和线路将地理位置不同的、功能独立的多个计算机系统互连起来,以功能完善的网络软件(即网络通信协议、信息交换方式和网络操作系统等)实现网络资源共享和信息传递的系统。

IEEE 高级委员会坦尼鲍姆博士给它的定义是"计算机网络是一组自治计算机互联的集合"。

思考：什么是最简单的计算机网络和最庞大的计算机网络？

1.2.2 计算机网络的组成

计算机网络要完成数据处理与数据通信两大基本功能，那么它在结构上必然要分成两部分：负责数据处理的计算机与终端；负责数据通信的通信控制处理与通信线路。从计算机网络系统组成的角度看，典型的计算机网络从逻辑功能上可以分为资源子网和通信子网，如图 1-1 所示。

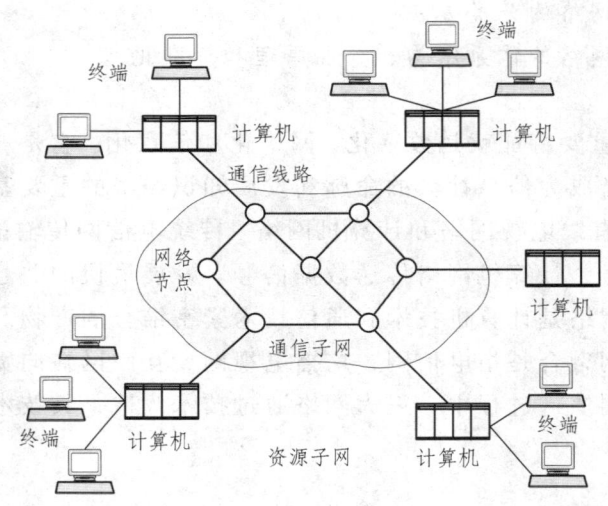

图 1-1 计算机网络的组成

1. 资源子网

资源子网（Resource Subnet）主要由提供资源的计算机和请求资源的终端组成，负责全网的信息处理。

在局域网中，资源子网是由联网的服务器、工作站、共享的打印机和其他设备及相关软件组成；在广域网中，资源子网由网上的所有计算机及其他外部设备组成。

2. 通信子网

通信子网主要由网络结点和通信链路组成，负责全网的信息传递。

在局域网中，通信子网由网卡、缆线、集线器、中继器、网桥、交换机、路由器等设备和相关软件组成；在广域网中，通信子网由一些专用的通信处理机（结点交换机）及其运行的软件、集中器等设备和连接这些结点的通信链路组成。

通信子网为资源子网提供信息传输服务，资源子网上用户间的通信是建立在通信子网的基础上。没有通信子网，网络就不能工作，而没有资源子网，通信子网的传输也失去了意义，两者合起来组成了统一的资源共享的两层网络。

1.2.3 计算机网络的功能

1. 资源共享

充分利用计算机网络中提供的资源（包括硬件、软件和数据）是计算机网络组网的主要目标之一。硬件资源共享，就是在全网范围内提供对处理资源、存储资源、输入输出资源等昂贵设备的共享，使用户节省投资，也便于集中管理和均衡分担负荷。软件资源共享，就是允许互联网上的用户远程访问各类大数据库，可以得到网络文件传送服务、远地进程管理服务和远程文件访问服务，从而避免软件研制上的重复劳动以及数据资源的重复存储，也便于集中管理。数据资源共享，就是让在不同地方使用不同计算机、不同软件的用户能够读取他人数据并进行各种操作运算和分析。

思考：举出硬件共享和软件共享的例子？

2. 数据交换

计算机网络中的计算机之间或计算机与终端之间，可以快速可靠地相互传递数据、程序或文件。例如，用户可以在网上传送电子邮件、交换数据，可以实现在商业部门或公司之间进行订单、发票等商业文件安全、准确地交换。

1.2.4 计算机网络的发展历程

计算机网络源于计算机技术与通信技术的结合，它经历了从简单到复杂、从单机到多机、从终端与计算机之间通信到计算机与计算机直接通信的发展时期。

1. 第一代计算机网络

早在20世纪50年代初，以单个计算机为中心的远程联机系统构成，开创了把计算机技术和通信技术相结合的尝试。这类简单的"终端——通信线路——面向终端的计算机"系统，构成了计算机网络的雏形。严格地说，它和现代的计算机网络相比，存在根本区别。当时的系统除了一台中央计算机外，其余的终端设备没有独立处理数据的功能，当然还不能算是真正意义上的计算机网络。为了区别以后发展的多台计算机互联的计算机网络，称它为面向终端的计算机网络，又称为第一代计算机网络，如图1-2所示。

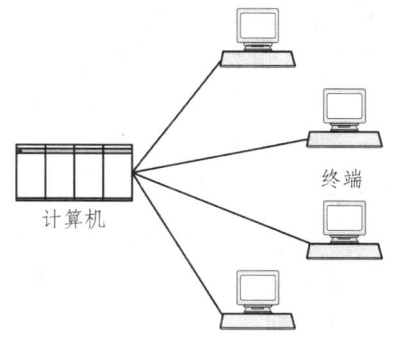

图1-2 面向终端的计算机网络

由于每一个分散的终端都要单独占用一条通信线路，线路利用率低。计算机既要承担通信工作，又要承担数据处理，因此计算机的负荷较重，且效率低。

2. 第二代计算机网络

从20世纪60年代中期开始,出现了若干个计算机主机通过通信线路互联的系统,开创了"计算机——计算机"通信的时代,并呈现出多个中心处理机的特点。20世纪60年代后期,ARPANET网是由美国国防部高级研究计划局 ARPA(Defense Advanced Research Projects Agency,DARPA)提供经费,联合计算机公司和大学共同研制而发展起来的,主要目标是借助通信系统,使网内各计算机系统间能够相互共享资源,其核心是分组交换技术,它最初投入使用的是一个有 4 个节点的实验性网络。ARPANET网的出现,代表着计算机网络的兴起。人们称之为第二代计算机网络,如图1-3所示。

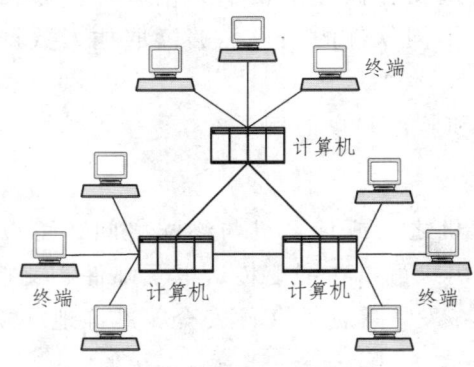

图 1-3　计算机-计算机网络

3. 第三代计算机网络

20世纪70年代至80年代中期是计算机网络发展最快的阶段,通信技术和计算机技术互相促进,结合更加紧密。局域网诞生并被推广使用,网络技术飞速发展。为了使不同体系结构的网络也能相互交换信息,国际标准化组织(ISO)于1978年成立了专门机构并制定了世界范围内的网络互联标准,称为开放系统互联参考模型 OSI/RM(Open Systems Interconnection / Reference Model),简称 OSI,人们称之为第三代计算机网络。

4. 第四代计算机网络

进入20世纪90年代后,局域网技术发展成熟,局域网已成为计算机网络结构的基本单元。网络间互联的要求越来越强烈,并出现了光纤及高速网络技术。随着多媒体、智能化网络的出现,整个系统就像一个对用户透明的大计算机系统,千兆位网络传输速率可达 1 Gb/s,它是实现多媒体计算机网络互联的重要技术基础。从1983年到1993年 10 年间,Internet从一个小型的、实验型的研究项目,发展成为世界上最大的计算机网,从而真正实现了资源共享、数据通信和分布处理的目标。我们把它称为第四代计算机网络。

1.2.5　计算机网络的分类

计算机网络按照自身的特点,从不同的角度可以有多种分类方式,下面对常见的几类进行介绍。

1. 按网络的作用范围划分

1）局域网（Local Area Network，LAN）

局域网是计算机通过高速线路相连组成的网络，一般限定在较小的区域内，如图 1-4 所示。LAN 通常安装在一个建筑物或校园（园区）中，覆盖的地理范围从几十米至数公里。例如，一个实验室、一栋大楼、一个校园或一个单位。LAN 是计算机通过高速线路相连组成的网络，网上传输速率较高，从 10 Mb/s ~ 100 Mb/s ~ 1000 Mb/s。通过 LAN，各种计算机可以共享资源。例如，共享打印机和数据库。

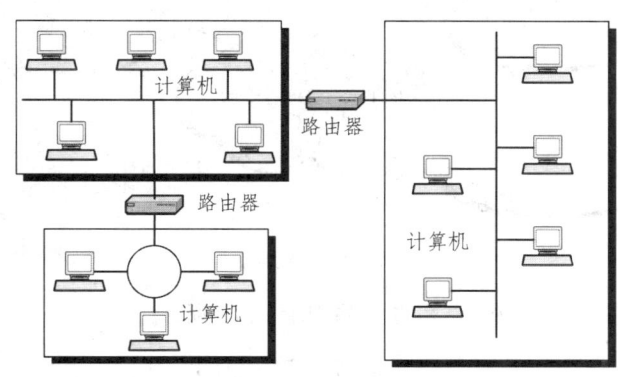

图 1-4　LAN

2）城域网（Metropolitan Area Network，MAN）

MAN 规模局限在一座城市的范围内，覆盖的地理范围从几十千米至数百千米，如图 1-5 所示。MAN 是对局域网的延伸，用来连接局域网，在传输介质和布线结构方面牵涉范围较广。例如，在城市范围内，政府部门、大型企业、机关、公司以及社会服务部门的计算机联网，可实现大量用户的多媒体信息的传输，包括语音、动画和视频图像，以及电子邮件及超文本网页等。

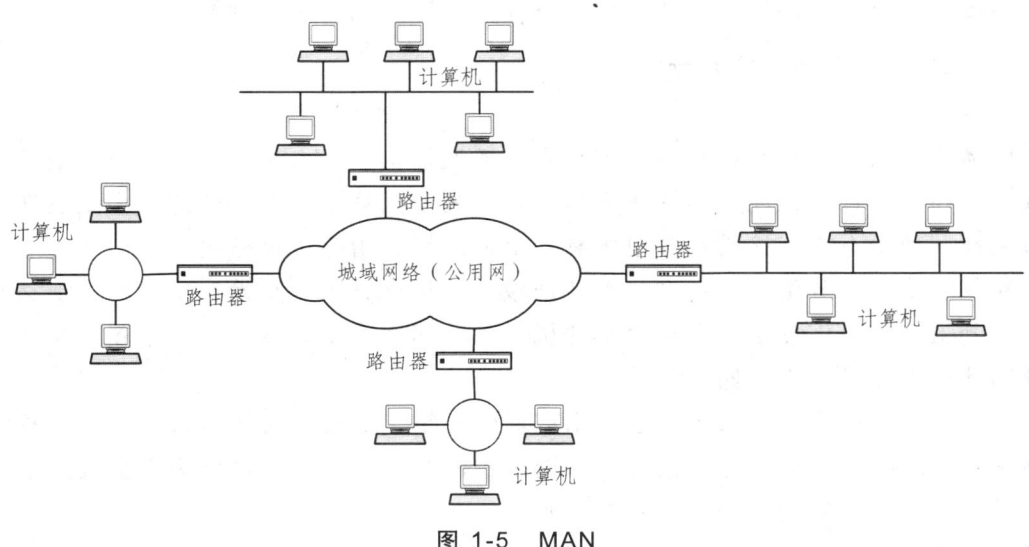

图 1-5　MAN

3）广域网（Wide Area Network，WAN）

WAN 覆盖的地理范围从数百千米至数千千米，甚至上万千米。可以是一个地区或一个国家，甚至世界几大洲，故称远程网。WAN 在采用的技术、应用范围和协议标准方面有所不同。在 WAN 中，通常是利用邮电部门提供的各种公用交换网，将分布在不同地区的计算机系统互连起来，达到资源共享的目的，如图 1-6 所示。广域网使用的主要技术为存储转发技术。

图 1-6 WAN

局域网、城域网、广域网三者的关系如图 1-7 所示。

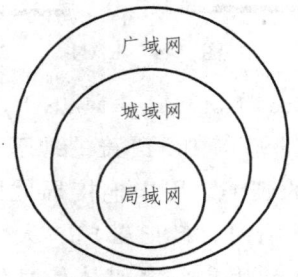

图 1-7 LAN、MAN 和 WAN 的关系图

思考：学校的校园网、企业的企业网和因特网分别属于哪种网络？

2．按网络的传输技术划分

1）广播式网络

广播式网络的特点是，在网络中只有一条通信信道，由这个网络中所有的计算机所共享。即多台计算机连接到一条通信线路上的不同分支点上，任意一个结点所发出的报文被其他所有结点接受。分组中有一个地址域，指明了该分组的目标接受者。一台机器收到了一个分组以后，它检查地址域。如果该分组正是发送给它的，那么它就处理该分组；如果该分组是发送给其他机器的，那么就忽略该分组，如图 1-8 所示。局域网基本上都是广播式网络。

在广播式网络中，若某个分组发出以后，网络上的每一台机器都接收并处理它，则称这种方式为广播。若分组是发送给网络中的某些计算机，则称为多播或组播。若分组只发送给网络中的某一台计算机，则称为单播。

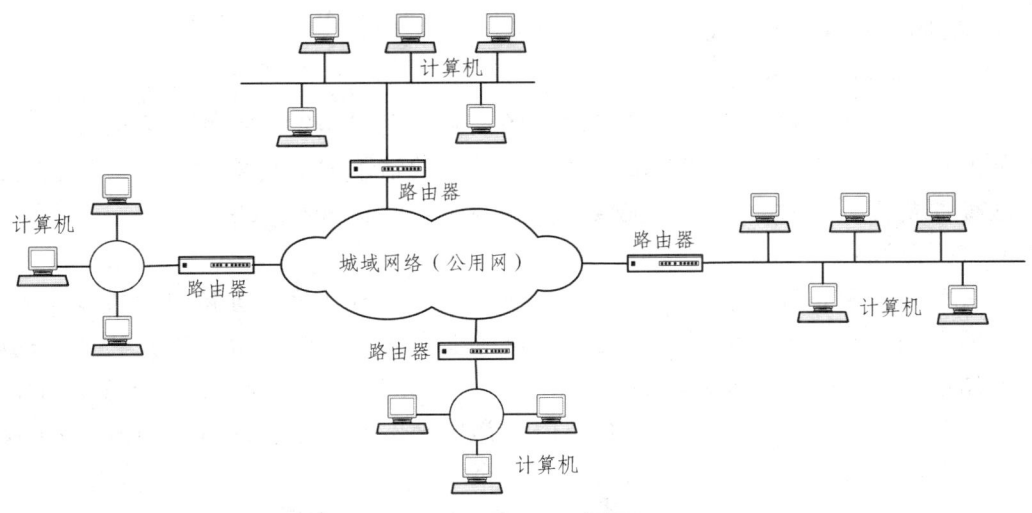

图 1-8 广播式网络

2)点对点网络

点对点网络的特点是,两台计算机之间通过一条物理线路连接。若两台计算机之间没有直接连接的线路,分组可能要通过一个或多个中间节点的接收、存储、转发,才能将分组从信源发送到目的地。由于连接多台计算机之间的线路结构可能非常复杂,存在着多条路由,因此在点到点的网络中如何选择最佳路径显得特别重要,如图1-9所示。

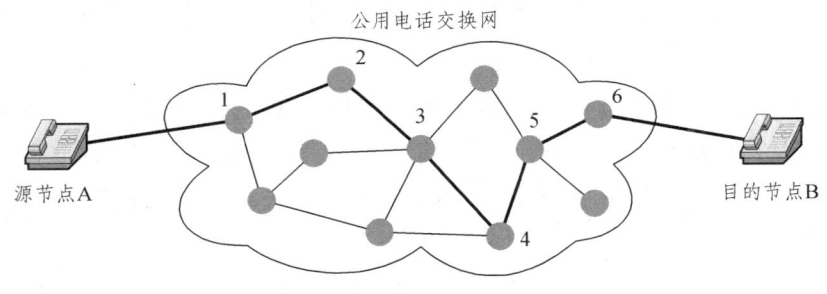

图 1-9 点对点网络

3. 按网络的使用范围划分

1)公用网

公用网一般是国家的邮电部门出资建设的网络。"公用"的意思是所有愿意按邮电部门规定缴纳费用的人都可以使用,因此,公用网也可以称为公众网,例如CHINANET、CERNET 等。

2)专用网

专用网是某个部门为本单位的特殊工作的需要而建立的网络。这种网络不向本单位以外的人提供服务。例如,军队、铁路、电力等系统均有本系统的专用网。专用网可以租用电信部门的传输线路,也可以自己铺设线路,但后者的成本非常高。

4. 按网络组件的关系划分

1）基于服务器的网络

在基于服务器的网络中，计算机之间的关系不是平等的。有些作为服务器，也就是服务的提供方。有些作为客户端，也就是服务的请求方。起核心作用的是服务器，所以这种通信方式也被称为客户/服务器方式（Client/Server，CS）。

2）对等网络

在对等网络中，计算机之间的关系是平等的，各台计算机有相同的功能，无主从之分，网上任一台计算机既可以作为网络服务器，其资源为其他计算机共享，也可以作为工作站，以分享其他服务器的资源。任一台计算机均可同时兼作服务器和工作站，也可只作其中之一。该网络比较适合部门内部协同工作的小型网络，如图1-10所示。

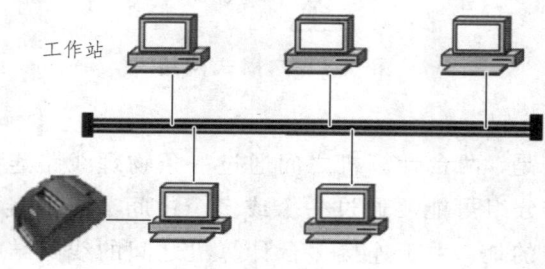

图1-10 对等网

思考：在对等网中，计算机A请求计算机B发送文件，谁是服务器端，谁是客户端？

5. 按网络的拓扑结构划分

计算机网络的拓扑结构就是网络中通信线路和站点（计算机或设备）的几何排列形式。在计算机网络中，将计算机和终端抽象为点，将通信介质抽象为线，形成点和线组成的图形，使人们对网络整体有明确的全貌印象。常见的计算机网络拓扑结构如图1-11所示。

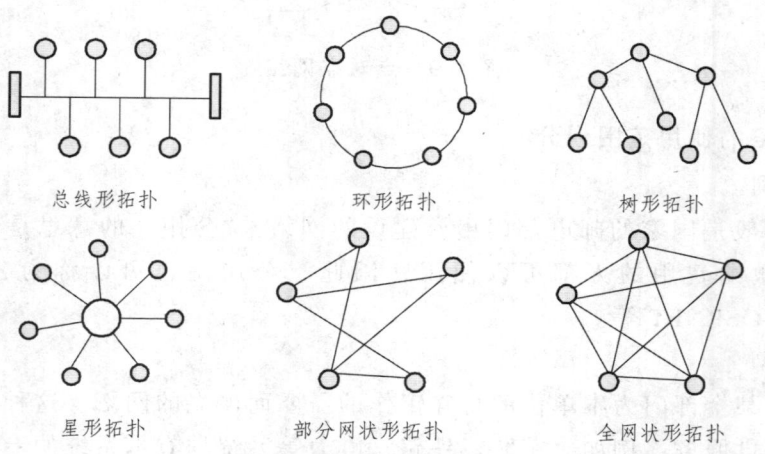

图1-11 计算机网络的拓扑结构

1）总线形拓扑结构

在总线形拓扑网络中，所有的计算机通过相应的硬件接口直接连接到一公共的传输介质上，即所有的站点共享一条数据通道，该公共传输介质即称为总线（BUS）。

总线形网络的优点是：布线容易，可靠性高，易于扩充；另外，这种结构的网络节点响应速度快、共享资源能力强、设备投入量少、成本低、安装使用方便。

总线形网络的主要缺点有：对总线的故障敏感，任何总线的故障都会使得整个网络不能正常运行；随着网络用户数量的增加，总线形网络的通信效率大大下降，用户数量受到限制。这种结构一般适用于局域网，其典型代表就是共享式以太网。

2）星形拓扑结构

星形网络（Star Network）是由中央节点和通过点到点通信链路连接到中央节点的各个计算机组成的。采用集中控制，即任何两台计算机之间的通信都要通过中央节点进行转发。

星形网络的优点是建网容易，网络控制简单，故障检测、隔离方便。其缺点是网络中央节点数据转发负担过重，容易形成数据通信瓶颈。这种结构也常用于局域网，如交换式以太网。

3）环形拓扑结构

环形网络（Ring Network）是将各台计算机与公共的缆线连接，缆线的两端连接起来形成一个封闭的环，数据在环路上以固定的方向流动。

任何节点均可以请求发送信息，但网络中的信息是单向流动的，从任一节点发出的信息经环路传送一周以后都返回到发送节点进行回收。目的节点根据信息中的目的地址判断出自己是接收节点，用令牌传递法来协调控制各节点的发送。

环形网络的主要优点是：结构简单、容易实现；由于路径选择简单，因此通信接口、管理软件都比较简单。主要缺点是：节点故障会引起全网故障；由于环路封闭，因而不利于系统扩充；在负载轻时，信道利用率低。环形结构比较适用于实时信息系统和工厂自动化系统。

4）树形拓扑结构

树形（层次型）网络是一种分级结构，可以看成是星形拓扑的扩展。它的形状像一棵倒置的树，顶端有一个带分支的根，处于最高位置的节点（根节点）负责网络的控制。

树形结构的优点是：结构比较简单，成本低；网络中任意两个节点之间不产生回路，每条链路都支持双向传输；扩充节点方便灵活。缺点是：除叶节点及其相连的链路外，任何一个节点或链路产生故障都会影响网络系统的正常运行；对根的依赖性太大，如果根节点发生故障，则全网不能正常工作。因此这种结构的可靠性与星形结构极为相似，目前的内部网大都采用这种结构。

5）网状结构

网状结构又称为分布式结构。它有严格的布点规定和形状，节点之间的连接是任意的，每两个节点之间可以有多条路径可供选择。当某一线路或节点有故障时，不会影响整个网络的工作。

网状拓扑结构有两种类型，即全网状拓扑结构和部分网状拓扑结构。

在全网状拓扑结构中，每个节点与网络中任何其他节点间都有一根线路相连。安装全网状拓扑结构网络的代价非常高，但却能产生数量极多的迂回路径，因此，如果所有节点中有某个发生了故障，网络通信仍能被传送到其他节点。全网状拓扑结构网络通常被租用为主干网络。

在部分网状拓扑结构网络中，有些节点是以全网状拓扑结构网络的方案进行连接的，但其余节点只与该网络中的一两个节点相连。与全网状拓扑结构骨干网络相连的周边网络通常会采用部分网状拓扑结构。与全网状拓扑结构相比，部分网状拓扑结构安装起来不会花费太大的代价，但相应地，产生的迂回线路较少。

网状结构的优点是：具有较高的可靠性。某一线路或节点有故障时，不会影响整个网络的工作。缺点是结构复杂，需要路由选择和流控制功能，网络控制软件复杂，硬件成本较高，不易管理和维护。

习题

一、选择题

1. 下列说法不正确的是（　　）。
   A. LAN 比 WAN 传输速度快
   B. WAN 比 LAN 传输距离远
   C. 互连 LAN 需要协议而互连 WAN 不需要
   D. 通过 LAN 可以共享计算机资源

2. Internet 最早起源于（　　）。
   A. ARPAnet　　　　　　　　B. 以太网
   C. NSFnet　　　　　　　　　D. 环形网

3. 计算机网络中可共享的资源包括（　　）。
   A. 硬件、软件、数据和通信信道
   B. 计算机、外设和通信信道
   C. 硬件、软件和数据
   D. 计算机、外设、数据和通信信道

4. 计算机互联的主要目的是（　　）。
   A. 制定网络协议

B. 将计算机技术与通信技术相结合
   C. 集中计算
   D. 资源共享
5. 广域网覆盖的地理范围可达（　　）。
   A. 数千米   B. 数十千米
   C. 数百千米   D. 数千千米
6. 下列属于资源子网的是（　　）。
   A. 打印机   B. 集线器
   C. 交换机   D. 路由器
7. 下面哪种拓扑技术可以使用集线器作为连接器？（　　）。
   A. 双环形   B. 星形
   C. 总线型   D. 单环形
8. 一旦中心节点出现故障则整个网络瘫痪的局域网的拓扑结构是（　　）。
   A. 星形结构   B. 树形结构
   C. 总线型结构   D. 环形结构

二、填空题

1. 在20世纪50年代，_____和_____技术的互相结合，为计算机网络的产生奠定了理论基础。

2. 从传输范围的角度来划分计算机网络，计算机网络可以分为_____和_____、_____。其中，Internet属于_____。

3. 从资源共享的角度来定义计算机网络，计算机网络指的是利用_____将不同地理位置的多个独立的_____连接起来以实现资源共享的系统。

4. 从计算机网络组成的角度看，计算机网络从逻辑功能上可分为_____子网和_____子网。

5. 在广播式网络中，一台机器收到一个分组，先要检查_____，如果该分组是发给它的就_____，如果不是给它的就_____。

三、问答题

1. 计算机网络的发展经历了哪几个阶段？每个阶段的特点是什么？
2. 什么是计算机网络？计算机网络的主要特点是什么？
3. 计算机网络可以从哪几个方面进行分类？
4. 局域网、城域网和广域网有什么不同？
5. 点到点网络和广播式网络有什么区别？
6. 通信子网和资源子网的功能是什么？它们分别由什么组成？
7. 叙述网络拓扑结构的概念，典型的网络拓扑结构有哪几种？简要总结其特点。

实训 1-1　认识计算机机房的网络

【实训目标】

（1）了解计算机网络的形成。
（2）初步掌握计算机网络定义、计算机网络功能和计算机网络的分类。
（3）掌握按地理位置分类的计算机网络，即局域网、广域网（城域网和因特网）。
（4）掌握计算机网络的五种结构——总线型、星形、环形、树形和网状结构。重点掌握总线型和星形。
（5）学会使用网络的软、硬件资源。

【实训内容】

（1）到学校计算机网络中心了解计算机网络结构，并画出拓扑结构图，分析属于何种网络结构。
（2）观察每台计算机是如何进行网络通信的，了解计算机网络中使用的网络设备。
（3）掌握每台计算机上使用的网络标识、网络协议和网卡的配置。

【实训步骤】

组织学生三人为一小组，分别到学校计算机网络中心，完成本次的实训内容，并写出实训报告。

第一步：观察计算机网络的组成。
（1）记录联网计算机的数量、配置、使用的操作系统、网络拓扑结构图。
（2）了解服务器、光盘镜像服务器、磁盘阵列是如何连接到计算机上的？
（3）认识并记录网络使用其他硬件设备的名称、用途及连接方法。
（4）画出拓扑结构图。
（5）分析网络的结构及其所属类型。

第二步：参观网络中心。
（1）记录联网计算机的数量、配置、使用的操作系统、网络拓扑结构图、网络组建的时间等。
（2）了解各种服务器的功能，认识网络设备，如交换机、防火墙、路由器，了解它们的用途及连接方法。
（3）画出拓扑结构图。

第三步：观察计算机网络的参数设置。
（1）在"网络"属性对话框中，记下计算机名字、工作组名字和计算机说明。
（2）查看网卡型号、网络设置，IP 地址设置以及网络使用的协议等。

任务 2 掌握计算机网络体系结构

2.1 任务描述

计算机网络是庞大的、复杂的。由于不同的网络使用不同的硬件和软件，造成大部分网络不能兼容，而且很难在不同的网络之间进行通信。为了解决这些问题，网络标准的出台是必要的。为此，国际标准化组织和一些大的网络公司、科研机构做了很大努力。本任务主要学习 ISO/OSI 参考模型及 TCP/IP 体系结构。

2.2 相关知识

2.2.1 网络体系结构概述

计算机网络系统的设计采用结构化方法，将一个较为复杂的系统分解为若干个容易处理的子系统。现代计算机网络都采用了层次化体系结构。分层及其协议的集合称为计算机网络体系结构，它是关于计算机网络系统应设置多少层，每个层能提供哪些功能的精确定义，以及层之间的关系和如何联系在一起的。

分层结构的优点如下：

（1）分解为相对简单的若干层后，易于实现和维护。

（2）各层功能明确，相对独立，下层为上层提供服务，上层通过接口调用下层功能。不关心下层具体实现细节，各层都可以选择最合适的实现技术。

（3）当某一层的功能需要更新或被替代时，只要它和上、下层的接口服务关系不变，则相邻层都不受影响。

（4）分层结构易于交流、理解和标准化。

网络体系结构分层原则：层数要适中，过多则结构过于复杂，各层组装困难，而过少则层间功能划分不明确，多种功能在同一层中，造成每层协议复杂；层间接口要清晰，跨越接口的信息量尽可能要少。

2.2.2 OSI/RM 参考模型

为了实现不同厂家生产的计算机系统之间以及不同网络之间的数据通信，国际标准化组织 ISO 对各类计算机网络体系结构进行了研究，并于 1981 年正式公布了一个网络体系结构模型作为国际标准，称为开放系统互连参考模型（OSI/RM），也称为 ISO/OSI。"开放"表示任何两个遵守 OSI/RM 的系统都可以进行互连，当一个系统能按 OSI/RM 与另一个系统进行通信时，就称该系统为开放系统。

OSI/RM 只给出了一些原则性的说明，它并不是一个具体的网络。它将整个网络的功能划分成 7 个层次，而且在两个通信实体之间的通信必须遵循这 7 层结构，如图 2-1 所示。

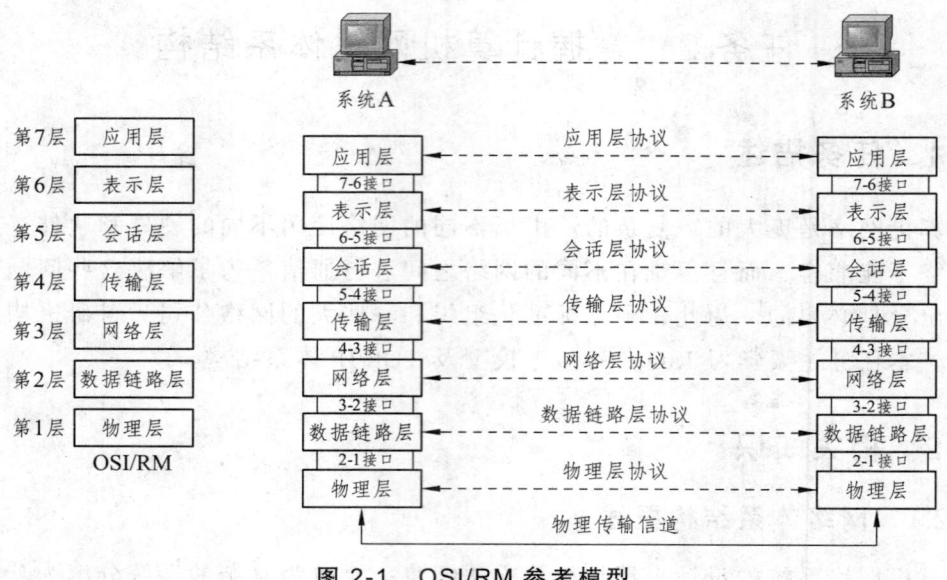

图 2-1 OSI/RM 参考模型

1. 物理层

在物理信道上传输原始的数据比特（bit）流，提供为建立、维护和拆除物理链路连接所需的各种传输介质、通信接口特性等。

2. 数据链路层

在物理层提供比特流服务的基础上，建立相邻节点之间的数据链路，通过差错控制提供数据帧在信道上无差错地传输，并进行数据流量控制。

3. 网络层

为传输层的数据传输提供建立、维护和终止网络连接的手段，把上层来的数据组织成数据包（Packet）并在节点之间进行交换传送，并且负责路由控制和拥塞控制。

4. 传输层

为上层提供端到端（最终用户到最终用户）的透明的、可靠的数据传输服务。所谓透明的传输是指在通信过程中传输层对上层屏蔽了通信传输系统的具体细节。

5. 会话层

为表示层提供建立、维护和结束会话连接的功能，并提供会话管理服务。

6. 表示层

为应用层提供信息表示方式的服务，如数据格式的变换、文本压缩、加密技术等。

7. 应用层

为网络用户或应用程序提供各种服务，如文件传输、电子邮件（E-mail）、分布式数据库、网络管理等。

2.2.3 TCP/IP 参考模型

OSI 参考模型研究的初衷是希望为网络体系结构与协议的发展提供一种国际标准，但由于 Internet 在全世界的飞速发展，使得 TCP/IP 协议得到了广泛应用，虽然 TCP/IP 不是 ISO 标准，但广泛的使用也使 TCP/IP 成为一种"实际上的标准"，并形成了 TCP/IP 参考模型。不过，ISO 的 OSI 参考模型的制定，也参考了 TCP/IP 协议集及其分层体系结构的思想。而 TCP/IP 在不断发展的过程中也吸收了 OSI 标准中的概念及特征。

TCP/IP 分为四个层次，分别是网络接口层、网际层、传输层和应用层。TCP/IP 的层次结构与 OSI 层次结构的对照关系如图 2-2 所示。

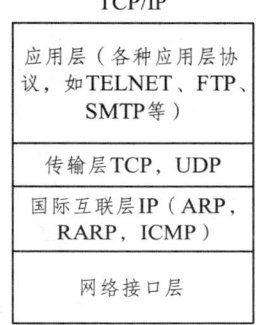

图 2-2 OSI 参考模型与 TCP/IP 参考模型的比较

习题

一、选择题

1. 推出 OSI 参考模型是为了（　　）。
   A. 建立一个设计任何网络结构都必须遵从的绝对标准
   B. 克服多厂商网络固有的通信问题
   C. 证明没有分层的网络结构是不可行的
   D. 以上叙述都不是

2. OSI 网络结构模型共分为 7 层，其中最低层是物理层，最高层是（　　）。
   A. 会话层　　　　　　　　　　B. 传输层
   C. 网络层　　　　　　　　　　D. 应用层

3. 在 TCP/IP 参考模型中，应用层是最高的一层，它包括了所有的高层协议，下列协议中不属于应用层协议的是（　　）。
   A. HTTP　　　　　　　　　　B. FTP
   C. UDP　　　　　　　　　　　D. SMTP

4. TCP/IP 协议是（　　）。
   A. 事实标准　　　　　　　　　B. 国际标准

C．美国标准　　　　　　　D．一般标准

5．TCP/IP 协议中的 TCP 对应于 OSI/RM 的（　　）。

A．数据链路层　　　　　　B．网络层

C．传输层　　　　　　　　D．会话层

二、问答题

1．什么是网络体系结构？网络体系结构为什么要分层？分层原则是什么？层与层之间是什么关系？

2．简述 OSI/RM 和 TCP/IP 参考模型的区别。

3．TCP/IP 参考模型分为几层？各层包含的协议有哪些？

项目二　组建计算机局域网

任务要点

- ❖ 了解数据传输方式
- ❖ 掌握电路交换、报文交换、分组交换及交换技术的比较
- ❖ 掌握计算机网络的组成与拓扑结构
- ❖ 掌握交换式以太网的工作原理

任务3　了解数据通信知识

3.1　任务描述

数据通信就是发送方将要发送的数据转换成信号，通过物理信道传送到数据接收方的过程。数据通信系统就是指以计算机为中心，用通信线路连接分布在各地的数据终端设备，执行数据传输功能的系统。

计算机间的通信是实现资源共享的基础，计算机通信网络的核心是数据通信设施。网络中的信息交换和共享意味着一个计算机系统中的信号通过网络传输到另一个计算机系统中去处理或使用。如何将不同计算机系统中的信号进行传输，是数据通信技术要解决的问题。

3.2　相关知识

3.2.1　数据通信的基本概念

1. 数　据

由数字、字符和符号组成，是对所描述对象的符号化记录，一般可理解为"信息的数字化形式"或"数字化的信息形式"。

在计算机网络系统中，数据通常被广义地理解为在网络中存储、处理和传输的二进制编码。

2. 信 息

是对特定事物的描述、解释、说明，是数据的内涵，是客观事物属性和相互联系的特性和表征，它反映了客观事物的存在形式和运动状态。表示信息的形式可以是数字、文字、声音、图形和图像等。

现在所说的多媒体信息就是指上述多种形式表示的信息，但这些表示媒体归根到底都是数据的一种形式（广义数据）。

3. 信 号

为了使数据能在介质中传输，必须把数据转换成某种信号（电信号或光信号）形式。在电路或光路中，信号就是具体表示数据的电编码或光编码。

信号分为模拟信号和数字信号两种形式。模拟信号是随时间连续变化的电流、电压或电磁波，可以利用其某个参量（如幅度、频率或相位等）来表示要传输的数据。数字信号是不随时间连续变化的信号，通常表现为离散的脉冲形式，可以利用其某一瞬间的状态来表示要传输的数据。

3.2.2 数据通信系统

数据通信系统的基本组成有三要素：信源、信宿和信道。信源是通信过程中产生和发送信息的设备或计算机；信宿是通信过程中接收和处理信息的设备或计算机；信息是信源和信宿之间的通信线路。如图 3-1 所示。

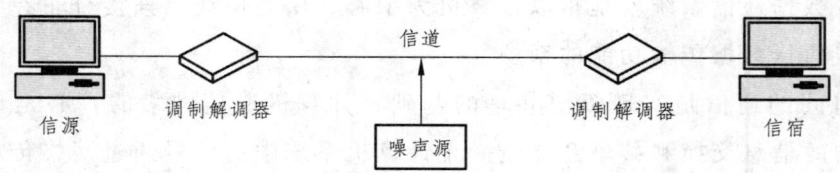

图 3-1 数据通信系统

3.2.3 数据通信的主要技术指标

数据通信的主要技术指标是衡量数据传输的有效性和可靠性的参数。有效性是由数据传输的数据速率、调制速率、传输延迟、信道带宽和信道容量等指标来衡量；可靠性是由数据传输的误码率来衡量。

数据传输速率：数据传输速率是指通信系统单位时间内传输的二进制代码的位（比特）数，因此又称比特率，单位用位/秒表示，记作 b/s。

调制速率：又叫波特率或码元速率，它是数字信号经过调制后的传输速率，表示每秒钟所能传送的码元数量，即调制后模拟电信号每秒钟的变化次数，它等于调制周期的倒数，单位为波特（Baud）。

时延：是指一个报文或分组从一个网络（或一条链路）的一端传输到网络另一端

所需的时间。通常来讲，时延由以下几个不同的部分组成。

发送时延（传输时延）：是节点在发送数据时使数据块从节点进入传输介质所需的时间，也就是从数据块的第一个比特数据开始发送算起，到最后一个比特发送完毕所需的时间，又称为传输时延，其计算公式为：

发送时延 = 数据块长度/数据传输速率

传播时延：是电磁波在信道上需要传播一定的距离而花费的时间，其计算公式为：

传播时延 = 信道长度/信号在信道上的传播速率

处理时延：是指数据在交换节点为存储转发而进行一些必要的处理所花费的时间。其中节点缓存队列中，分组排队所经历的时延是处理时延中重要组成部分，有时可用排队时延作为处理时延。处理时延的长短主要由当时网络中的通信量决定。当网络中的通信量过大时，还有可能造成队列溢出、数据丢失的情况。

因此，总时延 = 发送时延 + 传播时延 + 处理时延。

信道带宽：是指信道所能传送的信号的频率范围（即频带带宽），也就是可传送信号的最高频率与最低频率之差。

信道容量：在通信领域中，是指单位时间内信道所能传输的最大码元数，单位为位/秒（b/s）。

一般情况下，信道带宽越宽，一定时间内信道上传输的信息量就越多，则信道容量就越大，传输速率也就越高。

误码率：是指二进制码元在传输过程中被传错的概率。显然，它就是错误接收的码元数在所传输的总码元数中所占的比例。在计算机网络通信系统中，要求误码率低于 10^{-6}，即平均每传输 10^6 位数据仅允许有一位出错。在通信系统中，系统对误码率的要求对应权衡通信的可靠性和有效性两方面的因素，误码率越低，设备要求就越高。

3.2.4 数据通信编码技术

（1）数字数据传输中数据信号的编码方式有 3 种，分别是不归零编码 NRZ，曼彻斯特编码和差分曼彻斯特编码，如图 3-2 所示。

① 不归零编码 NRZ。

在 NRZ 编码中，二进制数字 0、1 分别用两种电平来表示。NRZ 有很多缺点，因为传输的数字信号需要解决收发两端之间的信号同步问题，而对于 NRZ 编码，难以确定一位的结束和另一位的开始。

② 曼彻斯特编码。

该编码是目前应用最广泛的编码方法之一，其特点是每一位二进制信号的中间都有一个跳变。曼彻斯特编码的优点是每一个比特中间的跳变又可以作为接收端的时钟信号，以保持接收端和发送端之间的同步。以太网中采用的就是这种编码技术。

③ 差分曼彻斯特编码。

该编码是对曼彻斯特码的改进,其规律是在每一个码元时间间隔内,无论发送"0"还是发送"1",在每位的中间都有电平的跳变。发送"1"时,间隔开始时刻不跃变,发送"0"时,间隔开始时刻有跃变。与曼彻斯特编码不同的是,每位中间的跳变只能作为同步时钟信号,而取值是"1"还是"0"则根据每一位的起始处有没有变化来判断。令牌环网中采用的就是这种编码。

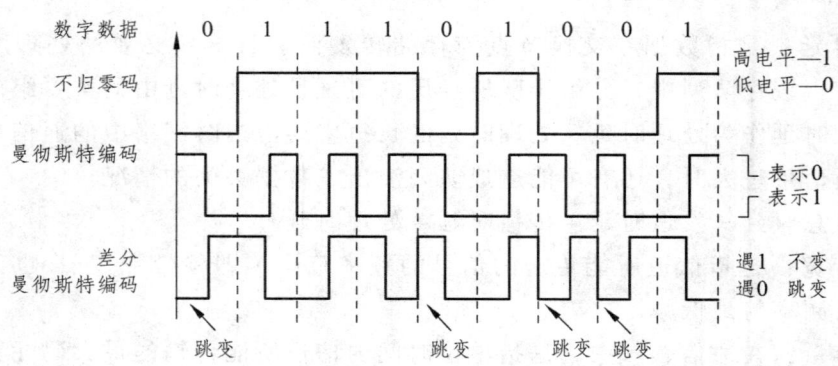

图 3-2　数字数据传输中数据信号的编码方式

（2）模拟数据的数字信号编码最常用的方法是脉冲编码调制（PCM），常用于对声音信号进行编码。PCM 处理信号的方法可分为 3 个步骤,分别是采样、量化和编码,如图 3-3 所示。

① 采样。

就是每隔一定的时间间隔,采集模拟信号的瞬时电平值作为样本表示模拟数据在某一区间随时间变化的值。采样频率以采样定理为依据,如果以等于或高于最高有效信号频率两倍的速率定时对信号进行采样,这些采样值就包含了原始信号的全部信息。

② 量化。

是将采样样本幅度按量化级决定取值的过程。经过量化后的样本幅度为离散的量化级值,根据量化之前规定好的量化级,将采样所得样本的幅值与量化级的幅值比较,取整定级。

③ 编码。

使用相应位数的二进制代码表示量化后的采样样本的量级。若量化的范围是从 0~127,则每个采样要用 7 位二进制数（$2^7 = 128$）来表示;若量化的范围是从 0~255,则每个采样需要 8 位二进制（$2^8 = 256$）来表示。

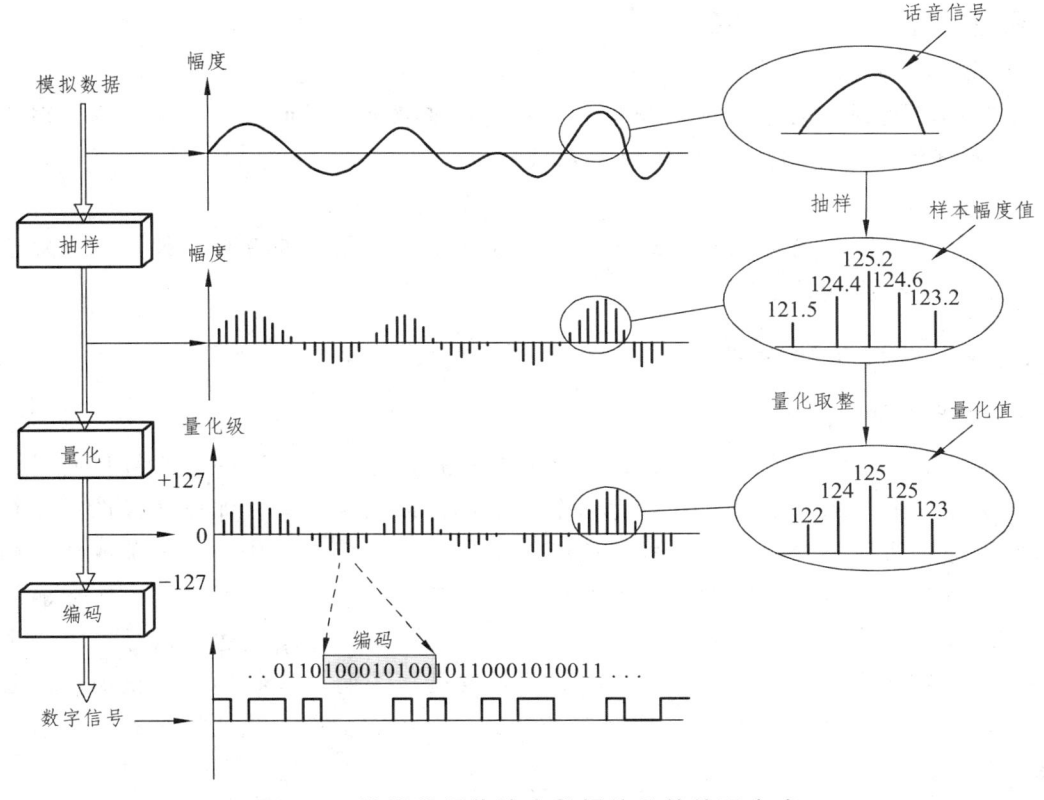

图 3-3　模拟数据传输中数据信号的编码方式

3.2.5　数据通信调制技术

1．模拟数据的模拟信号调制

一般来说，模拟数据的基带信号具有比较低的频率，不宜直接在信道中传输，需要对信号进行调制，将信号搬移到适合信道传输的频率范围内，接收端将已接收的已调信号再搬回到原来信号的频率范围，恢复成原来的信息。

最常用的两种调制技术是幅度调制（AM）和频率调制（FM）。

1）幅度调制（AM）

是一种载波的幅度会随着原始模拟数据的幅度变化而变化的技术。载波的幅度会在整个调制过程中变动，而载波的频率是不变的。

2）频率调制（FM）

是一种高频载波的频率会随着原始模拟信号的频率变化而变化的技术。载波频率会在整个调制过程中波动，而载波的幅度是不变的。

2．数字数据的模拟信号调制

1）幅移键控法 ASK

也叫幅度调制，简称调幅。载波的振幅随基带数字信号而变化。如："0"对应无载波输出,"1"对应有载波输出。

2) 频移键控法 FSK

也叫频率调制,简称调频。载波的频率随基带数字信号而变化。如:"0"对应频率为 f1 的载波,"1"对应频率为 f2 的载波。

3) 相移键控法 PSK

也叫相位调制,简称调相。载波的相位随基带数字信号而变化。如:"0"对应相位 0 度,"1"对应相位 180 度。

3.2.6 数据传输方式

1. 异步传输

异步传输是字符同步传输的方式,又称起止式同步。当发送一个字符代码时,字符前面要加一个"起"信号,长度为 1 个码元宽,极性为"0",即空号极性;而在发完一个字符后面加一个"止"信号,长度为 1、1.5(国际 2 号代码时用)或 2 个码元宽,极性为"1",即传号极性。接收端通过检测起、止信号,即可区分出所传输的字符。字符可以连续发送,也可单独发送,不发送字符时,连续发送止信号。每一个字符起始时刻可以是任意的,一个字符内码元长度是相等的,接收端通过止信号到起信号的跳变("1""0")来检测一个新字符的开始。该方式简单,收、发双方时钟信号不需要精确同步。缺点是增加起、止信号,效率低,适用于低速数据传输中。

2. 同步传输

同步传输是位(码元)同步传输方式。该方式必须在收、发双方建立精确的位定时信号,以便正确区分每位数据信号。在传输中,数据要分成组(或称帧),一帧含多个字符代码或多个独立码元。在发送数据前,在每帧开始必须加上规定的帧同步码元序列,接收端检测出该序列标志后,确定帧的开始,建立双方同步。接收端 DCE 从接收序列中提取位定时信号,从而达到位(码元)同步。同步传输不加起、止信号,传输效率高,适用于 2 400 b/s 以上数据传输,但技术比较复杂。

3.2.7 多路复用技术

在一条物理线路上建立多条通信信道,使得在同一传输介质上可同时传输多个不同信源发出的信号,做到一条线路可同时由多个用户使用,且相互不影响。常用的多路复用技术有频分多路复用、时分多路复用和波分多路复用。

1. 频分多路复用(Frequency Division Multiplexing,FDM)

就是将具有一定带宽的信道分割为若干个有较小频带的子信道,每个子信道供一个用户使用。被分开的各子信道的中心频率不相重合,且各子信道之间留有一定的空闲频带(也叫保护频带),以保证数据在各子信道上的可靠传输。

实现的条件:信道的带宽远远大于每个子信道的带宽。

采用频分多路复用时,数据在各子信道上是并行传输的。由于各子信道相互独立,故一个信道发生故障时不影响其他信道,如图 3-4 所示。

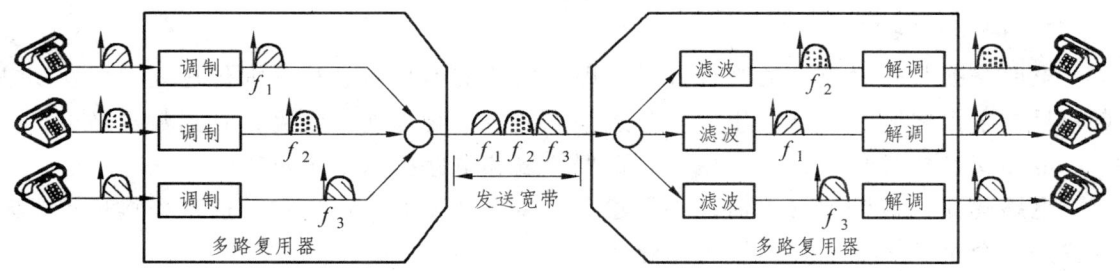

图 3-4　频分多路复用

2. 时分多路复用（Time Division Multiplexing，TDM）

是将一条物理信道的传输时间分为若干时间片,轮流地给多个信号源使用,每个时间片被复用的一路信号占用。

实现的条件:信道达到的数据传输率超过各路信号源所要求的数据传输率。

时分多路复用又可分为同步时分多路复用和异步时分多路复用。同步时分多路复用:是指分配给每个终端数据源的时间片是固定的,不管该终端是否有数据发送,属于该终端的时间片都不能被其他终端占用。异步时分多路复用:允许动态地分配时间片,如果某个终端不发送信息,则其他的终端可以占用该时间片。

频分多路复用主要用于模拟信道的复用,时分多路复用主要用于数字信号的复用。

3. 波分多路复用（Wave-length Division Multiplexing，WDM）

是频分多路复用在光纤信道上使用的一个变种。多根光纤发出的光信号到达同一个棱柱或衍射光栅时,每根光纤里的光波处于不同的波段上,多束光信号通过棱柱或衍射光栅合到一根共享的光纤上,到达目的地后,再由一个棱柱或衍射光栅将光重新分解为多路光信号,如图 3-5 所示。

图 3-5　波分多路复用

WDM 与 FDM 的唯一区别就是在 WDM 中使用的衍射光栅是无源的,因此可靠性非常高。

3.2.8　数据交换技术

在数据通信网络中,通过网络节点的某种转接方式来实现从任意一端系统到另一端系统之间数据通路接续的技术,就称为"数据交换技术",或"数据交换方式"。

常用的数据交换方式有两大类：电路交换方式和存储转发交换方式，存储转发交换方式又可分为报文交换和分组交换。

1. 电路交换方式

电路交换是一种直接的交换方式，即在电路交换技术进行数据传输期间，在源节点和目的节点之间有一条利用中间节点构成的专用物理连接线路，直到数据结束。

电路交换过程分为：电路建立、数据传输和电路拆除3个过程。

电路建立：传输数据之前，必须建立一条端到端的物理连接，这个连接过程实际上就是一个个站（节）点的接续过程。

数据传输：通信线路建立后，两站点就可以进行数据传输了。在整个数据传输期间，该通路一直为通信双方占用，直到通信结束后才释放线路。这个过程类似于电话通信的通话阶段。

电路拆除：数据传输结束后，要由通信双方中的任意一方发出拆除请求，然后进行拆除，即把线路的控制权释放。这个过程类似于电话通信中的挂机。

电路交换的特点：

① 呼叫建立时间长且存在呼损；
② 电路连通后提供给用户的是"透明通路"；
③ 适用于实时大批量连续的数据传输；
④ 线路（信道）利用率低；
⑤ 计算机数据的突发性导致通信线路的利用率很低。

2. 存储转发方式

1）报文交换

是以报文为单位的交换信息。所谓报文就是包括节点所要发送的数据、报头（源节点地址、目标节点地址）和其他控制信息在内的数据块。节点接收一个报文之后，将报文暂存在节点的存储设备中，对收发的报文进行相应的处理，并根据报文所附的目的地址转发到下一个合适的节点，如此往复，直到报文到达目标数据终端。

报文交换的优点：

① 源站和目标站在通信时不需要建立一条专用的通路，因此就不需要中间转发节点同时空闲；
② 与电路交换相比，报文交换没有建立线路和拆除线路所需的等待时间和时延；
③ 线路利用率高，节点间可根据线路情况选择不同的速度传输，能高效地传输数据；
④ 要求节点具备足够的报文数据存放能力，一般节点由微机或小型机担当；
⑤ 数据传输的可靠性高，每个节点在存储转发中，都进行差错控制，即检错、纠错；
⑥ 报文交换系统可把一份报文发往多个目的地。

报文交换的缺点：
① 分组在各结点存储转发时需要排队，这就会造成一定的时延；
② 分组必须携带的首部（里面有必不可少的控制信息）也造成了一定的开销；
③ 报文交换方式不适用于交互式通信，不利于实时交互通信。

2）分组交换

也叫包交换，它是把一个报文分成若干个较小的报文分组，每个分组的长度有一个上限，且每个分组都有一个编号。各个分组经网络节点存储转发到达目的节点后，目的节点再按分组编号进行重组报文。

有限长度的分组使每个节点所需要的存储能力降低了，分组可以存储在内存中，提高了交换速度。分组交换适用于交互式通信。

分组交换的具体过程又可分为数据报分组交换和虚电路分组交换。

① 数据报方式

在数据报方式中，每个分组的传送是被单独处理的。每个分组被称为一个数据报，每个数据报自身携带足够的地址信息。一个节点接收到一个数据报后，根据数据中的地址信息和节点所存储的路由信息，选择一个合适的路径，将数据报原样地发送到下一个节点，直到到达目的地。

不能保证各个数据报按顺序到达目的地，有的数据报甚至会丢失。

② 虚电路方式

在虚电路方式中，为进行数据传输，网络的源节点和目的节点之间先要建立一条逻辑通路。

无论何时，一个节点都能和任何节点建立多个虚电路，也能与多个节点建立虚电路。

之所以称为"虚"电路，是因为这条电路不是专用的。虚电路在建立信道时，只会占用某条路径带宽的一部分，也就是说，此条路径的剩余带宽部分仍可以提供给其他用户使用。

虚电路与电路交换的不同之处在于，虚电路方式所建立的是逻辑通路，不是专用的，分组在每个节点上仍然需要缓冲，并在线路上排队等待输出。

数据报与虚电路的差别：

数据报的传递路径并非唯一，因此经过的各个节点都必须执行选择路径的操作。而虚电路就不同了，其事先建立好传送的路径，因此各个节点不必都执行路径选择的操作。事实上，选择路径操作是很占用时间的，因此若是要传送大量数据，常采用虚电路的方式。

若以可靠性而言，则是以数据报较佳，原因在于，假若网络上某个节点突然发生故障，数据报由于传送路径不是唯一的，因此可以另外找路径来传送数据，但虚电路则因路径是固定的，所以可能较易受到影响而无法正常传送数据。

虚电路适用于实时数据的传送，而数据报而不适合。

任务 4　组建局域网

4.1　任务描述

局域网是指在较小范围内由计算机、网络连接设备和通信线路，按照某种网络结构连接而成的，以实现资源共享、数据传输和彼此通信为基本目的计算机网络。在众多类型的计算机网络中，局域网技术发展非常迅速，应用最为普遍。

4.2　相关知识

4.2.1　局域网概述

局域网（Local Area Network，LAN）是指分布在几千米范围内的计算机网络，自 20 世纪 70 年代以来，卫星计算机广泛应用，促使计算机局域网技术的应用得到飞速发展，在 Internet 广泛应用的信息化社会环境中，局域网更是全球计算机网络的基础，因而在计算机网络中，局域网理论基础与应用技术具有极其重要的地位。

4.2.2　网络传输介质

网络中连接各个通信处理设备的物理媒体称为传输介质。其性能特点对传输速率、成本、抗干扰能力、通信距离、可连接的网络节点数目和数据传输的可靠性等均有重大影响。必须根据不同的通信要求，合理地选择传输介质。

传输介质分为有线介质和无线介质。有线介质包括同轴电缆、双绞线和光纤，无线介质包括无线短波、地面微波、卫星、红外线等。下面介绍几种常用的传输介质。

1. 双绞线

双绞线采用了一对互相绝缘的金属导线互相绞合的方式来抵御一部分外界电磁波干扰。"双绞线"的名字也是由此而来。实际使用时，双绞线是由多对双绞线一起包在一个绝缘电缆套管里的。典型的双绞线有四对的，也有更多对双绞线放在一个电缆套管里的，这些我们称之为双绞线电缆。

双绞线可分为屏蔽双绞线（STP）和非屏蔽双绞线（UTP）。屏蔽双绞线（如图 4-1a）电缆的外层由铝铂包裹，以减小辐射，但并不能完全消除辐射。屏蔽双绞线价格相对较高，安装时要比非屏蔽双绞线电缆困难。

非屏蔽双绞线（如图 4-1b 所示）无屏蔽外套，直径小，节省所占用的空间，重量轻、易弯曲、易安装，将串扰减至最小或加以消除，具有阻燃性，具有独立性和灵活性，适用于结构化综合布线。

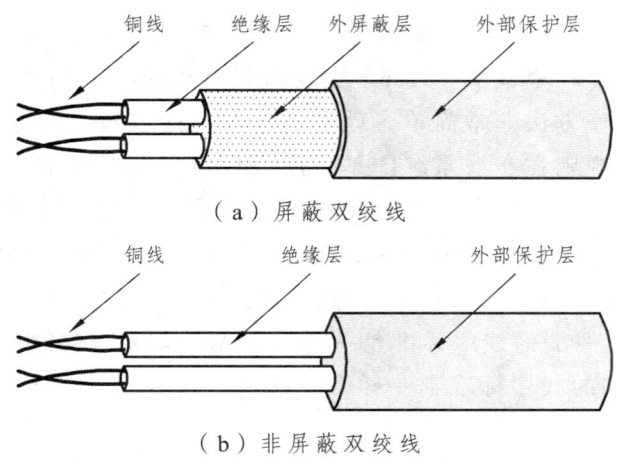

（a）屏蔽双绞线

（b）非屏蔽双绞线

图 4-1 双绞线

双绞线规格型号有 1 类线、2 类线、3 类线、4 类线、5 类线、超 5 类线和最新的 6 类线。下面简单介绍以上几类双绞线。

（1）1 类线：主要用于传输语音（一类标准主要用于八十年代初之前的电话线缆），不用于数据传输。

（2）2 类线：传输频率为 1 MHz，用于语音传输和最高传输速率 4 Mb/s 的数据传输，常见于使用 4 Mb/s 规范令牌传递协议的令牌网。

（3）3 类线：指目前在 ANSI 和 EIA/TIA568 标准中指定的电缆，该电缆的传输频率 16 MHz，用于语音传输及最高传输速率为 10 Mb/s 的数据传输，主要用于 10BASE-T 规范。

（4）4 类线：该类电缆内含 4 对线，其传输频率为 20 MHz，用于语音传输和最高传输速率为 16 Mb/s 的数据传输，主要用于基于令牌的局域网和 10BASE-T/100BASE-T 规范。

（5）5 类线：该类是新建网络或升级到高级以太网最常用的 UTP。该类电缆增加了绕线密度，外套一种高质量的绝缘材料，传输频率为 100 MHz，用于语音传输和最高传输速率为 10 Mb/s 的数据传输，主要用于 100BASE-T 和 10BASE-T 网络，是最常用的以太网电缆。

（6）超 5 类线：超 5 类双绞线属非屏蔽双绞线，与普通 5 类双绞线比较，超 5 类双绞线在传送信号时衰减更小，抗干扰能力更强，在 100 M 网络中，用户设备的受干扰程度只有普通 5 类线的 1/4，并且具有更高的衰减与串扰比值（ACR）和信噪比（Structural Return Loss），更小的时延误差，性能得到很大提高。

（7）6 类线：6 类双绞线采用了经过一定比例预先扭绞的十字形塑料骨架，保持电缆结构稳定性的同时降低了线对之间的串扰。六类布线的传输性能远远高于超五类标准，最适用于传输速率高于 1 Gb/s 的应用。

双绞线的连接器最常见的是 RJ-11 和 RJ-45。RJ-11 用于连接 3 对双绞线缆，RJ-45

用于连接 4 对双绞线缆。RJ-45 接头俗称水晶头，双绞线的两端必须都安装 RJ-45 插头，以便插在以太网卡、集线器（Hub）或交换机（Switch）RJ-45 接口上。

双绞线网线的制作方法非常简单，就是把双绞线的 4 对 8 芯导线按一定规则插入到水晶头中。插入的规则在布线系统中是采用 EIA/TIA568 标准，在电缆的一端将 8 根线与 RJ-45 水晶头根据连线顺序进行相连，连线顺序是指电缆在水晶头中的排列顺序。EIA/TIA568 标准提供了两种顺序：568A 和 568B。根据制作网线过程中两端的线序不同，以太网使用的 UTP 电缆分直通 UTP 和交叉 UTP。

直通 UTP 即电缆两端的线序标准是一样的，两端都是 T568B 或都是 T568A 的标准。而交叉 UTP 两端的线序标准不一样，一端为 T568A，另一端为 T568B 标准。如图 4-2 所示。

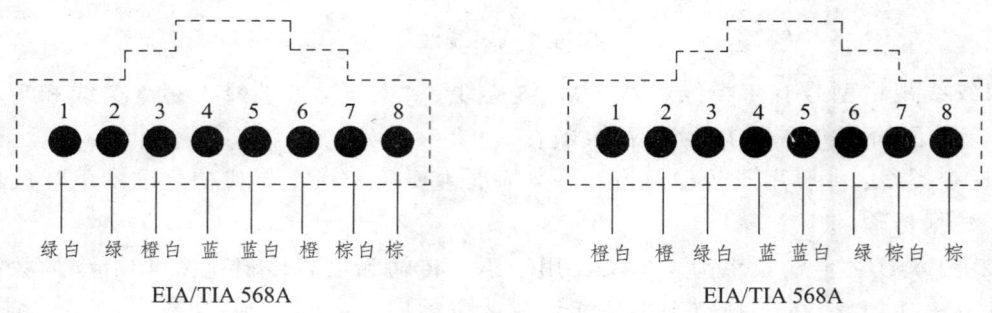

图 4-2　568A 和 568B 的连接规范

在实际的网络环境中，一根双绞线的两端分别连接不同设备时，必须根据标准确定两端的线序，否则将无法连通。通常，在下列情况下，双绞线的两端线序必须一致才可连通。如图 4-3 所示。

① 计算机与交换机的普通端口连接。
② 交换机与路由器的以太口相连。
③ 集线器的 uplink 口与交换机的普通端口相连。

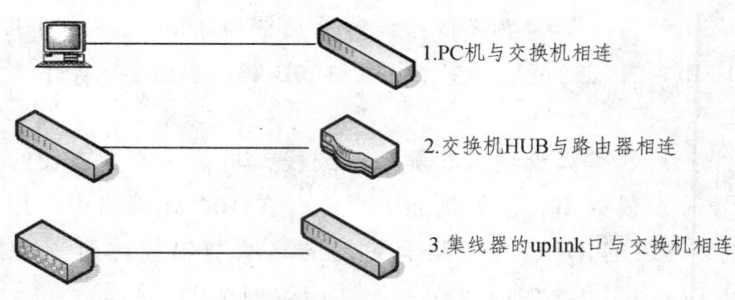

图 4-3　采用直通缆的场合

在下列情况下，双绞线的两端线序必须将一端中的 1 与 3 对调，2 与 6 对调才可连通，如图 4-4 所示。

① 计算机与计算机的网卡端口连接。

② 交换机与交换机的非 uplink 口相连。
③ 路由器的以太口互连。
④ 计算机与路由器以太口相连。

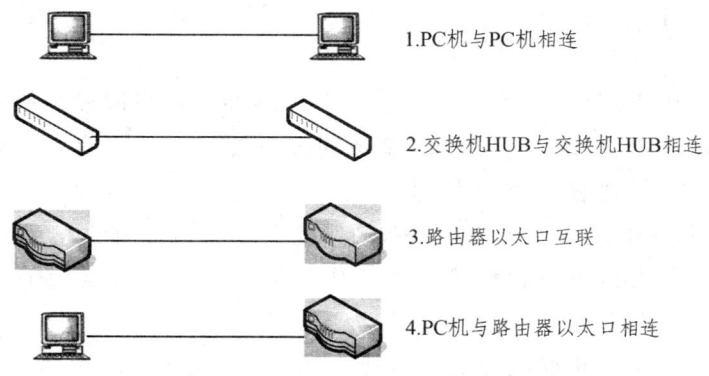

图 4-4 采用交叉缆的场合

使用双绞线作为传输介质的优越性在于其技术和标准非常成熟，价格低廉、而且安装也相对简单。缺点是双绞线对电磁干扰比较敏感，并且容易被窃听。双绞线目前主要在室内环境中使用。

2．同轴电缆

同轴电缆是一种用途广泛的传输媒介，这种传输媒介由一根空心的外圆柱导体和一根位于中心轴线的内导线组成。内导线和圆柱导体及外界之间用绝缘材料隔开，如图 4-5 所示。

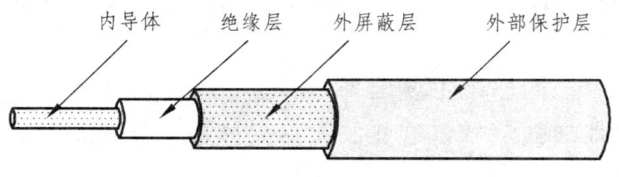

图 4-5 同轴电缆结构图

根据传输频带的不同，同轴电缆可分为基带同轴电缆和宽带同轴电缆两种类型。
（1）基带同轴电缆。

基带（Baseband）同轴电缆是特性阻抗为 50 欧姆的同轴电缆，用于传送数字信号。通常把表示数字信号的方波所固有的频带称为基带。50 欧姆电缆分为粗缆和细缆两种。

粗缆传输距离长，性能高，适用于较大局域网的网络干线，布线距离较长，可靠性较好。用户通常采用外部收发器与网络干线连接。粗缆局域网中每段长度可达 500 m，采用 4 个中继器连接 5 个网段后最大可达 2 500 m。用粗缆组网如直接与网卡相连，网卡必须带有 AUI 接口（15 针 D 型接口）。用粗缆组建局域网虽然各项性能较高，具有较大的传输距离，但是网络安装、维护等方面比较困难，造价较高。

细缆传输距离短，相对便宜，用 T 型头，与 BNC 网卡相连，两端安装 50 欧姆终端电阻,两端需安装终端电阻器。细缆网络每段干线长度最大为 185 m,每段干线最多接入 30 个用户。如要拓宽网络范围,需使用中继器,如采用 4 个中继器连接 5 个网段,使网络最大距离达到 925 m。细缆安装较容易,而且造价较低,但因受网络布线结构的限制,其日常维护不甚方便,一旦一个用户出故障,便会影响其他用户的正常工作。

粗缆传输性能优于细缆,在传输速率为 10 Mb/s 时,粗缆网段传输距离可达 500～1 000 m,细缆传输距离为 200～300 m。基带同轴电缆多适用于直接传输数字信号(即基带信号),不需加调制解调器,信号可在电缆上双向传输,数据传输速率一般为 10 Mb/s,最大数据传输速率可达 50 Mb/s,其抗干扰能力较好。但仍不能完全避开电磁干扰。每段电缆可支持近百台设备正常工作,加中继器后可接上千台设备。

(2)宽带同轴电缆。

宽带(Broad band)同轴电缆是特性阻抗为 75 Ω 的 CATV(Community Antenna Television,公用天线电视)电缆,用于传送模拟信号。宽带同轴电缆常用的电缆的屏蔽层通常是用铝冲压成的。

宽带同轴电缆由于其通信频带宽,故能将语音、图像、图形、数据同时在一条电缆上传送。宽带同轴电缆的传输距离最长可达 10 km(不加中继器),一般为 20 km(加中继器)。其抗干扰能力强,可完全避开电磁干扰,可连接上千台设备。要把计算机产生的数字信号变成模拟信号在 CATV 电缆传输,就要求在发送端和接收端加入调制解调器(Modem)。对于带宽为 400 MHz 的 CATV 电缆,其传送速率为 100～150 Mb/s。

宽带系统又分为多个信道,电视广播通常占用 6 MHz 信道。每个信道可用于模拟电视、CD 质量声音(1.4 Mb/s)或 3 Mb/s 的数字比特流。电视和数据可在一条电缆上混合传输。

宽带系统和基带系统的一个主要区别是:宽带系统由于覆盖的区域广,因此,需要模拟放大器周期性地加强信号。这些放大器仅能单向传输信号,因此,如果计算机间有放大器,则报文分组就不能在计算机间逆向传输。

同轴电缆主要应用于环形拓扑结构的小型局域网中。采用同轴电缆进行网络连接时,常用到如下接头设备。

BNC 桶型接头:用于连接两段细同轴电缆。

BNC 连接器:BNC 电缆连接器由一根中心针、一个外套和卡座组成。每段电缆的两端必须安装 BNC 连接器,如图 4-6 所示。

　　　　BNC连接器　　　BNC T型接头　　　终端匹配器
图 4-6　BNC 电缆连接设置

BNC T 型接头：T 型接头用于连接细缆的 BNC 连接器和网卡，每台工作站都需要一个 T 型接头。如图 4-6 所示。

终端匹配器：每个粗同轴电缆网段都必须用 50 Ω 系列终端匹配器连接。每个细同轴电缆网段的两端都必须有一个 50 Ω 的 BNC 终端匹配器，直接连接于 BNC T 型接头。如图 4-6 所示。

与双绞线相比，同轴电缆的抗干扰能力强、屏蔽性能好、传输数据稳定、价格也便宜，它不用连接在集线器或交换机上即可使用。同轴电缆的带宽取决于电缆长度，1 km 的电缆可以达到 1 Gb/s 到 2 Gb/s 的数据传输速率。它可以使用更长的电缆，但是传输率要降低或使用中间放大器。目前，同轴电缆大量被光纤取代，但仍广泛应用于有线电视和某些局域网中。

3. 光纤

光纤是光缆的纤芯，光纤由光纤芯、包层和涂覆层三部分组成。最里面的是光纤芯，包层将光纤芯围裹起来，使光纤芯与外界隔离，以防止与其他相邻的光导纤维相互干扰。包层的外面涂覆一层很薄的涂覆层，涂覆材料为硅酮树脂或聚氨基甲酸乙酯，涂覆层的外面套塑（或称二次涂覆），套塑的原料大都采用尼龙、聚乙烯或聚丙烯等塑料。如图 4-7 所示。

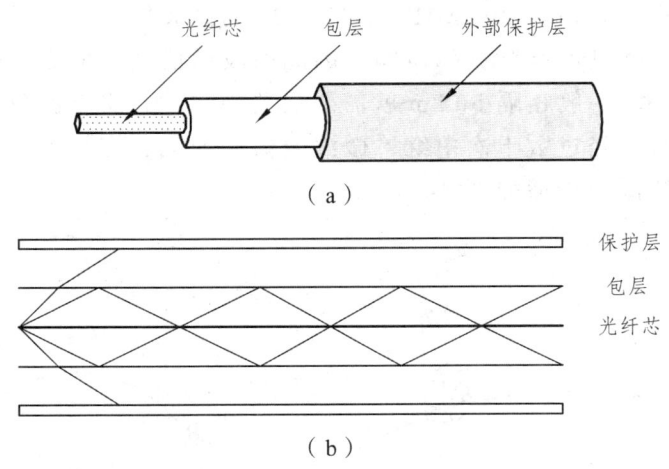

图 4-7 光纤的构成

光纤通信具有以下特点：
（1）通信容量大、传输距离远；
（2）信号串扰小、保密性能好；
（3）抗电磁干扰、传输质量佳；
（4）光纤尺寸小、重量轻，便于敷设和运输；
（5）材料来源丰富，环境保护好；
（6）无辐射，难于窃听；

（7）光缆适应性强，寿命长。

但同时，光纤性质脆，需要适当地涂覆加以保护；此外，为了保证能承受一定的敷设张力，在光纤结构上需要多加考虑；在切断和连接光纤时，需要高精度技术和仪表器具；分路耦合不方便；光纤不能输送中继器所需要的电能；弯曲半径不宜太小，否则无法传输信号。

4．无线传输媒介

无线传输介质：无线传输介质是利用可以穿越外太空的大气电磁波来传输信号的。由于无线信号不需要物理的媒体，它可以克服线缆限制引起的不便，解决某些布线有困难的区域联网问题。无线传输介质具有不受地理条件的限制、建网速度快等特点，目前应用于计算机无线通讯的手段主要有无线电短波、超短波、微波、红外线、激光以及卫星通信等。

（1）短波通信。

短波通信，又称高频通信，是以波长为 10～100 m 的电磁波进行信号传输的一种通信方式，其工作频率范围在 3～30 MHz。短波通信系统配置简单，机动性大，广泛应用于电话、电报、传真和广播等业务。但是该通信系统载频较低，稳定性较差。

（2）微波通信。

微波通信是指用频率在 300 MHz 到 10 GHz 的微波信号进行通信。微波通信沿直线进行信号传播，并且不能穿透障碍物，因此微波通信主要依靠视距通信，超过视距以后需要中继转发。一般相隔 50 km 就需要设置中继站，将电波放大转发而延伸。远距离微波通信通常要经过数十次中继，微波通信频带宽、容量大、广泛应用于各种电信业务的传送。微波的传播如图 4-8 所示。

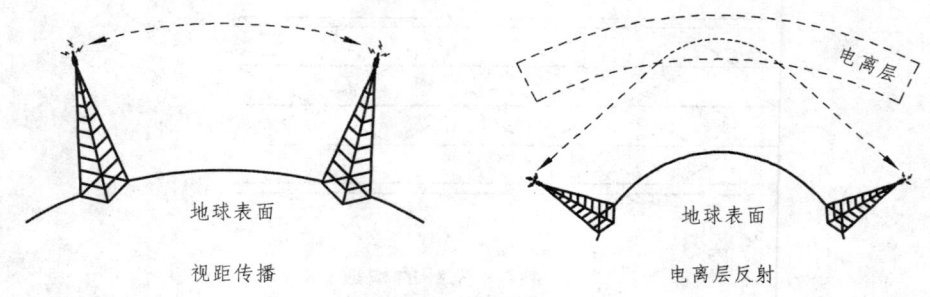

图 4-8 微波的传播

（3）卫星通信。

卫星通信是指利用人造卫星进行中转的通信方式。通信卫星一般被发射在赤道上方 3.6 万千米的同步轨道上，与地球的自转同步运行。轨道的平面与赤道平面的夹角保持为零度，使卫星相对地面静止不动，因此称为同步卫星。卫星通信系统由卫星和地球站两部分组成。卫星在空中起中继站的作用，把地球站发上来的电磁波放大后回送另一地球站。地球站是卫星系统形成的链路。由于每一颗通信卫星可俯视地球 1/3

的面积，所以利用在定点同步轨道上等距离分布的三颗卫星，就能同全球进行通信。

（4）红外传输。

无导向的红外线被广泛用于短距离通信，电视、录像机使用的遥控装置都利用了红外线装置。红外线不能穿透坚固的墙壁，这意味着一间房屋里的红外系统不会对其他房间里的系统产生串扰。正是由于这个原因，红外线成为室内无线网的候选对象。在实际应用中，由于红外线具有很高的背景噪声，受日光、环境照明等影响较大，一般要求的发射功率较高，而采用现行技术，特别是 LED，很难获得高的比特速率（＞10 Mb/s）。

4.2.3 以太网技术概述

以太网（Ethernet）于 20 世纪 70 年代早期由美国施乐公司创建，是最早使用的局域网，也是目前局域网通用的通信协议标准。20 世纪 70 年代末期，由 Xerox、DEC 和 Intel 这三家公司联合公布了 Ethernet 物理层和数据链路层的详细技术规范。

1983 年，IEEE802 委员会公布的 802.3 局域网协议（CSMA/CD），基本上和 Ethernet 技术规范一致，于是 Ethernet 技术规范成为世界上第一个局域网的工业标准。

以太网具有的一般特征概述如下：

（1）共享媒体：所有网络设备依次使用同一通信媒体。

（2）广播域：需要传输的帧被发送到所有节点，但只有寻址到的节点才会接收到帧。

（3）CSMA/CD：以太网中利用载波监听多路访问/冲突检测方法（Carrier Sense Multiple Access/Collision Detection）以防止更多节点同时发送。

（4）MAC 地址：媒体访问控制层的所有 Ethernet 网络接口卡（NIC）都采用 48 位网络地址。这种地址全球唯一。

4.2.4 共享式以太网

共享式以太网的典型代表是使用 10Base2/10Base5 的总线型网络和以集线器（集线器）为核心的星形网络。在使用集线器的以太网中，集线器将很多以太网设备集中到一台中心设备上，这些设备都连接到集线器中的同一物理总线结构中。从本质上讲，以集线器为核心的以太网同原先的总线型以太网无根本区别。

集线器并不处理或检查其上的通信量，仅通过将一个端口接收的信号重复分发给其他端口来扩展物理介质。所有连接到集线器的设备共享同一介质，其结果是它们也共享同一冲突域、广播和带宽。因此集线器和它所连接的设备组成了一个单一的冲突域。如果一个节点发出一个广播信息，集线器会将这个广播传给所有同它相连的节点，因此它也是一个单一的广播域。

集线器多用于小规模的以太网，由于集线器一般使用外接电源（有源），对其接收的信号有放大处理。在某些场合，集线器也被称为"多端口中继器"。

集线器同中继器一样都是工作在物理层的网络设备。

共享式以太网由于所有的节点都接在同一冲突域中,不管一个帧从哪里来或到哪里去,所有的节点都能接收到这个帧。随着节点的增加,大量的冲突将导致网络性能急剧下降。而且集线器同时只能传输一个数据帧,这意味着集线器所有端口都要共享同一带宽。

1. 介质访问控制方法

在计算机网络中,节点间信息的传输往来必然要产生冲突,因此要使网络达到最好的工作效率及最高的可靠性,就应该有效地减少和避免冲突的发生。介质访问控制方法就是指将传输介质的频带有效地分配给网上各节点,从而提高网络的工作效率和可靠性的方法。主要是解决介质使用权的算法或机构问题,如何使众多用户能够合理而方便地共享通信介质资源,从而实现对网络传输信道的合理分配。介质访问控制方法是局域网最重要的一项技术,对局域网体系结构、工作过程和网络性能,能产生决定性影响。

常用的介质访问控制方法有3种,带冲突检测的载波监听多路访问方法CSMA/CD、环形拓扑结构的令牌环访问控制方法和令牌总线访问控制方法。

1)带冲突检测的载波监听多路访问

CSMA/CD 称为载波监听多路访问/碰撞检测(Carrier Sense Multiple Access with Collision Detection),是指在总线型的网络内,所有接入总线的用户工作站,在发送数据之前先要检测一下总线上是否有其他计算机在发送数据,如果有,则暂时不发送数据,以免发生碰撞。但是这样仍然可能发生碰撞,因为当两个用户工作站都检测到总线上没有数据发送,并且同时发送数据时,就会产生碰撞。一旦发现总线上出现碰撞,就要立即停止发送,等待一段随机时间后再次发送。而它们等待的随机时间不同,这样就避免了再次发生碰撞。

CSMA/CD 的特点主要为:各节点以竞争的方式抢占对共享介质的访问权。轻负载时,效率较高;重负载时,冲突概率加大,效率低。所有节点共享介质,任何时刻只有一个节点在发信息,不适合实时传输。CSMA/CD 的工作过程如图4-9所示。

CSMA/CD 的工作过程可归纳为以下7步:

(1)载波监听:想发送信息包的节点要确保现在没有其他节点在使用共享介质,所以该节点首先要监听信道上的动静(即先听);

(2)若信道在一定时间段内寂静无声,该节点就开始向总线上发送数据(无声则发);

(3)若信道一直忙,就继续监听信道,直到出现一定时间的空闲时段时,该节点才开始发送它的数据(等到有空就发);

(4)冲突检测:如果两个节点或更多的节点都在监听和等待发送,然后在信道空闲时同时决定立即开始发送数据,此时就会发生碰撞。这一事件会导致冲突并使双方信息包都受到损坏,因此在发送过程中还要不断地监听信道,以检测碰撞冲突(边听边发);

(5)若一个节点检测出碰撞冲突,则立即停止该次传输,并向信道发出一个"拥

挤"信号,以确保其他节点也发现该冲突,从而抛弃可能一直在接收的受损的信息包;

(6)在等待一段时间(称为后退)后,想发送数据的节点试图进行新的发送。一种特殊的随机后退算法决定不同的节点在试图再次发送数据前要等待多长时间(即延迟时间);

(7)序列回到第(1)步。

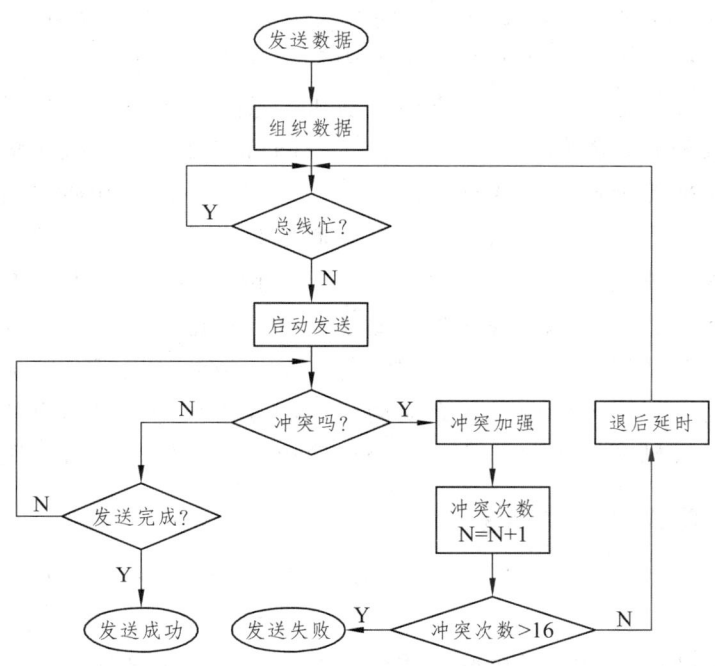

图 4-9　CSMA/CD 的工作过程

CSMA/CD 方式原理简单,技术上容易实现。网络中各节点处于同等地位,通过竞争的方法抢占对介质的访问权力。因不能提供优先级控制,节点从准备发送数据到成功发送数据的时间是不能确定的,所以,不适合传输对时延要求较高的实时性数据。网络在轻负载(节点数较少)的情况下效率较高。但随着网络中节点数量的增加,传递信息量增大,冲突概率增加,LAN 的性能就会明显下降。

2. MAC 地址

MAC 地址是识别网络硬件设备的标识符,其长度通常为 6 个字节(48 bit),它在世界范围内是唯一的,由地址管理机构和厂商共同来保证。MAC 地址的前 3 个字节由 MAC 地址管理机构统一发放给各生产厂商,后 3 个字节则由生产厂商自行编排,但要保证不重复。

MAC 地址通常固化在硬件设备中(如网卡),每台联入局域网的设备都有一个或多个网络接口,相应的也就具有一个或多个 MAC 地址。

采用 MAC 协议不同,各 MAC 帧的格式也有所差异,图 4-10 是 MAC 帧的一般格式。

| MAC 控制 | 目的 MAC 地址 | 源 MAC 地址 | LLC | LLC |

图 4-10 MAC 帧格式

4.2.5 交换式以太网

交换式以太网是指以数据链路层的帧为数据交换单位、以以太网交换机为基础构成的网络。交换式以太网允许多对节点同时通信，每个节点可以独占传输通道和带宽。交换式以太网从根本上解决了共享以太网中节点冲突的问题。

交换式以太网的核心设备是以太网交换机。它是工作在 OSI 参考模型数据链路层的设备，其外表和集线器相似。交换机上每个端口直接与计算机或集线器相连，当用户要通信时，交换机能同时连通许多对的端口，使每一对相互通信的计算机都能像独占通信媒介那样，进行无冲突的传输数据，通信完成后就断开连接。如果每个端口为 10 Mb/s，由于用户在通信时是独占而不是和其他网络用户共享传输媒介的带宽，因此对有 N 对端口的交换机，系统总带宽可达 $N \times 10$ Mb/s。

交换式以太网利用"分段"的方法，将一个大型的以太网分割成两个或多个小型的以太网，每个段使用 CSMA/CD 介质访问控制方法维持段内用户的通信。段与段之间通过以太网交换机将接收到的信息，经过简单的处理转发给另一段。

4.2.6 虚拟局域网 VLAN

虚拟局域网技术是基于交换网络技术的一种新的高层技术，它使网络的结构和功能提高到一个新的层次。

虚拟网络是把网络上的用户按性质或需要分成若干个逻辑工作组，一个逻辑工作组就是一个虚拟网络。虚拟局域网是用软件来实现划分和管理的。在同一逻辑工作组中的用户并不受其在物理网段上的位置限制。组中成员不一定要在同一网段上，它们可以连在同一个局域网交换机上，也可以分布在不同的局域网交换机上。当一个用户从一个网段移到另一个网段时，它仍属于同一逻辑工作组（即同一个虚拟网络）内，不必改变网络的物理连接。

1. 虚拟局域网的划分

（1）基于交换机端口划分 VLAN。

把一个或多个交换机上的几个端口划分在一个逻辑组，各组相对独立，该方法只需网络管理员对网络设备的交换端口进行分配和设置，而不用考虑该端口所连接的设备，是一种最简单最有效的划分方法。

这种方式不允许多个 VLAN 共享一个物理网段或交换机端口，而且如果一个用户从一个端口所在的虚拟网移动到另一个端口所在的虚拟网时，网络管理员必须重新进行设置。所以该方式不适合拥有众多移动用户的网络。

（2）基于 MAC 地址划分 VLAN。

基于 MAC 地址划分 VLAN 就是以网卡的 MAC 地址来决定隶属的虚拟网。MAC

地址是反映网卡的物理地址，即标识符，每一块网卡的 MAC 地址都是唯一的，并且已经固化在网卡上。

这种方式允许工作节点移动到网络的其他物理网段，而自动保持原来的 VLAN 成员资格。在网络规模较小时，该方案可以说是一个好方法，但随着网络规模的扩大，网络设备、用户的增加，会在很大程度上加大管理难度。

（3）基于网络层次协议或地址划分 VLAN。

路由协议工作在网络层，相应的工作设备有路由器和路由交换机。基于网络层的虚拟网有多种划分方式，如当网络中存在多种协议时，可以通过不同的路由协议来划分多个 VLAN。也可以使用网络层地址来确定虚拟网络的成员，对于使用 TCP/IP 协议的网络，可以使用子网段的地址来划分 VLAN。

基于网络层协议或地址 VLAN 智能化程度最高，实现起来最复杂。

2．虚拟局域网的优点

高速、灵活、管理方便、扩展和使用容易。

在局域网中有效地利用 VLAN 技术能够提高整个网络的运行效率。

习题

一、名词解释

信息　数据　调幅　频分复用　时分复用　CSMA/CD

二、问答题

1．请解释"同步传输"和"异步传输"的概念，并指明两者的区别。
2．什么是电路交换？电路交换的特点是什么？
3．什么是报文交换？报文交换的特点是什么？
4．什么是分组交换？分组交换的特点是什么？

实训 4-1　制作双绞线

【实训目标】

（1）学会两种双绞线制作方法。
（2）掌握剥线/压线钳和普通网线测试仪的使用方法。
（3）了解双绞线和水晶头的组成结构。
（4）了解各网络设备之间网线连接的特点。

【实训步骤】

（1）选线：也就是准确选择线缆的长度，至少 0.6 m，最多不超过 100 m。

（2）剥线：利用双绞线剥线/压线钳（或用专用剥线钳、剥线器及其他代用工具）将双绞线的外皮剥去 2~3 cm，如图 4-11 和 4-12。

（3）排线：按照 T-568A 或 T-568B 标准排列芯线，如图 4-13。

（4）剪线：在剪线过程中，需左手紧握已排好了的芯线，然后用剥线/压线钳剪齐芯线，芯线外留长度不宜过长，通常在 1.2~1.4 cm 之间，如图 4-14。

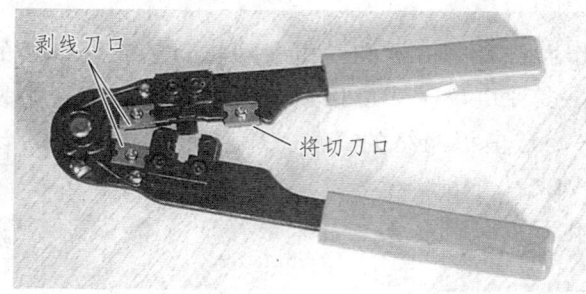

图 4-11　剥线钳

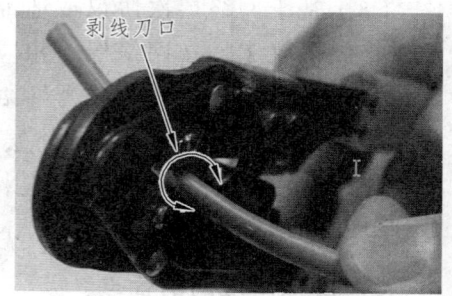

图 4-12　利用剥线钳剥线

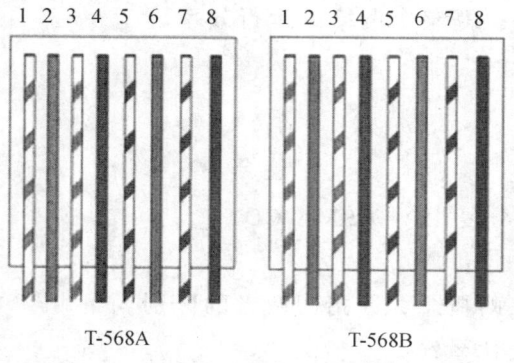

图 4-13　T-568A 和 T-568B 标准

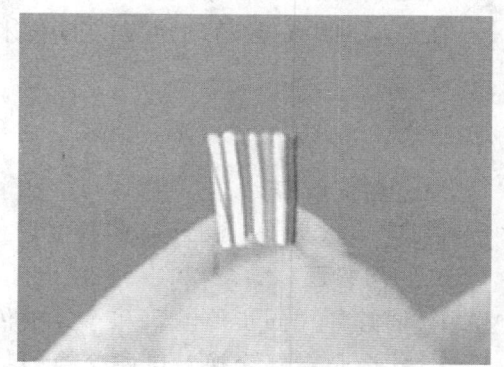

图 4-14　将网线剪齐

（5）插线：插线就是把剪齐后的双绞线插入水晶头的后端，如图 4-15，并检查水晶头是否插入最底部，如图 4-16 所示。

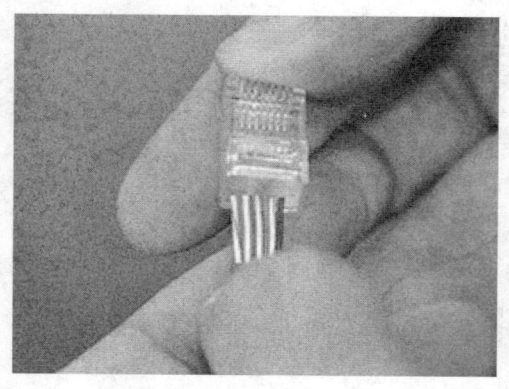

图 4-15　将网线插入水晶头

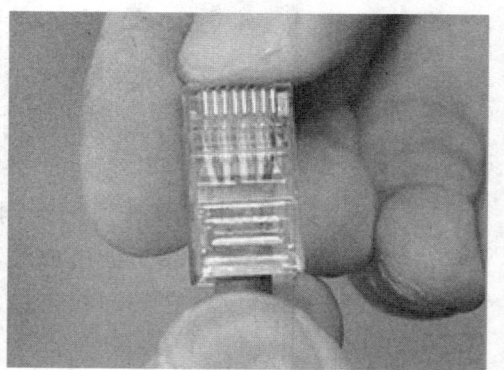

图 4-16　检查水晶头是否插入最底部

（6）压线：压线也就是利用剥线/压线钳挤压水晶头，如图 4-17 和 4-18。

（7）做另一线头：重复 2~6 步骤做好另一个线头，操作过程同样要认真、仔细。

（8）测线：如果测试仪上 8 个指示灯都依次为绿色闪过，证明网线制作成功。还要注意测试仪两端指示灯亮的顺序是否与接线标准对应。

（9）完成后的网线，如图 4-19 所示。

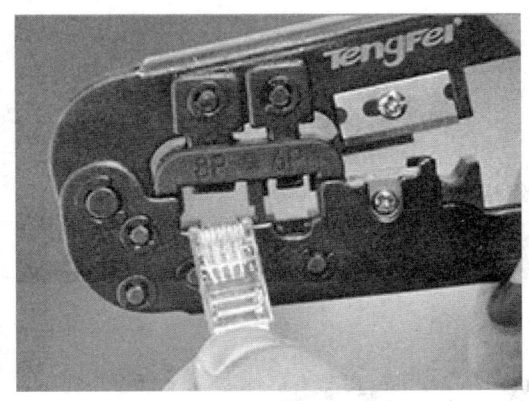

图 4-17　将水晶头放入剥线钳钳口

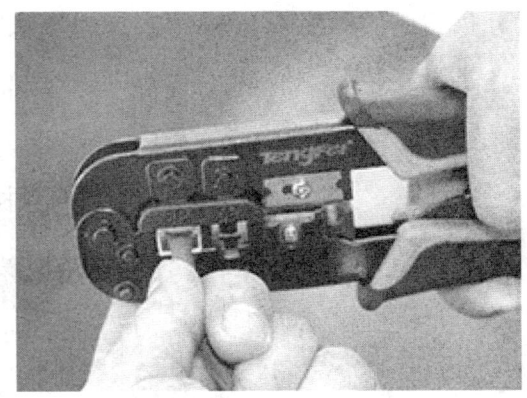

图 4-18　用手柄压至最底部

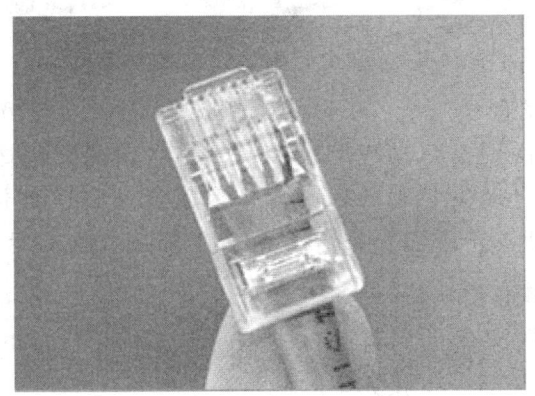

图 4-19　压制完成的网线

实训 4-2　组建对等网

【实训目标】

（1）通过此实验，理解对等网的基本概念、特点。

（2）掌握对等网的组建方法和对等网中资源共享的设置方法。

【实训内容】

（1）组建由 2 台计算机构成的对等网。

（2）组建由 3 台计算机构成的对等网。

（3）测试对等网的连通性、对等网中的资源共享。

【实训步骤】

1. 实验拓扑

按图 4-20、图 4-21 的拓扑结构图连接设备。用交叉线连接 2 台实验计算机（由 2 台计算机构成的对等网），或者用直通线将 3 台计算机连接到 D-link 交换机（由 3 台计算机构成的对等网），从而完成网络硬件的连接。

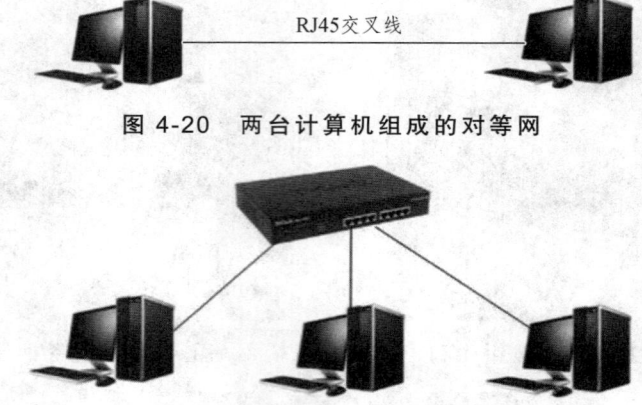

图 4-20　两台计算机组成的对等网

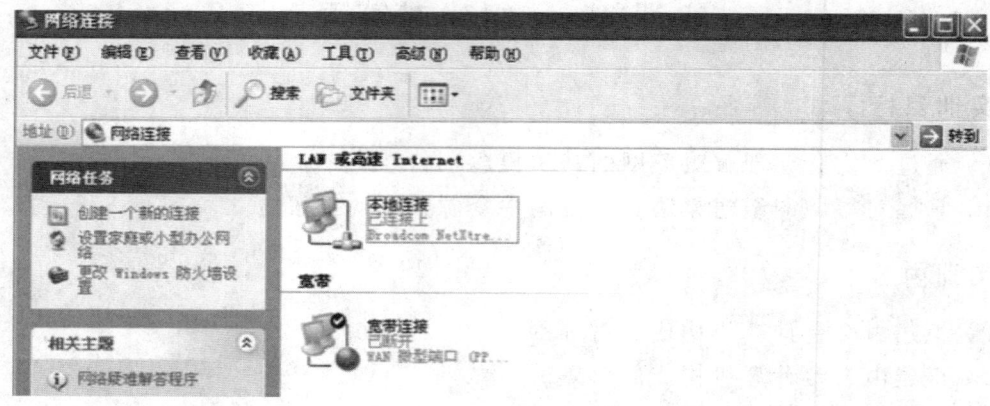

图 4-21　三台计算机组成的对等网

2. 安装网卡驱动程序

由于操作系统自带的网卡驱动程序较多，大多数情况下用户无需手动安装驱动程序而由系统自动识别并自动安装驱动程序。是否正确安装好网卡驱动程序，可以通过"计算机管理"中的"设备管理器"查看，正确安装网卡驱动后的设备管理器。

3. 安装和设置网络通信协议

通常安装网卡后，其基本的网络组件，如网络客户端、TCP/IP 协议都已安装，只需进行一些必要的配置就可，步骤如下：

（1）用鼠标右击桌面上的"网上邻居"，选择"属性"，打开"网络连接"窗口。如图 4-22 所示。

图 4-22　"网络连接"窗口

（2）在"网络连接"窗口中，用鼠标右击"本地连接"，选择"属性"，打开"本地连接属性"对话框中的"常规"选项卡，如图4-23所示。

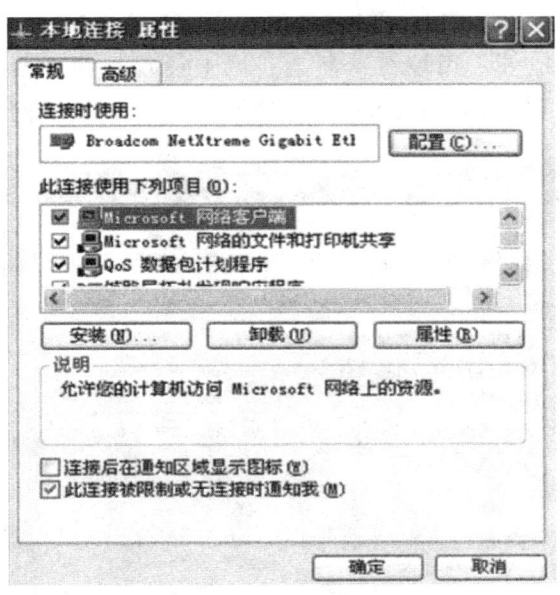

图 4-23 "本地连接属性"对话框

（3）查看"此连接使用下列项目"列表框中是否含有"Microsoft 网络客户端"和"Internet 协议（TCP/IP）"项，默认情况下 Windows XP 中都已经安装了这两项，不用单独安装。如果不小心删除了，可以单击"安装"按钮重新安装。

（4）在"本地连接属性"对话框中的"常规"选项卡中，选择"Internet 协议（TCP/IP）"项，然后单击"属性"按钮，出现设置 IP 地址及子网掩码对话框，如图4-24所示。

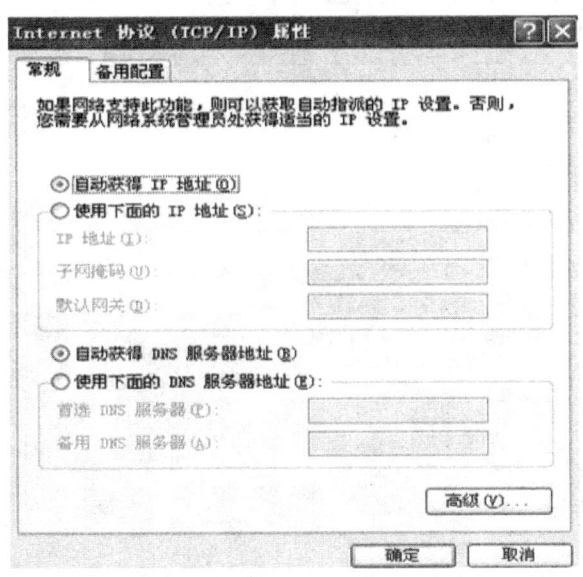

图 4-24 "Internet 协议（TCP/IP）"属性对话框

（5）在"Internet 协议（TCP/IP）属性"对话框中选择"使用下面的 IP 地址"和"使用下面的 DNS 服务器地址"，并按图 4-25、图 4-26 和图 4-27 所示将 3 台计算机的 IP 地址分别设为"192.168.0.2"、"192.168.0.3"和"192.168.0.4"，子网掩码都为"255.255.255.0"，其他地方不用填写（注意：以上设置是在 2 台或者 3 台不同的计算机上分别填写的）。也可按所在网络的 IP 地址要求设置成该子网的 IP。

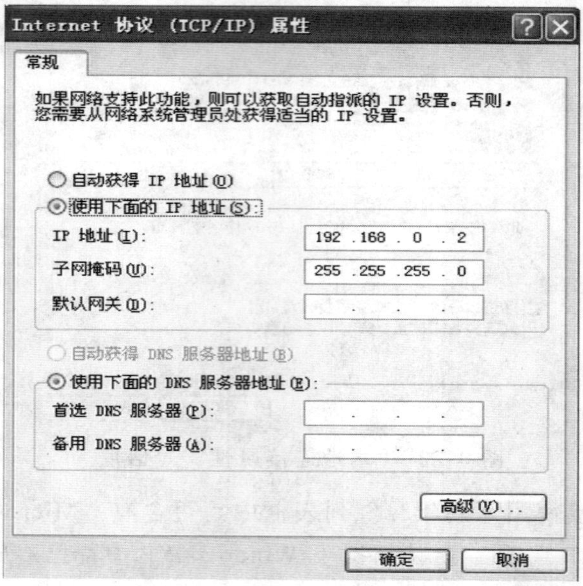

图 4-25 "Internet 协议（TCP/IP）属性"对话框一

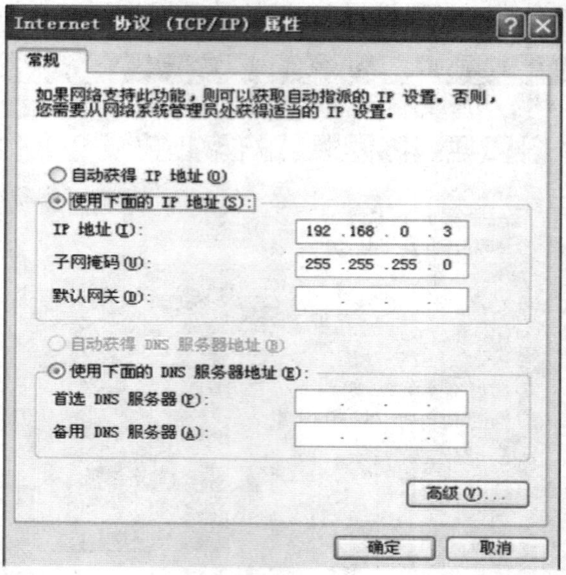

图 4-26 "Internet 协议（TCP/IP）属性"对话框二

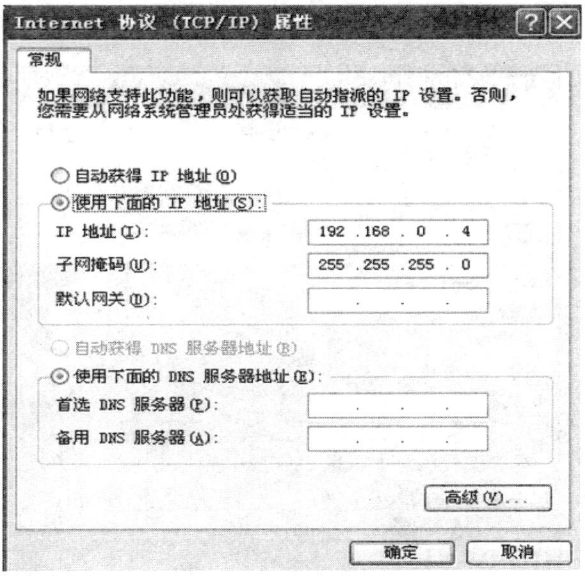

图 4-27 "Internet 协议（TCP/IP）属性"对话框三

4．标识网络计算机

（1）用鼠标右击桌面上的"我的电脑"，在弹出的菜单中选择"属性"，弹出"系统属性"对话框，选择"计算机名"选项卡，如图 4-28 所示。

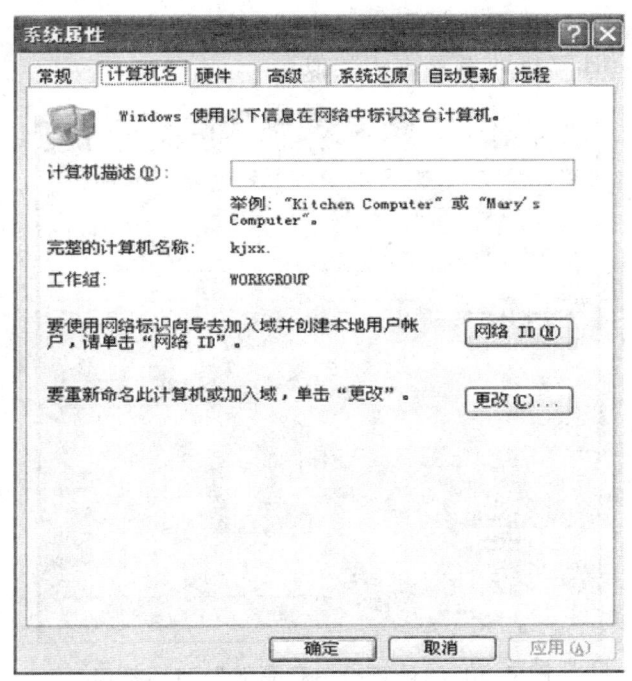

图 4-28 "系统属性"对话框

（2）点击"系统属性"对话框中的"更改"按钮，弹出"计算机名称更改"对话框,如图 4-29 所示。

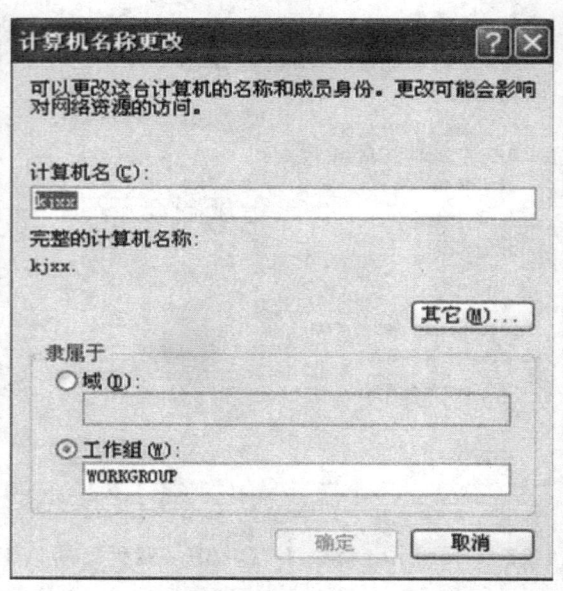

图 4-29 "计算机名称更改"对话框一

(3) 在"计算机名"文本框中输入计算机名,在"工作组"文本框中输入工作组名(由于网络中共有 3 台计算机,可将第 1 台计算机命名为"kj01",其余 2 台分别命名为"kj02"和"kj03";这里假设工作组为"KJXX"),更改后的第 1 台计算机如图 4-30 所示,其余 2 台计算机的设置方法类似。

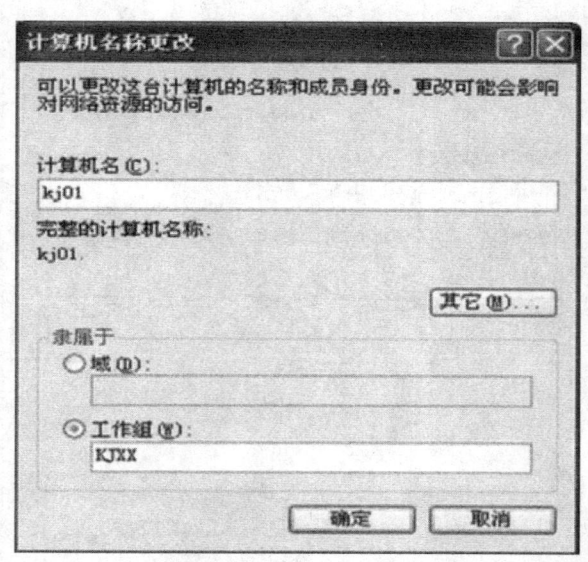

图 4-30 "计算机名称更改"对话框二

(4) 设置成功后单击"确定"按钮,返回"系统属性"对话框。设置完毕必须按要求重新启动计算机,以便使设置生效。

5. 网络连通性测试

完成各类配置后，可对网络进行测试，以检测网络是否连通。

（1）单击桌面左下角"开始"，选择"运行"，弹出如图4-31所示对话框。

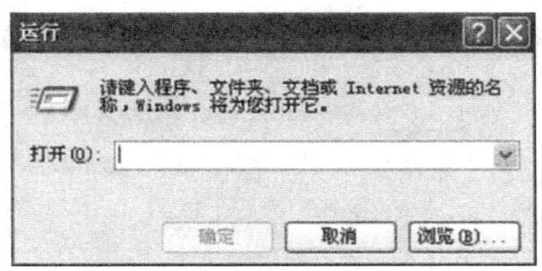

图 4-31 "运行"对话框

（2）在"打开"文本框中输入"cmd"，弹出如图4-32所示窗口。

图 4-32 测试窗口

（3）在命令提示符">"后输入ping命令测试两台机器的连通性，例如在命令提示符后输入"ping 192.168.0.3 –t"，敲击"回车"即可。如果网络连通，则会出现类似图4-33所示的反馈信息。

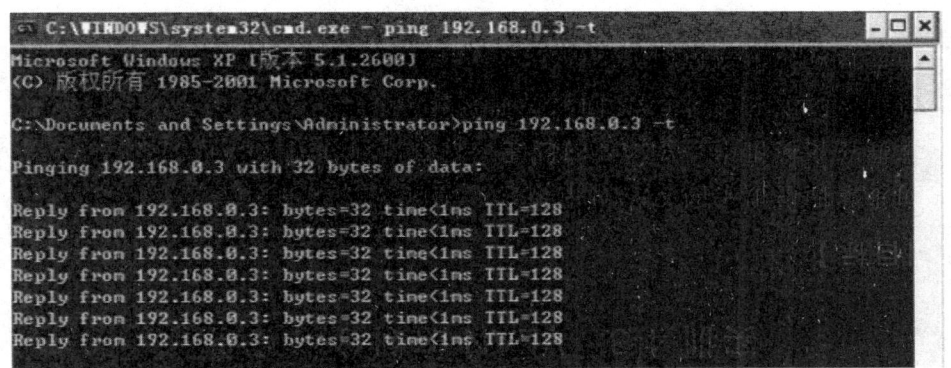

图 4-33 网络连通反馈信息

6. 设置文件共享

设置文件共享的目的是为了使自己计算机上的文件资源能被网络上的其他计算机共享。设置文件共享的操作步骤如下：

（1）用鼠标双击桌面上"我的电脑"，打开"我的电脑"窗口。

（2）右击"本地磁盘（D）"，在弹出的快捷菜单中选择"共享和安全"选项，弹出"本地磁盘（D）属性"对话框；选择"共享"选项卡，将光标指向"如果您知道风险，但还要共享驱动器的根目录，请单击此处。"如图 4-34 所示。

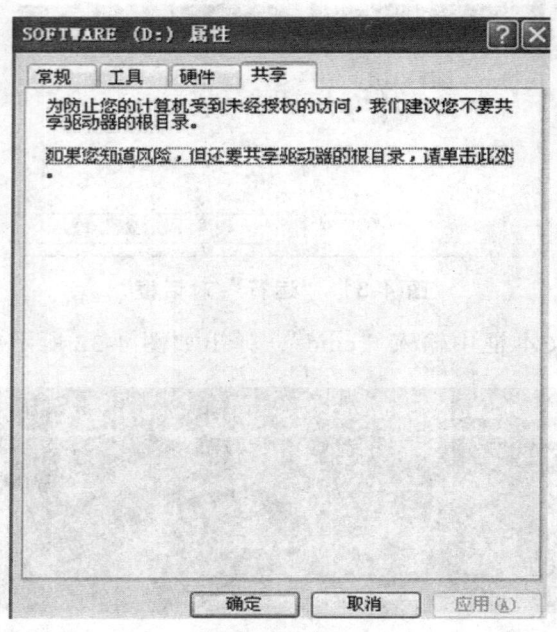

图 4-34 "本地磁盘（D）属性"对话框

（3）单击链接处，弹出共享和安全设置对话框，如图 4-35 所示。

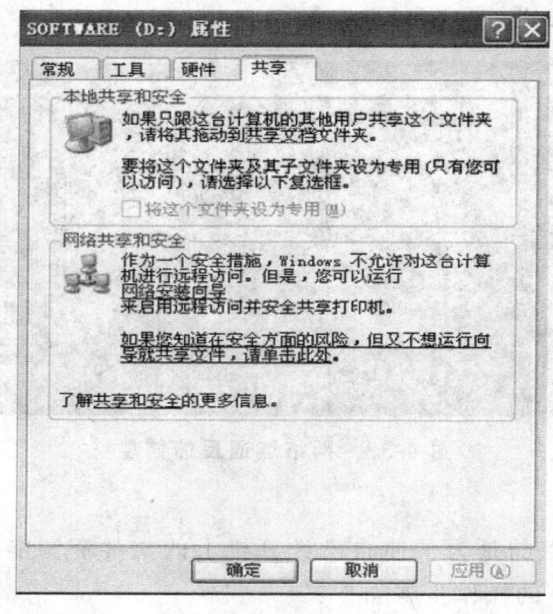

图 4-35 共享和安全设置对话框

（4）在"共享"选项卡中单击"如果您知道在安全方面的风险，但又不想运行向导就共享文件，请单击此处。"链接处，弹出"启用文件共享"对话框，如图 4-36 所示。

图 4-36 "启用文件共享"对话框

（5）在"启用文件共享"对话框中选中"只启用文件共享"，单击"确定"按钮，返回"共享"选项卡，如图 4-37 所示。

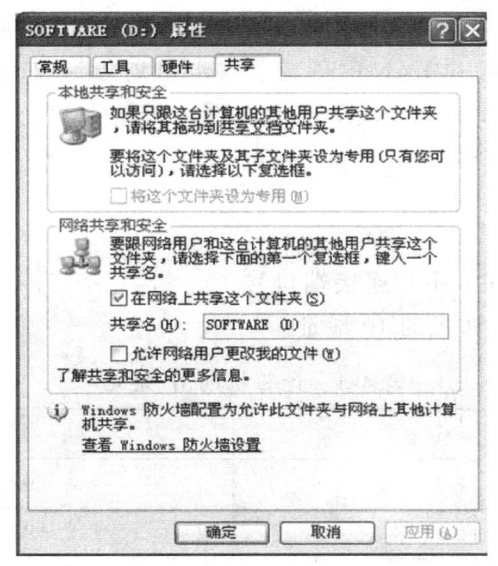

图 4-37 "共享"选项卡

（6）选中"在网络上共享这个文件夹"复选框，单击"确定"按钮，完成文件的共享设置。

（7）在"我的电脑"窗口中可以看到，"本地磁盘（D）"的图标有一只手托着，表示 D 盘上所有的文件已经对所有的网络用户开放，网络用户可以通过"网上邻居"访问共享硬盘下资源，如图 4-38 所示。

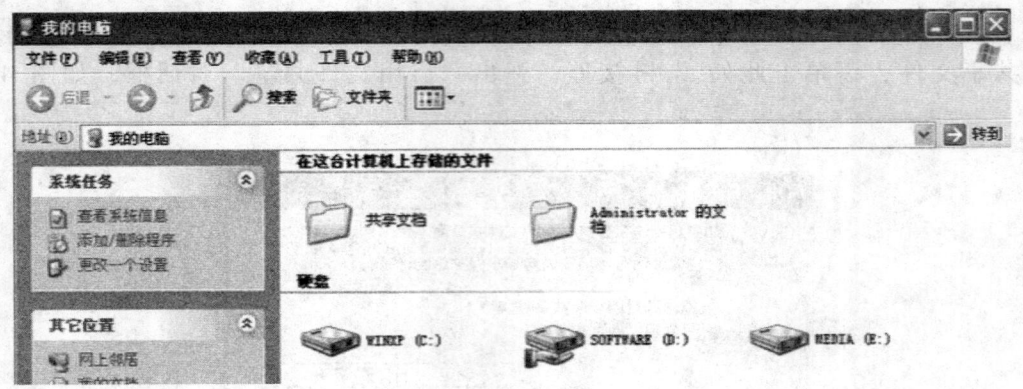

图 4-38　正确共享窗口

实训 4-3　VLAN 的划分与互通

【实训目标】

（1）初步掌握虚拟子网 VLAN 的概念，理解 VLAN 的用途。
（2）掌握在交换机中，VLAN 的创建、将端口划分到 VLAN 的配置方法。
（3）总结 VLAN 内和 VLAN 间的连通关系。
（4）培养良好做事风格。

【实训步骤】

（1）拖放和连接设备（注意连接端口号）。
（2）按表 4-1 配置计算机的 IP 地址。

表 4-1　计算机的 IP 地址

设　　备	IP 地址
计算机　11	192.168.1.11
计算机　12	192.168.1.12
计算机　13	192.168.1.13
计算机　14	192.168.1.14
计算机　21	192.168.1.21
计算机　22	192.168.1.22
计算机　23	192.168.1.23
计算机　24	192.168.1.24
Switch	192.168.1.1

（3）配置交换机的名称和 IP 地址。
en
conf t
hostname Switch
interf vlan 1
    ip add 192.168.1.1　255.255.255.0
    no shutdown
exit
exit
wr
show run　（检查交换机配置情况）

（4）测试全网连通情况，并填写表 4-2。

表 4-2　全网连通情况

测试机 IP	IP = 192.168.1.11（从测试机计算机 11 去 ping）	
测试对象	测试命令	连通情况
计算机 11	192.168.1.11	
计算机 12	192.168.1.12	
计算机 13	192.168.1.13	
计算机 14	192.168.1.14	
计算机 21	192.168.1.21	
计算机 22	192.168.1.22	
计算机 23	192.168.1.23	
计算机 24	192.168.1.24	
switch	192.168.1.1	

在没有进行任何端口划分到 VLan 的情况下，所有端口默认都归于 VLAN 1，交换机的管理虚端口也是属于 VLAN 1，所以应该是计算机和交换机的 IP 都应该能全 Ping 通

（5）管理交换机，设置 VLAN 和端口划分。
计划将交换机的　fa0/11　fa0/21　设置为 VLAN 1
                     fa0/12　fa0/22　设置为 VLAN 2
                     fa0/13　fa0/23　设置为 VLAN 3
                     fa0/14　fa0/24　设置为 VLAN 4
                     其他凡是不设置的端口，默认都归于 VLAN 1

交换机的配置命令如表 4-3 所示。

表 4-3 Switch 配置命令

Switch 配置命令	
en	进入高权限模式
conf t	进入配置模式
vlan 2	建立 VLan2
vlan 3	建立 VLan 3
vlan 4	建立 VLan 4
exit	回退一级到配置模式
interf fa0/11	进入端口 11 的配置模式
switchp access vlan 1	将该端口划到 VLan 1
interf fa0/21	进入端口 21 的配置模式
switchp access vlan 1	将该端口划到 VLan 1
interf fa0/12	进入端口 12 的配置模式
switchp access vlan 2	将该端口划到 VLan 2
interf fa0/22	进入端口 22 的配置模式
switchp access vlan 2	将该端口划到 VLan 2
interf fa0/13	进入端口 13 的配置模式
switchp access vlan 3	将该端口划到 VLan 3
interf fa0/23	进入端口 23 的配置模式
switchp access vlan 3	将该端口划到 VLan 3
interf fa0/14	进入端口 14 的配置模式
switchp access vlan 4	将该端口划到 VLan 4
interf fa0/24	进入端口 24 的配置模式
switchp access vlan 4	将该端口划到 VLan 4
exit	回退一级到配置模式
exit	回退一级到高权限模式
wr	保存配置
sh run	检查配置情况

（6）测试同一 VLAN 和不同 VLAN 的连通情况，并填写表 4-4。

表 4-4 VLAN 的连通情况

测试计算机 11（VLan 1）		IP=192.168.1.11	
测试对象		测试命令	连通情况
计算机 12		192.168.1.12	
计算机 13		192.168.1.13	
计算机 14		192.168.1.14	
计算机 21		192.168.1.21	
计算机 22		192.168.1.22	
计算机 23		192.168.1.23	
计算机 24		192.168.1.24	
switch		192.168.1.1	
测试计算机 24（VLan 4）		IP=192.168.1.24	
测试对象		测试命令	连通情况
计算机 11		192.168.1.11	
计算机 12		192.168.1.12	
计算机 13		192.168.1.13	
计算机 14		192.168.1.14	
计算机 21		192.168.1.21	
计算机 22		192.168.1.22	
计算机 23		192.168.1.23	
switch		192.168.1.1	
测试机 switch（VLan 1）		IP=192.168.1.1	
测试对象		测试命令	连通情况
计算机 11		192.168.1.11	
计算机 12		192.168.1.12	
计算机 13		192.168.1.13	
计算机 14		192.168.1.14	
计算机 21		192.168.1.21	
计算机 22		192.168.1.22	
计算机 23		192.168.1.23	
计算机 24		192.168.1.24	

项目三 网络的互连

任务要点

❖ 掌握 IP 地址、子网掩码等概念
❖ 掌握子网划分技术和划分方法
❖ 掌握 IP 数据报头部格式
❖ 掌握 ARP 协议和 ICMP 协议的工作原理及常用命令
❖ 了解路由选择协议 RIP 和 OSPF 原理

任务 5 掌握 IP 编址

5.1 任务描述

计算机网络是一个非常复杂的系统,包含了数不清的计算机等各种终端设备,我们如何来区别不同的计算机呢?给每一台计算机分配独一无二的地址,IP 地址就像计算机的身份证一样,标识了计算机的身份信息,并且屏蔽了物理网络地址的差异。IP 地址是 IP 的重要内容,也是进行网络工作的基础知识,本任务要求掌握 IP 地址的分类方式、功能、特殊地址。

5.2 相关知识

5.2.1 物理地址与 IP 地址

在网络中,对计算机的识别要依靠地址,而保证地址全网唯一性是需要解决的问题。在任何一个物理网络中,各个节点的设备必须都有一个可以识别的地址,才能使信息进行交换,这个地址称为"物理地址"(Physical Address)。

物理地址指网卡(NIC)地址,它也称为 MAC 地址或硬件地址。物理地址是由生产厂家通过编码烧制在网卡的硬件电路上,不管它位于什么地方,物理地址总是恒定不变的。

网卡地址由 48 位二进制数字组成(用 12 位十六进制数表示),例如:00-AA-00-3F-89-4A。高 24 位是由 IEEE 分配的厂商地址,低 24 位由生产厂商自己管理的地址(序列号),每一个网卡的物理地址在全球都是唯一的。

但是单纯使用网络的物理地址寻址会有一些问题。

- 物理地址是物理网络技术的一种体现，不同的物理网络，其物理地址可能各不相同。
- 物理地址被固化在网络设备（网络适配器）中，通常不能被修改。
- 物理地址属于非层次化的地址，它只能标识出单个的设备，标识不出该设备连接的是哪一个网络。

针对物理网络地址的问题，采用网络层 IP 地址的编址方案。

Internet 采用一种全局通用的地址格式，为每一个网络和每一台计算机分配一个 IP 地址，以此屏蔽物理网络地址的差异。通过 IP 协议，把计算机原来的物理地址隐藏起来，在网络层中使用统一的 IP 地址。

5.2.2 IP 地址的划分

IP 地址由 32 比特组成，包括三个部分：地址类别、网络号和计算机号，如图 5-1 所示。

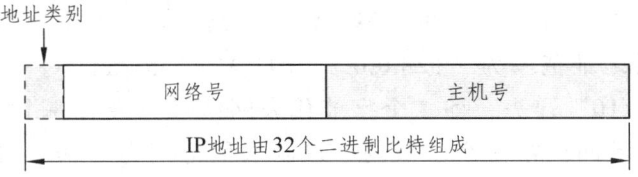

图 5-1 IP 地址的结构

由于 IP 地址以 32 个二进制数字形式表示，不适合阅读和记忆。为了便于用户阅读和理解 IP 地址，Internet 管理委员会采用了一种"点分十进制"表示方法表示 IP 地址。将 IP 地址分为 4 个字节（每个字节 8 个比特），且每个字节用十进制表示，并用点号"."隔开，如图 5-2 所示。

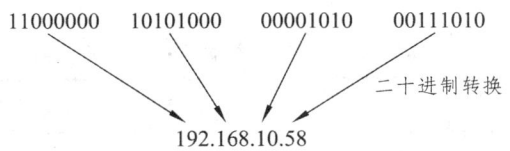

图 5-2 点分十进制的 IP 地址表示方法

为了区分不同的网络规模和使用目的，将 Internet 的 IP 地址分为 5 种类型，包括 A 类、B 类、C 类、D 类和 E 类，其中 A、B 和 C 类地址被称为基本的 Internet 地址，供用户使用，为主类地址。D 类和 E 类地址为次类地址，D 类地址被称为组播（multicast）地址，E 类地址被称为保留地址。5 类地址的格式如图 5-3 所示。

A 类地址以"0"开头，它只用一个字节（8 位）表示网络号，后三个字节代表计算机号，适合于大型网络。A 类网络号的二进制取值范围为"0000000 ~ 01111111"，对应的十进制数值范围为"0 ~ 127"。IP 地址中规定，除了网络号的第一位指定的是"0"以外，其余 7 位全 0（0000000）和全 1（01111111）的有特殊用途。因此用于 A 类地址的网络号取值为"0000001 ~ 01111110"，即十进制的"1 ~ 126"。所以，真正可以分配给用户的 A 类 IP 地址的范围为"1.0.0.1 ~ 126.255.255.254"。

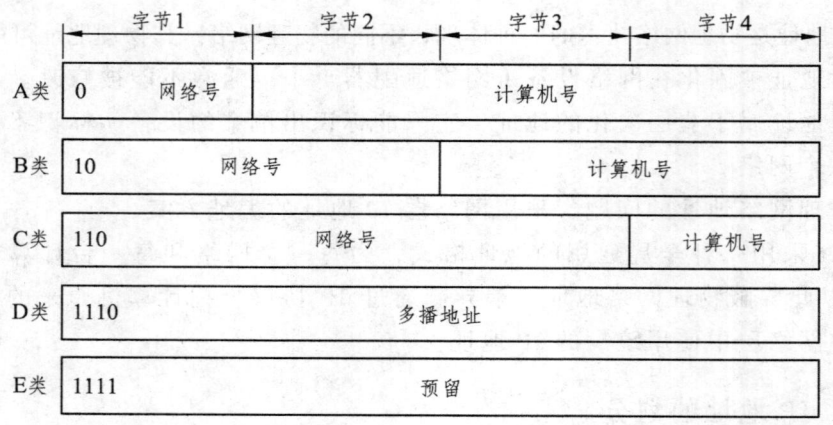

图 5-3　IP 地址分类

B 类地址以"10"开头，前两个字节代表网络号，后两个字节代表计算机号。可分配给用户的 B 类地址范围为"128.0.0.1 ~ 191.255.255.254"。

C 类地址以"110"开头，前 3 个字节代表网络号，最后一个字节代表计算机号。用于规模较小的局域网。第一个字节的十进制取值范围为"192 ~ 223"。

D 类地址以"1110"开头，是留给组播地址用的。组播只允许发送给一个选定的子集。D 类地址第一个字节的十进制取值范围为"223 ~ 239"。

E 类地址以"1111"开头，是保留地址，其第一个字节的十进制取值范围为"240 ~ 255"。

A 类、B 类和 C 类为基本类，用于分配给用户的计算机地址。表 5-1 给出了这三类地址的性能参数。

表 5-1　A、B 和 C 类网络的性能参数

类　别	网络地址的取值范围	网络数	每个网络可容纳的计算机数
A	1.X.Y.Z ~ 126.X.Y.Z	126	小于 1700 万个
B	128.0.Y.Z ~ 191.255.Y.Z	16 348	65 000
C	192.0.0.Z ~ 223.255.255.Z	约 200 万个	254

思考：10.1.1.2 是哪一类 IP 地址？

5.2.3　几个特殊的 IP 地址

1. 网络地址

网络地址用来表示一个网络，其构成是一个有效的网络号和一个全"0"的计算机号，例如，IP 地址 202.93.120.44，网络地址为 202.93.120.0，计算机号为 44；IP 地址 20.121.3.5，网络地址为 20.0.0.0。

2. 直接广播地址

计算机向其他网络的所有节点广播信息。

构成：一个有效的网络号和一个全"1"的计算机号。

举例：

C 类网络 202.93.120.0 的广播地址 202.93.120.255（255 二进制为 11111111）；

B 类网络 128.5.120.0 的广播地址 128.5.255.255。

发送直接广播前需知道目的网络的网络号。

思考：IP 地址 12.10.10.2 的直接广播地址是多少？

3. 有限广播地址

将广播限制在最小的范围内，对于标准的 IP 编址，广播将被限制在本网络之中，对于子网编址，广播被限制在本子网之中。

构成：255.255.255.255。

发送有限广播前不需要知道网络号。

思考：IP 地址 12.10.10.2 的有限广播地址是多少？

4. 回送地址

在本机形成一个发送接收回路可以使用回送地址。回送地址：127.0.0.1，可用于网络软件测试及本机机器进程间通信。

5. 内部地址（本地地址）

Internet 保留了一部分地址作为本地地址，这些地址只能用于一个机构的内部通信，而不能用于和因特网上的计算机通信，所以这些地址可以在局域网内重复使用，这样就大大节约了宝贵的 IP 地址资源。保留的内部 IP 地址范围如下：

（1）10.0.0.0 到 10.255.255.255；

（2）172.16.0.0 到 172.31.255.255；

（3）192.168.0.0 到 192.168.255.255。

在因特网中的所有路由器对目的地址是本地地址的数据包一律不进行转发。

5.2.4 IP 地址的分配

分配 IP 地址应注意的问题有：

（1）小型网络使用 C 类地址，中型网络使用 B 类地址，大型网络使用 A 类地址。

（2）连接到同一网络中所有计算机的 IP 地址的网络号相同，计算机号不同。

（3）路由器可以连接多个物理网络，每个连接都需拥有自己的 IP 地址，这个 IP 地址的网络号应与这个网络的网络号相同。路由器 IP 地址不能和网络中机器的 IP 地址相同。我们在计算网络所需 IP 地址数量时，记得要把路由器使用的地址也计算进去。

思考：如何建立一个 200 台机器的网络？（要求自己选定和分配 IP 地址）

5.2.5 子网划分的层次结构和划分方法

1. 子网的划分

A 类、B 类和 C 类 IP 地址是经常使用的 IP 地址，它们适用于不同的网络规模。一个 A 类网络可以容纳 1 600 万台计算机，而一个 C 类网络仅仅可以容纳 254 台计算机。随着计算机的发展和网络技术的进步，个人计算机应用迅速普及，小型网络越来越多。这些网络多则拥有几十台计算机，少则拥有两三台计算机。对于这样一些小规模网络即使分配给它一个完整的 C 类地址（254 个 IP）也是一种浪费，所以可以将每一个 C 类地址划分为几个子网给多个单位使用。

随着局域网数目的增加和网络中计算机数的增加，IP 地址已经越来越不够分配。人们开始寻找新的解决方案以克服 IP 地址的浪费现象。解决的办法是采用子网划分技术，将一个网络分成多个子网，但对外就像一个单独网络一样，如图 5-4 所示。

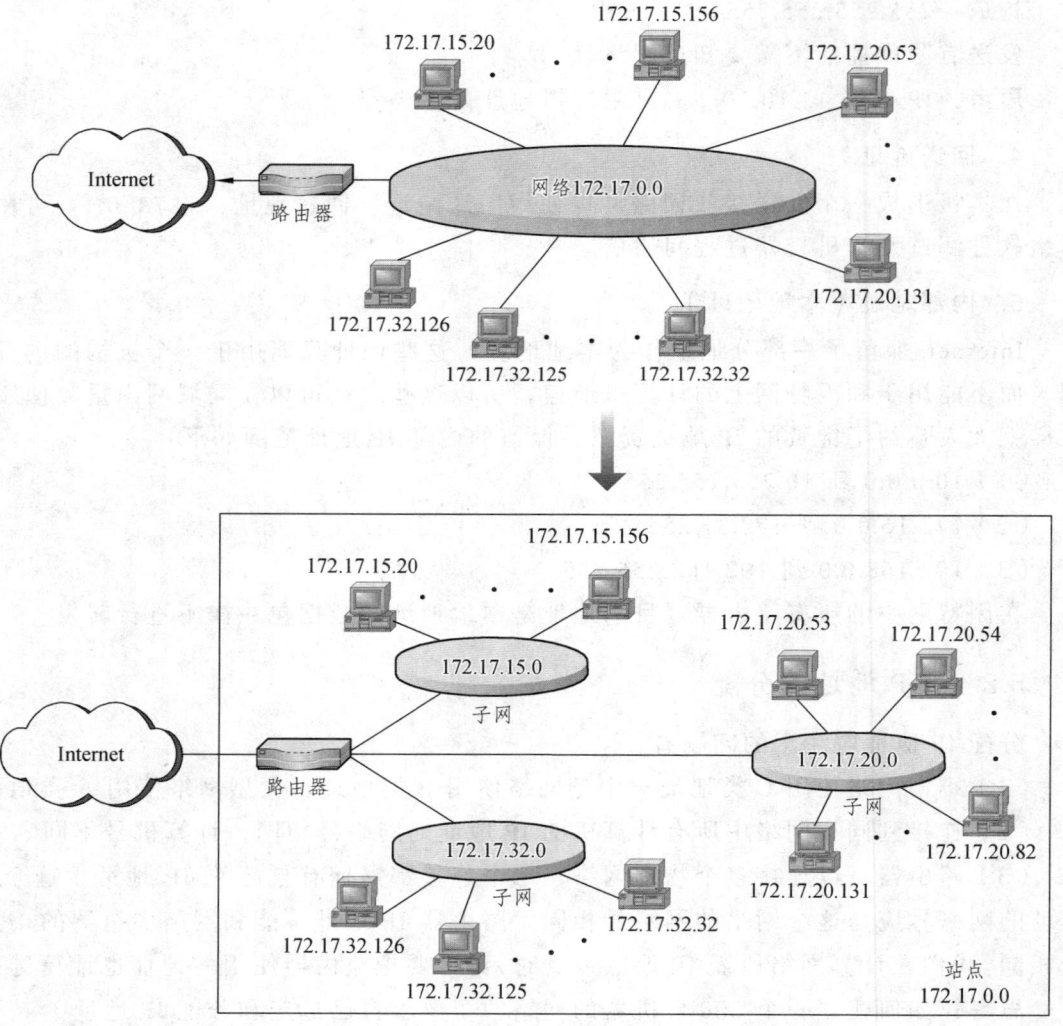

图 5-4 子网的划分

子网编址方法：将 IP 地址的计算机号部分进一步划分成子网部分和计算机部分，如图 5-4 所示，从标准 IP 地址的计算机号部分"借"位并把它们指定为子网号部分。另外规定在"借"用时必须给计算机号部分剩余 2 位，在"借"用时至少要借用 2 位，如图 5-5 所示。

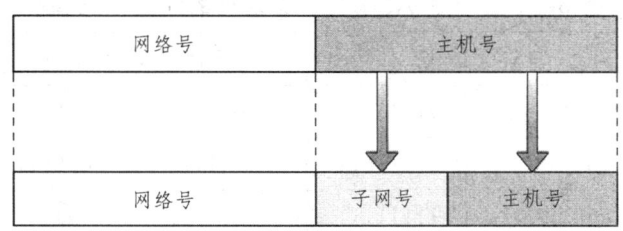

图 5-5 子网编址方法

划分子网号的位数，取决于具体的需要。若子网号所占的比特越多，可分配给计算机的位数就越少，也就是说，在一个子网中所包含的计算机就越少。比如一个 B 类网络 172.17.0.0，将计算机号分为两部分，其中 8 个比特用于子网号，另外 8 个比特用于计算机号，那么这个 B 类网络就被分为 254 个子网，每个子网可以容纳 254 台计算机。

那么进行了子网划分之后，给出一个 IP 地址，如何知道子网号有多少位呢？如图 5-6 所示，一个并未划分子网，一个划分了子网，显示出来是一样的。要想知道子网号的位数，这就需要引入子网掩码了。

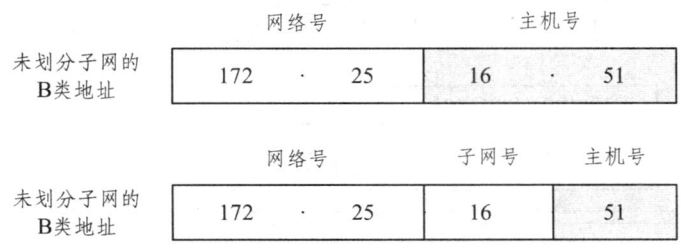

图 5-6 未划分子网和划分了子网的 IP 地址

2．子网掩码

子网掩码的选取是这样规定的：子网掩码（Subnet Mask）也是一个"点分十进制"表示的 32 位二进制数，通常是将对应于 IP 地址中网络地址（网络号和子网号）的所有位都设置为"1"，对应于计算机地址（计算机号）的所有位都设置为"0"。如图 5-7 所示。例如，子网掩码为：11111111 11111111 00000000 00000000，表示前两个字节为网络地址，后两个字节表示该网络中的计算机地址。为了方便记忆，子网掩码也采用 IP 地址的"点分十进制"方法表示，上面的子网掩码可以写成 255.255.0.0。又如：11111111 11111111 11100000 00000000=255.255.224.0。为了统一，即使没有划分子网的 IP 地址也设置子网掩码，标准的 A、B、C 类地址的缺省子网掩码如表 5-2 所示。

网络号																子网号			计算机号												
子网掩码	1	1	1	1	1	1	1	1	1	1	1	1	1	1	1	1	1	1	1	0	0	0	0	0	0	0	0	0	0	0	0

图 5-7 子网掩码

表 5-2 标准的 A、B、C 类地址的缺省子网掩码

地址类型	点分十进制表示	子网掩码的二进制位			
A	255.0.0.0	11111111	00000000	00000000	00000000
B	255.255.0.0	11111111	11111111	00000000	00000000
C	255.255.255.0	11111111	11111111	11111111	00000000

为了识别网络地址，TCP/IP 对子网掩码和 IP 地址进行"按位与"的操作。"按位与"两个比特位之间进行"与"运算，两个值均为 1，则结果为 1；若其中任何一个值为 0，则结果为 0。

针对图 5-6 中的例子，在图 5-8 中给出了如何使用子网掩码来识别它们的不同。就是经过"按位与"运算，可以将每个 IP 地址的网络地址取出，从而知道两个 IP 地址所对应的网络。

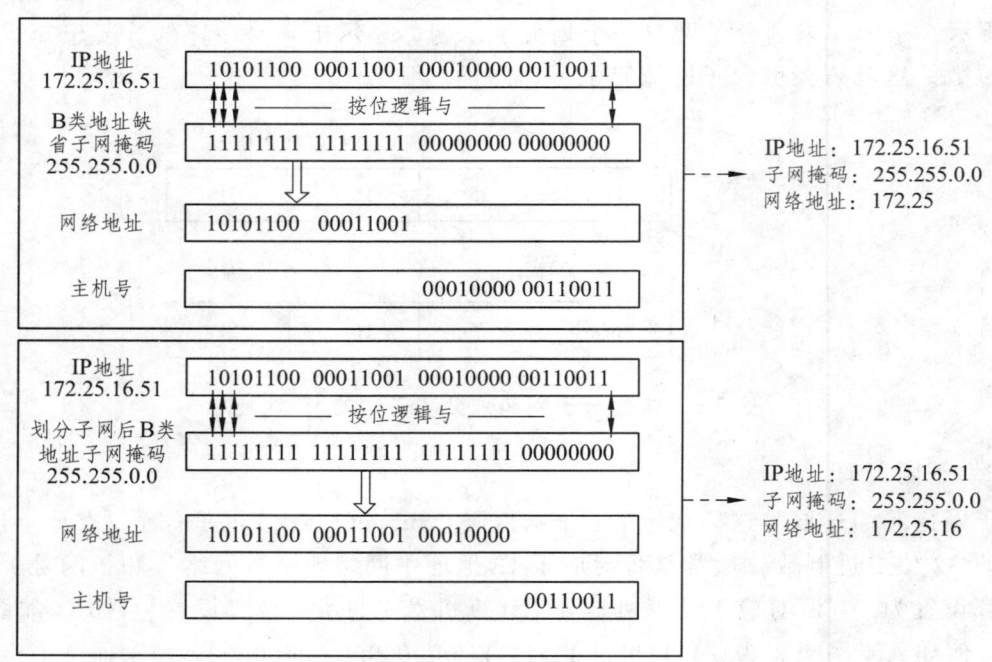

图 5-8 子网掩码的作用

注意：RFC950 规定禁止使用子网网络号全为 0 和子网网络号全为 1 的子网网络（现在许多路由协议支持"0"子网，这些路由器允许全 0）。

3. 子网划分的方法

1）确定子网的数目

根据子网数目确定取子网号位数。如取 3 位，可以有 $2^3 = 8$ 种组合。划分子网后，子网的个数计算公式如下：

$$2^n - 2 \quad (n \geq 2，n 是子网号位数)$$

2）确定每个子网支持的最大计算机数

每个子网支持的最大计算机数用计算机号的剩余部分计算而得。公式为：$2^n - 2$ 其中，n 是剩余的计算机号位数。减去 2 的原因是计算机号全 "0" 和全 "1" 都不能作为计算机号。全 "0" 代表网络号加子网号，全 "1" 代表这个子网的广播地址。

计算机 ID 中的一部分被借用去变成子网 ID 后，相应子网中的计算机数目就会减少。例如一个 C 类网络，如果借用 2 位作为子网号，那么剩下的 6 位表示子网中的计算机，可以容纳的计算机数为 62 台；如果借用 3 位作为子网号，则 5 位来表示子网中的计算机，可以容纳的计算机数也就减少到 30 台。

3）划分子网后的子网掩码

划分子网后的子网掩码会有改变，它将子网 ID 号对应位也变为 "1" 后作为新的子网掩码。例如，对于 B 类地址，如果取计算机号的前三位作为子网号，则相应的子网掩码变化如下：

划分前：

11111111.11111111.00000000.00000000（十进制为 255.255.0.0）

划分后：

11111111.11111111.11100000.00000000（十进制为 255.255.224.0）

4）为每个子网确定地址段

确定好子网号的位数后，需要计算出每个子网的起始地址、结束地址、子网的网络 ID、子网的广播地址。

例：设有一个 C 类网络，其网络号为 211.70.248.0，现需要将它划分为 5 个子网，每个子网的计算机数不超过 30 个，并假设路由协议支持 0 子网。请计算每个子网的网络地址、起始地址、结束地址和子网的广播地址，并计算出划分子网后的子网掩码。

解：根据题意，因为要划分 5 个子网，所以需要从计算机 ID 中取前 3 位（$2^3 - 2 = 6$）作为子网 ID。又因为路由协议支持 "0" 子网。因此实际可划分为 7 个子网。计算机号剩余 5 位，每个子网可容纳的计算机数为 $2^5 - 2 = 30$，满足题意要求。

划分子网后的子网掩码为：

11111111.11111111.11111111.11100000，

对应的十进制为 255.255.255.224

第一个子网的编址如下：

11010011.01000110.11111000.00000000

（211.70.248.0），子网网络号

11010011.01000110.11111000.00000001
（211.70.248.1），开始地址
11010011.01000110.11111000.00000010
（211.70.248.2）
……
11010011.01000110.11111000.00011110
（211.70.248.30），结束地址
11010011.01000110.11111000.00011111
（211.70.248.31），子网广播地址

第二个子网的编址如下：
11010011.01000110.11111000.00100000
（211.70.248.32），子网网络号
11010011.01000110.11111000.00100001
（211.70.248.33），开始地址
11010011.01000110.11111000.00100010
（211.70.248.34）
……
11010011.01000110.11111000.00111110
（211.70.248.60），结束地址
11010011.01000110.11111000.00111111
（211.70.248.61），子网广播地址

依此类推，可以得到全部七个子网的编址，如表5-3所示（最后一行N/A表示作为子网的广播地址，不分配给计算机）。

表5-3 子网编址

子网号	子网网络ID	开始地址	结束地址	子网广播地址
000	211.70.248.0	211.70.248.1	211.70.248.30	211.70.248.31
001	211.70.248.32	211.70.248.33	211.70.248.62	211.70.248.63
010	211.70.248.64	211.70.248.65	211.70.248.94	211.70.248.95
011	211.70.248.96	211.70.248.97	211.70.248.126	211.70.248.127
100	211.70.248.128	211.70.248.129	211.70.248.158	211.70.248.159
101	211.70.248.160	211.70.248.161	211.70.248.190	211.70.248.191
110	211.70.248.192	211.70.248.193	211.70.248.222	211.70.248.223
111	Network/Address	N/A	N/A	N/A

子网划分好后，可按上表所示分配给7个单位使用，每个子网的子网掩码都是"255.255.255.224"。

5.2.6 配置计算机的 IP 地址和子网掩码

打开网络连接，配置 TCP/IP 属性，如图 5-9 所示，配置好 IP 地址和子网掩码。

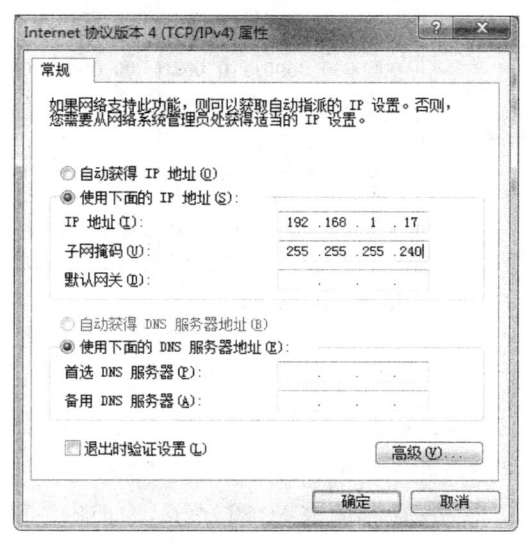

图 5-9　IP 地址和子网掩码的设置

5.2.7 无分类编址 CIDR

划分子网在一定程度上缓解了因特网在发展中遇到的困难。然而在 1992 年因特网仍然面临三个必须尽早解决的问题。

- B 类地址在 1992 年已分配了近一半，眼看就要在 1994 年 3 月全部分配完毕！
- 因特网主干网上的路由表中的项目数急剧增长（从几千个增长到几万个）。
- 整个 IPv4 的地址空间最终将全部耗尽。

1987 年，RFC 1009 就指明了在一个划分子网的网络中可同时使用几个不同的子网掩码。使用变长子网掩码 VLSM（Variable Length Subnet Mask）可进一步提高 IP 地址资源的利用率。在 VLSM 的基础上又进一步研究出无分类编址方法，它的正式名字是无分类编址 CIDR（Classless Inter-Domain Routing）。

CIDR 消除了传统的 A 类、B 类和 C 类地址以及划分子网的概念，因而可以更加有效地分配 IPv4 的地址空间。CIDR 使用各种长度的"网络前缀"（network-prefix）来代替分类地址中的网络号和子网号。无分类的两级编址的记法是：

IP 地址::={<网络前缀>,<计算机号>}

CIDR 还使用"斜线记法"（slash notation），它又称为 CIDR 记法，即在 IP 地址后面加上一个斜线"/"，然后写上网络前缀所占的位数（这个数值对应于三级编址中子网掩码中 1 的个数）。CIDR 把网络前缀都相同的连续的 IP 地址组成"CIDR 地址块"。例如 128.14.32.0/20 表示的含义如图 5-10 所示。

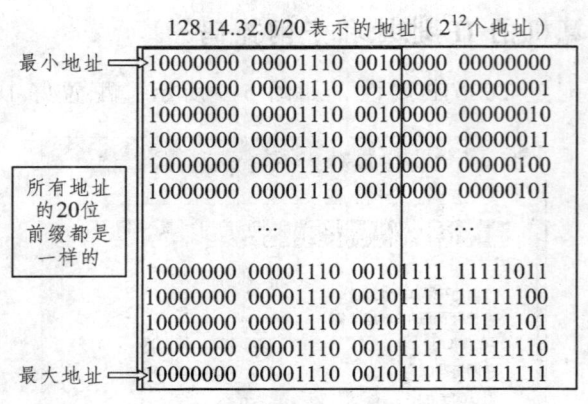

图 5-10　CIDR 地址块

5.2.8　IP 数据报

IP 协议使用的分组称为数据报，它包括 IP 报头与更高层协议的相关数据。IP 数据报是一个可变长度的包（最小为 20 字节，最大 65 536 字节）。由头部和数据两部分组成，头部的长度至少为 20 字节，最大为 60 字节，如图 5-11 所示。

图 5-11　IP 数据报结构

IP 数据报的报头至少为 20 个字节，报头的格式如图 5-12 所示。

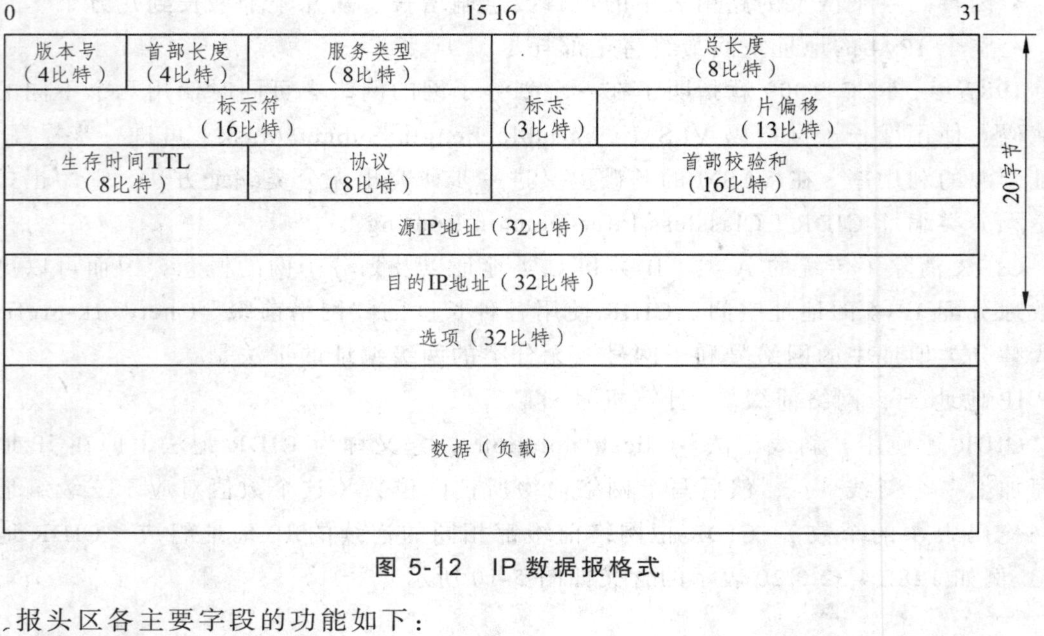

0			15 16			31	
版本号（4比特）	首部长度（4比特）	服务类型（8比特）			总长度（8比特）		
标示符（16比特）				标志（3比特）	片偏移（13比特）		
生存时间TTL（8比特）		协议（8比特）			首部校验和（16比特）		
源IP地址（32比特）							
目的IP地址（32比特）							
选项（32比特）							
数据（负载）							

图 5-12　IP 数据报格式

报头区各主要字段的功能如下：

（1）版本号：表示 IP 的版本，占 4 位。IPv4 的版本号二进制表示为"0100"（十进制的 4）；IPv6 为"0110"；

（2）头部长度：定义报文头部的长度，占 4 位，表示范围为十进制 0~15，它的值是行数 [4 字节（32 位）为一行]。例如，如果 HLEN 的值为 5，则表示头部有 5 行，头部长度为 5*4=20 个字节；如果值为 15，则表示头部长度为 15*4=60 个字节；

（3）服务类型：可以为数据报设置优先级，占 8 位；

（4）总长度：占 16 位，表示 IP 数据报的总长度，2^{16}=65 536 个字节；

（5）标识：占 16 位，它是一个计数器，用来产生数据报的标识；

（6）标志：占 3 位，目前只有前两位有意义。标志字段的最低位是 MF（More Fragment）。MF=1 表示后面"还有分片"。MF=0 表示最后一个分片。标志字段中间的一位是 DF（Don't Fragment）。只有当 DF=0 时才允许分片；

（7）片偏移：占 13 位，较长的分组在分片后某片在原分组中的相对位置。片偏移以 8 个字节为偏移单位；

（8）生存时间：占 8 位，记为 TTL（Time To Live），数据报在网络中可通过的路由器数的最大值；

（9）协议：占 8 位，指出此数据报携带的数据使用何种协议，以便目的计算机的 IP 层将数据部分上交给哪个处理过程，如图 5-13 所示；

（10）首部检验和：占 16 位，只检验数据报的首部不检验数据部分。这里不采用 CRC 检验码而采用简单的计算方法；

（11）源地址和目的地址：都各占 4 字节，分别代表数据报的发送者和接收者；

（12）选项：占 32 位。每行 4 个字节，可以为 0~10 行（40 字节）。它为 IP 数据报提供了更多的功能，用来控制路由、时序、管理和定位等。

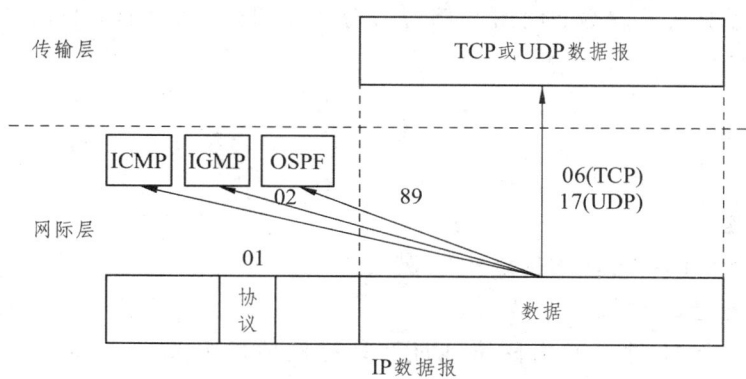

图 5-13 使用协议字段的不同值标识上层的处理协议

5.2.9 IPv6 技术

Internet 在各个领域内得到了空前的发展，人们对信息资源的开发和利用进入了一个全新的阶段。当前 Internet 网络层协议使用的 IP 协议为 IPv4 版本，而 IPv4 地址资源越来越紧张，路由表越来越庞大，路由速度越来越慢等。虽然各方面都在研究一些补救的方法，例如划分子网、无分类编址 CIDR 等来缓解 IP 地址的紧张，但这些方法只能给 IPv4 带来暂时的改善，为了解决长远的地址匮乏问题，最终提出了 IPv6 方案。

IPv6 在 1994 年 9 月首次提出，于 1995 年正式公布，研究修订后于 1999 年确定并开始部署。IPv6 主要有以下几个方面的特点：

（1）地址长度（Address Size）。IPv6 地址为 128 位，代替了 IPv4 的 32 位，IPv6 的地址空间是巨大的。

（2）自动配置（Automatic Configure）。IPv6 区别于 IPv4 的一个重要特性就是它支持无状态和有状态两种地址自动配置的方式。这种自动配置是对动态计算机配置协议（DHCP）的改进和扩展，使得网络（尤其是局域网）的管理更加方便和快捷，并为用户带来极大方便。

（3）头部格式（Header Format）。IPv6 简化了报头，减少了路由表长度，同时减少了路由器处理报头的时间，降低了报文通过 Internet 的延迟。

（4）可扩展的协议（Extensible Protocol）。IPv6 并不像 IPv4 那样规定了所有可能的协议特征，而是增强了选项和扩展功能，使其具有更高的灵活性和更强的功能。

（5）服务质量（QoS）。对服务质量作了定义，IPv6 报文可以标记数据所属的流类型，以便路由器或交换机进行相应的处理。

（6）内置的安全特性（Inner Security）。IPv6 提供了比 IPv4 更好的安全性保证。IPv6 协议内置标准化安全机制，支持对企业网的无缝远程访问。

在 IPv4 中，地址是用点分十进制方式来表示的。但在 IPv6 中，地址共有 128 位，如果延用 IPv4 的点分十进制表示法，则要用 16 个十进制数才能表示出来，读写起来非常麻烦，因而 IPv6 采用"冒号十六进制表示法"来表示地址。地址中每 16 位为一组，写成 4 位的十六进制数，两组间用冒号分隔。例如，AFCB:A35F:35D7:0000:E3C1:2345:4902:4A46。

习题

一、选择题

1. 下列关于 IPv4 地址的描述中错误是（　　）。

　　A．IP 地址的总长度为 32 位

　　B．每一个 IP 地址都由网络地址和计算机地址组成

　　C．一个 C 类地址拥有 8 位计算机地址，可给 254 台计算机分配地址

　　D．A 类地址拥有最多的网络数

2. 下列关于 IP 地址的说法中错误的是（　　）。

　　A．一个 IP 地址只能标识网络中的唯一的一台计算机

　　B．IP 地址一般用点分十进制表示

C. 地址 205.106.286.36 是一个非法的 IP 地址
D. 同一个网络中不能有两台计算机的 IP 地址相同

3. 下列选项中，IP 地址有效的是（　　）。
   A. 192.138.100.256　　　　　　　B. 138.192.290.125
   C. 278.111.124.34　　　　　　　　D. 191.191.191.123

4. 以下说法正确的是（多）（　　）。
   A. C 类地址就是局域网用的 IP 地址　　B. A 类地址的网络 ID 为 128 个
   C. 网络 ID 不能以数字 0 或 127 开头　　D. 不能使用全 0 或全 1 计算机 ID

5. IPv4 版本的因特网总共有（　　）个 A 类地址网络。
   A. 65 000　　B. 200 万　　C. 126　　D. 128

6. 以下关于 MAC 地址的说法中正确的是（多）（　　）。
   A. MAC 地址的一部分字节是各个厂家从 IEEE 得来的
   B. MAC 地址一共有 6 个字节，他们从出厂时就被固化在网卡中
   C. MAC 地址也称作物理地址，或通常所说的计算机的硬件地址
   D. 局域网中的计算机在判断所收到的广播帧是否为自己应该接收的方法是，判断帧的 MAC 地址是否与本机的硬件地址相同

7. 本地网络上的计算机通过下列所述的哪种方式查找其他的网络设备（　　）。
   A. 端口号　　B. 硬件地址　　C. 默认网关　　D. 逻辑网络地址

8. 下面哪一个 IP 地址用于将一个数据报发给一个网段的所有设备（　　）。
   A. 125.125.125.125　　　　　　　B. 127.0.0.1
   C. 255.0.0.0　　　　　　　　　　D. 255.255.255.255

9. 当向网络增加一台设备，但其 IP 地址与其他设备冲突时，会发生什么？（　　）
   A. 两个计算机都停止工作
   B. 新节点可以工作，但现有的节点停止工作
   C. 它们都会收到告警信息，并停止工作
   D. 现有的节点继续工作

10. 当一台计算机从一个网络移到另一个网络时，以下说法正确的是（　　）。
    A. 必须改变它的 IP 地址和 MAC 地址
    B. 必须改变它的 IP 地址，但不需改动 MAC 地址
    C. 必须改变它的 MAC 地址，但不需改动 IP 地址
    D. MAC 地址、IP 地址都不需改动

11. IP 地址 3.255.255.255 是（　　）。
    A. 一个计算机地址　　　　　　　B. 一个网段地址
    C. 一个有限广播地址　　　　　　D. 一个直接广播地址

12. 以下属于本地地址是（多）（　　）。
    A. 10.0.0.1　　　　　　　　　　B. 172.31.254.1

C. 192.168.0.16　　　　　　　　D. 172.33.25.220
E. 196.168.0.1

13. 保留给自环测试的 IP 地址是（　　）。
　　A. 164.0.0.0　　　　　　　　B. 130.0.0.0
　　C. 200.0.0.0　　　　　　　　D. 127.0.0.1

14. 某校园网地址是 202.100.192.0/18，要把该网络分成 30 个子网，则子网掩码应该是（　　）。
　　A. 255.255.200.0　　　　　　B. 255.255.224.0
　　C. 255.255.254.0　　　　　　D. 255.255.255.0

15. 上题中，每个子网可分配的计算机地址数是（　　）。
　　A. 32　　　B. 64　　　C. 510　　　D. 512

16. 分配给某校园网的地址块是 202.105.192.0/18，该校园网包含（　　）个 C 类网络。
　　A. 6　　　B. 14　　　C. 30　　　D. 62

17. IP 地址块 192.168.15.136/29 的子网掩码可写为（　　）。
　　A. 255.255.255.192　　　　　B. 255.255.255.224
　　C. 255.255.255.240　　　　　D. 255.255.255.248

三、问答题

1. 子网掩码有什么作用？
2. IP 地址分为哪几类？每一类的第一字节的十进制数值范围分别是多少？
3. 若要将一个 B 类的网络 172.17.0.0 划分为 14 个子网，请计算出每个子网的子网掩码，以及在每个子网中计算机 IP 地址的范围是多少。
4. 若要将一个 B 类的网络 172.17.0.0 划分子网，其中包括 3 个能容纳 16 000 台计算机的子网，7 个能容纳 2 000 台计算机的子网，8 个能容纳 254 台计算机的子网，请写出每个子网的子网掩码和计算机 IP 地址的范围。
5. IP 数据报的长度是多少？IP 数据报头部的长度是多少？
6. 简要说明 IPv6 的优点。

实训 5-1　IP 地址和子网掩码等配置

【实训目标】

（1）了解 TCP/IP 协议簇，重点是 IP 协议的作用。
（2）掌握 IP 地址类别、网络 ID、计算机 ID 和保留地址等基本概念。
（3）掌握子网掩码的作用。
（4）掌握 IP 地址的配置方法。

(5)掌握 ipconfig 命令的使用方法。

【实训内容】

(1)配置 IP 地址、子网掩码。

(2)查看配置结果。

【实训步骤】

(1)在 windows7 操作系统中,使用鼠标右键单击桌面上的"网络",选择"属性"命令,打开"网络和共享中心"窗口,单击窗口中的"更改适配器设置",打开"网络连接"窗口,右键点击"本地连接",选择"属性"命令,打开"本地连接属性"对话框,如图 5-14 左图所示,然后选择"Internet 协议版本 4(TCP/IPv4)",并单击"属性"按钮,打开"TCP/IP 属性"对话框,如图 5-14 右图所示。

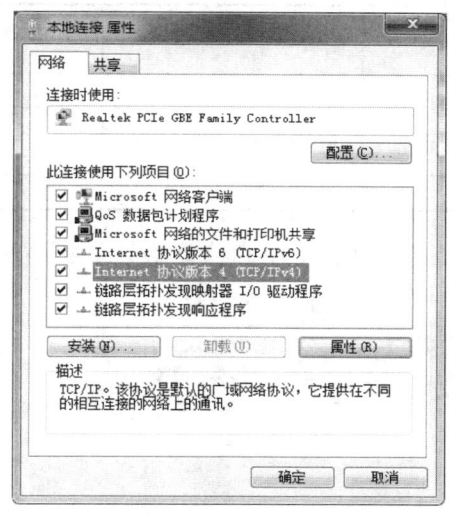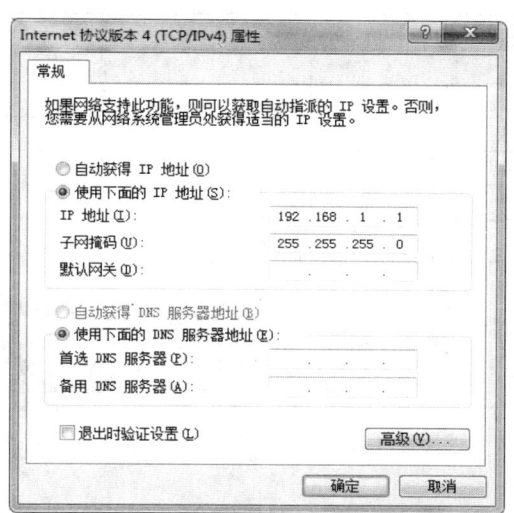

图 5-14 "TCP/IP 属性"对话框

(2)选中"使用下面的 IP 地址"单选按钮,在"IP 地址"输入框中输入相应的 IP 地址。在"子网掩码"输入框中输入该类 IP 地址的子网掩码。单击"确定"按钮,将 IP 地址设置到本台计算机。(选择"自动获得 IP 地址",则由 DHCP 自动为计算机分配一个合法的 IP 地址)

(3)双击桌面的"网络",可以发现网络中的其他计算机,如果每台计算机中将资源都设置为共享,就可以实现小型网络的资源共享服务。

(4)在命令提示符下输入"ipconfig",查看计算机设置的 IP 地址和子网掩码信息。

思考:如果在步骤 2 中选择"自动获取 IP 地址",而且网络中没有 DHCP 服务器,每台计算机是否也可以连通呢?

实训 5-2 IP 地址与子网划分

【实训目标】

（1）正确配置 IP 地址。
（2）正确配置子网掩码。
（3）能够进行子网划分。

【实训内容】

200.200.X.0 是一个 C 类地址，要求划分 5 个子网，每个子网 20 台计算机。（注：其中 X 为自己学号的后二位数字，前面再加班级编号——例如电商班为 1、计网为 2）

（1）请将规划好的子网相关数据填入表 5-4。

表 5-4 子网数据

子网号	子网掩码	网络地址	第一个计算机地址	最后的计算机地址	广播地址
1					
2					
3					
4					
5					

（2）按下列拓扑结构图 5-15 所示，添加设备与连接。（注意：要给计算机重命名）

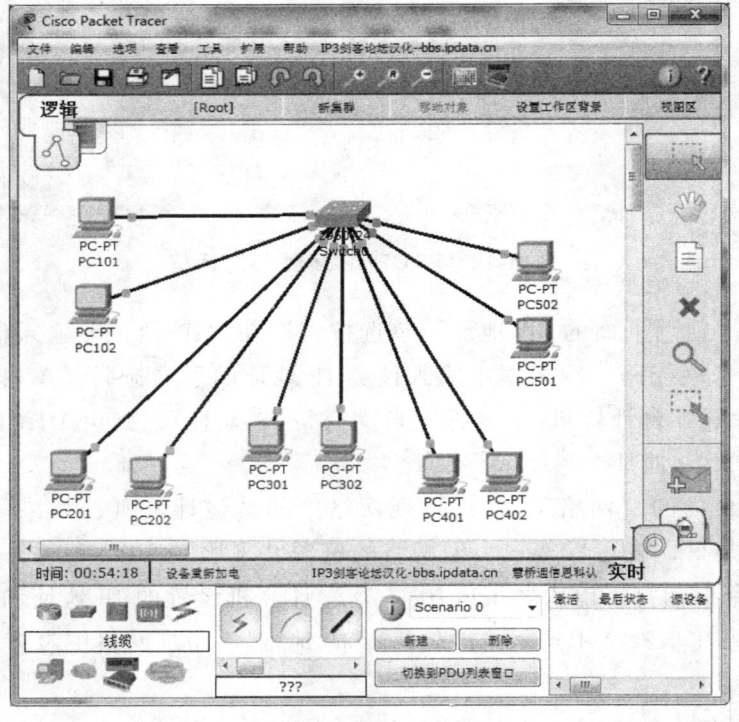

图 5-15 实训 5-2 网络拓扑

（3）按规划设置计算机的 IP 地址、子网掩码（例如：101 与 102 为子网 1，且 101 为第一台计算机，102 为最后一台计算机；201 与 202 为子网 2，且 201 为第一台计算机，202 为最后一台计算机；如此类推）。

（4）使用 ping 命令测试各计算机之间的连通性（要求截图）。

任务 6 ARP 协议和 ICMP 协议

6.1 任务描述

ARP 协议和 ICMP 协议是 IP 协议的配套协议，本任务就是理解 ARP 协议和 ICMP 协议的工作原理。

6.2 相关知识

6.2.1 ARP 协议的基本原理

现在我们使用 IP 地址传送数据，靠 IP 地址确定数据包发送的目的地，而局域网络中数据是通过物理地址（MAC）到达某台计算机的。那么为什么我们只使用 IP 地址就可以了呢，这就要依靠 ARP 协议了。ARP 协议的任务就是完成 IP 地址到物理地址的映射。

每一个计算机都设有一个 ARP 高速缓存，里面有所在的局域网上的计算机和路由器的 IP 地址到硬件地址的映射表，这些都是该计算机目前知道的一些地址，那么计算机是怎么这些地址的呢？通过自主学习获取。

ARP 协议的工作原理如下，如图 6-1 所示。

（1）A 想要获取 E 的物理地址，那么 A 发送一个 ARP 请求数据包，请求 IP 地址为 E 的计算机做出响应。

（2）本地网上的每个计算机都收到广播。

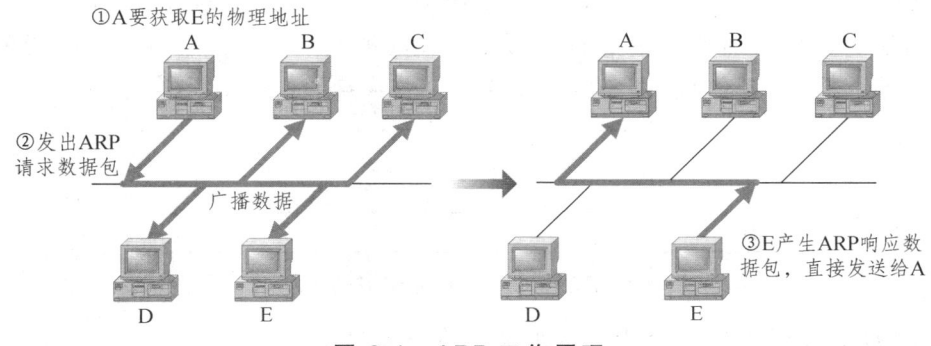

图 6-1 ARP 工作原理

（3）计算机 E 收到此广播包后，做出响应，向 A 发送 ARP 响应数据包，说明自己的硬件地址和 IP 地址的映射关系。

（4）A 在得到 E 的硬件地址后，就可以与计算机 E 通信，同时也会将计算机 E 的 IP 地址和硬件地址保存到自己的 ARP 缓存中。

如果计算机 E 与计算机 A 的 IP 地址不在同一个网络中，则计算机 A 需要将数据发送到路由器上。此时，如果计算机 A 不知道路由器的物理地址，同样用 ARP 去解析。

下面是 ARP 协议工作时遇到的四种典型情况：

- 发送方是计算机，要把 IP 数据报发送到本网络上的另一个计算机，这时用 ARP 找到目的计算机的硬件地址。
- 发送方是计算机，要把 IP 数据报发送到其他网络的计算机，这时 ARP 找到本网络上某个路由器硬件地址，剩下工作由这个路由器完成。
- 发送方是路由器，要把 IP 数据报转发到本网络上的一个计算机，这时用 ARP 找到目的计算机的硬件地址。
- 发送方是路由器，要把 IP 数据报转发到另一个网络上的一个计算机，这时用 ARP 找到本网络上的一个路由器的硬件地址，剩下的工作由这个路由器来完成。

6.2.2 ARP 命令

多数操作系统都内置了一个 ARP 命令，用于查看、添加和删除高速缓存区中的 ARP 表项。

（1）ARP –a 可显示 ARP 高速缓存中的所有内容。

（2）ARP –d 删除 ARP 高速缓存中的某一项内容，举例如下。

ARP –d 172.16.19.11 00-e0-4c-d6-e6-02

（3）ARP –s 增加高速缓存中的内容。通过这种方式增加的项是静态项。举例如下。

ARP –s 172.16.19.11 00-e0-4c-d6-e6-02

6.2.3 ICMP 协议的基本原理

ICMP（Internet Control Message Protocol）是一种 Internet 控制报文协议，用于计算机或路由器报告差错的情况，从而提高 IP 数据报交付成功的机会。ICMP 报文作为 IP 层数据报的数据，加上数据报的首部，组成数据报发送出去，如图 6-2 所示。

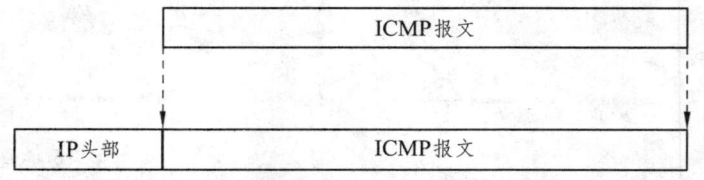

图 6-2 ICMP 报文和 IP 报文

ICMP 报文分两大类：差错报告报文和查询报文。

1）差错报告报文

（1）终点不可达。

终点不可达分为网络不可达、计算机不可达、协议不可达、端口不可达、数据包需要分片但 DF 比特已置为 1 以及源路由失败等六种情况，当出现以上六种情况时就向源节点发送终点不可达报文。

（2）源站抑制。

当路由器或计算机由于拥塞而丢弃数据报时，就向源节点发送源站抑制报文，使源节点知道应当将数据报的发送速率放慢。

（3）超时。

当路由器收到生存时间为零的数据报时，除丢弃该数据报外，还要向源节点发送时间超过报文。

（4）参数问题。

当路由器或目的计算机收到的数据报的首部中有字段的值不正确时，就丢弃该数据报，并向源节点发送参数问题报文。

（5）改变路由（重定向）。

路由器将改变路由报文发送给计算机，让计算机知道下次应将数据报发送给另外的路由器。

2）查询报文

（1）ICMP 回送请求报文。

由计算机或路由器向一个特定的目的计算机发出的询问。收到此报文的机器必须给源计算机发送 ICMP 回送回答报文。这种询问报文用来测试目的站是否可达以及了解其有关状态。如"Ping"命令就是使用了 ICMP 回送请求与回送回答报文，用来测试两个计算机之间的连通性。

（2）ICMP 时间戳请求报文。

请求某个计算机或路由器回答当前的日期和时间。

（3）ICMP 地址掩码请求报文。

使计算机可向子网掩码服务器获得某个接口的地址掩码。

（4）ICMP 路由器询问和通告报文。

使计算机能够了解到连接在本网络上的路由器是否正常工作。

6.2.4 几个常用的命令

1. ping 地址

ping 命令是最常用的网络测试命令（Linux 和 Windows 中均有），用于测试网络是否连通。它其实就是发送的 ICMP 请求和应答报文对。它是默认发送 4 次，每次 32 字节测试数据，等待超时时间为 1 秒，如图 6-3 所示。我们还可以在 ping 命令后带参数来使用。完整的形式是：

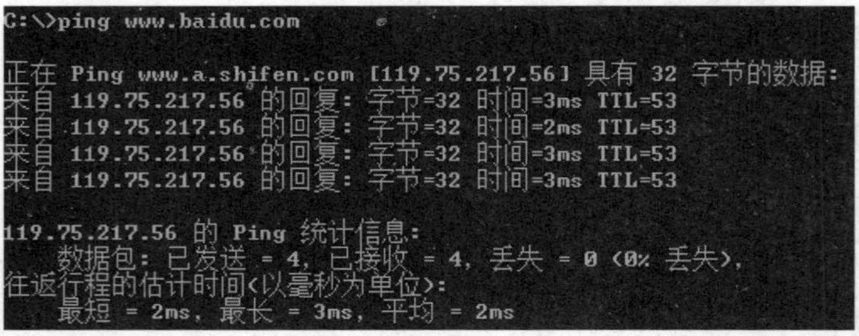

图 6-3 ping 命令的使用

ping [-t] [-a] [-n count] [-l length] [-f] [-i ttl] [-v tos] [-r count] [-s count] [-j computer-list] | [-k computer-list] [-w timeout] 目的 IP

重点掌握下面几个参数的使用。

（1）Ping -t IP 地址　//向对方不停发送包，直到按下 ctrl+c 键

例如：ping –t 192.168.1.1

（2）ping -n count　IP 地址　//指明发送分组的个数，默认发送 4 个分组

例如：ping –n 6 192.168.1.1 发送 6 次

（3）ping -l length IP 地址　//设置发送每个分组长度，默认是 32bytes

例如：ping –l 500 192.168.1.1 发送 500 字节的数据包

2. ipconfig 命令

ipconfig 可用于显示当前的 TCP/IP 配置的设置值，通常是用来检验人工配置的 TCP/IP 设置是否正确。当我们所在的局域网使用了动态计算机配置协议（DHCP），那么我们就很可能经常跟 ipconfig 打交道了，因此掌握一些 ipconfig 的相关知识十分必要。

（1）ipconfig。

当使用 ipconfig 时不带任何参数选项，那么它为每个已经配置了的接口显示 IP 地址、子网掩码和缺省网关值。

（2）ipconfig /all。

当使用 all 选项时，ipconfig 能为 DNS 和 WINS 服务器显示它已配置且所要使用的附加信息（如 IP 地址等），并且显示内置于本地网卡中的物理地址（MAC）。如果 IP 地址是从 DHCP 服务器租用的，ipconfig 将显示 DHCP 服务器的 IP 地址和租用地址预计失效的日期。

3. tracert 命令

如果有网络连通性问题，可以使用 tracert 命令来检查到达的目标 IP 地址的路径并记录结果。tracert 命令显示用于将数据包从计算机传递到目标位置的一组 IP 路由器，以及每个跃点所需的时间。tracert 的使用很简单，只需要在 tracert 后面跟一个 IP 地址或 URL，tracert 会进行相应的域名转换的。

tracert 最常见的用法如下。

tracert IP 该命令返回到达 IP 地址所经过的路由器列表，如图 6-4 所示。

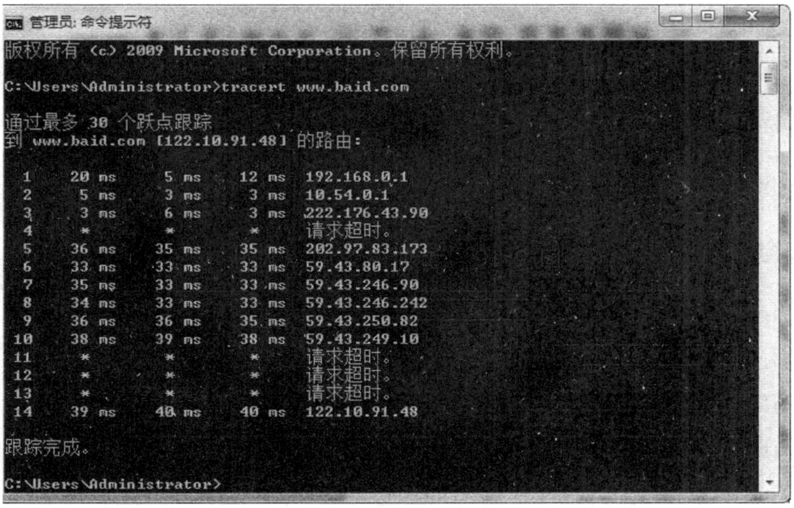

图 6-4 tracert 命令的使用

tracert 一般用来检测故障的位置，我们可以用 tracert IP 在哪个环节上出了问题，虽然还是没有确定是什么问题，但它已经告诉了我们问题所在的地方，我们也就可以很有把握地告诉别人某某地方出了问题。

习题

一、选择题

1. ARP 协议的作用是（　　），它的协议数据单元封装在（　　）中传送。ARP 请求是采用（　　）方式发送的。

（1）A. 由 MAC 地址求 IP 地址
　　B. 由 IP 地址求 MAC 地址
　　C. 由 IP 地址查域名
　　D. 由域名查 IP 地址

（2）A. IP 分组　　B. 以太帧　　C. TCP 段　　D. UDP 报文

（3）A. 单播　　　B. 组播　　　C. 广播　　　D. 点播

2. Ping 命令使用了（　　）Echo 请求和 Echo 回答报文。
　　A. IP　　　　B. ICMP　　　C. ARP　　　D. RARP

3. ICMP 协议属于 TCP/IP 网络中的（　　）协议。
　　A. 传输层　　B. 网络层　　C. 应用层　　D. 数据链路层

4. 下面哪个命令用于查看网卡的 MAC 地址？（　　）
　　A. ipconfig/all　　　　　　B. ipconfig /release
　　C. ipconfig /renew　　　　D. ipconfig /registerdns

二、问答题

1. 简述 ARP 协议的主要作用及其工作原理。
2. 简述 ICMP 的两类报文作用。

实训 6-1 常用网络命令的练习

【实训目标】

掌握常用网络命令的使用方法。

【实训内容】

命令一：ipconfig 命令。

作用：显示本机的相关参数配置。

（1）ipconfig。（简单显示本机的 IP 地址等配置参数）

（2）ipconfig/all。（详细显示本机的 IP 地址配置参数）

实训要求如下。

写出本机的 IP 地址、MAC 地址、子网掩码、网关、DNS 服务器地址。

命令二：ping 命令。

作用：测试网络上两台计算机通信链路的连通性。

相关知识（一）。

（1）Ping 127.0.0.1。（测试 tcp/ip 协议安装是否正确）

（2）Ping 本机 IP 地址。（验证本机网卡是否正常工作）

（3）Ping 本网段内某个计算机 IP 地址。（测试到对方计算机是否连通）

（4）Ping 默认网关地址。（测试本机到网关是否连通，或网关工作是否正常）

（5）Ping 外网 IP 地址。（测试到外网连接是否正常）

实训要求如下。

（1）测试本机 tcp/ip 协议安装是否正确。

（2）验证本机网卡是否正常工作。（如何获取本机的 IP 地址？）

（3）测试到相邻计算机是否连通。

（4）测试本机到网关是否连通。（如何获取网关 IP 地址？）

（5）测试到外网连接是否正常。（例如测试到百度能否连通 www.baidu.com，百度服务器的 IP 地址是多少？）

相关知识（二）。

（1）Ping -t IP 地址。（向对方不停发送包，直到按下 ctrl+c 键）

（2）ping -n count IP 地址。（指明发送分组的个数，默认发送 4 个分组）

（3）ping -l length IP 地址。（设置发送每个分组长度，默认是 32bytes）

实训要求如下。

（1）向相邻计算机不停发送包，直到按下 ctrl+c 键。

（2）向相邻计算机发送 10 个包。

(3)向相邻计算机发送6个包,每个包长度为255字节。

命令三:ARP命令。

作用:显示本网段内其他计算机 IP 地址和 MAC 的映射关系,也可以通过 ARP 命令删除、添加记录。

相关知识如下。

(1)arp –a。(显示缓存表中记录)

(2)arp –s ip 地址 mac 地址。(向缓存表中添加一条静态记录)

(3)arp –d   IP 地址。(删除表中的一条记录)

实训要求如下。

(1)显示本机的 ARP 缓存内容。

(2)向表中添加一条记录 arp –s 192.168.218.1 00-04-61-7b-dd-2b。(该记录是动态 dynamic 记录还是静态 static 记录?)

(3)查看是否添加成功。

(4)删除表中的一条记录 arp –d   192.168.218.1。

(5)查看是否删除成功。

(6)用 arp 命令去获得你本机所在网络的默认网关接口 MAC 地址。

(7)用 arp 命令获得你相邻计算机的 MAC 地址。

命令四:tracert。

作用:路由跟踪命令,显示本机发送分组到达某个远程目的计算机所经过的中间设备数目,同时显示设备 IP 地址,及到达每个设备大概时间。可以帮助查看网络不通时,定位到有故障的中间设备。

相关知识如下。

tracert 目的计算机 IP 地址,如图 6-5 所示。

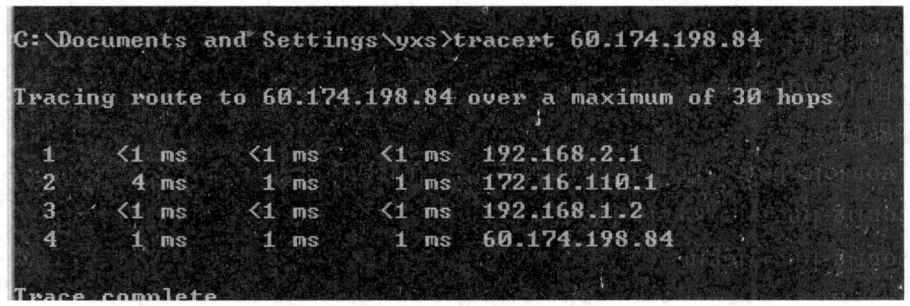

图 6-5 tracert 目的 IP 地址

实训要求:

tracert www.sina.com.cn。(观察经过多少路由器?IP 地址?时间多少?)

任务 7 认识路由选择

7.1 任务描述

路由器为何能把 IP 数据报送到目的地？这需要一套规则。选择一条路径把 IP 数据报送到目的地就称为路由选择。路由选择有相应的算法和协议。我们需要明白基本的表驱动路由选择原理，知道路由表的组成和作用，路由表的建立和刷新，这样我们才能配置路由器，而配置路由器是网络中最重要的工作之一。

7.2 相关知识

7.2.1 路由选择基础

Internet 是由计算机网络与路由器连接起来的网络，为了将数据包正确地发送到目的计算机，路由器负责将数据包沿着正确的方向进行发送，这个过程称为路由选择。路由器按照路由表转发数据包，通过比较 IP 地址的目的地址网络部分和路由表中的网络地址部分，确定下一个应该发送的路由器；路由表的正确与否至关重要，而确定路由表的路由选择算法就是核心；路由选择算法并不能达到理想的算法，只能是在某种网络环境下的最佳算法。路由器的路由表包括静态路由表和动态路由表。

1. 静态路由

静态路由选择是通过网络管理员设置路由表来完成的，如图 7-1 所示，在任意两个路由器之间都有固定的路径。当某个网络设备或网络链路出故障时，网络管理员就要手工更新路由表。当网络规模较大或网络复杂时，使用静态路由表很难设置和维护，因此，静态路由仅适合较小规模的网络。

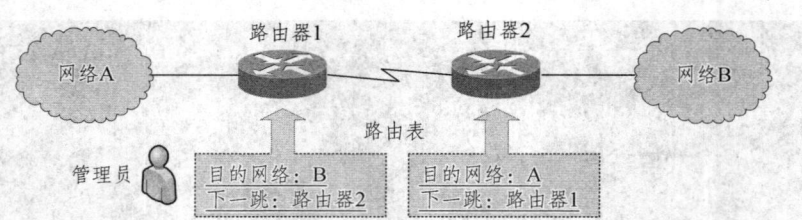

图 7-1 静态路由表由管理员人工设置

在静态路由中，有一种特殊的路由叫缺省路由。缺省路由用来指明数据报的目的地不在路由表中时的路由，也就是说在没有找到匹配的路由时使用的路由。在路由表中，缺省路由使用的目的网络地址为 0.0.0.0、子网掩码为 0.0.0.0。当路由器收到一个数据报时，如果数据包的目的地址不能与任何路由相匹配，那么路由器将检查是否设置缺省路由，如果设置了缺省路由，则使用缺省路由转发该数据包，否则丢弃该数据包。在小型互连网中，使用缺省路由可以减轻路由器对路由表的维护工作量，如图 7-2 所示，对于路由器 1 只需要设置一条缺省路由，网络 A 的所有计算机都可以访问 Internet。

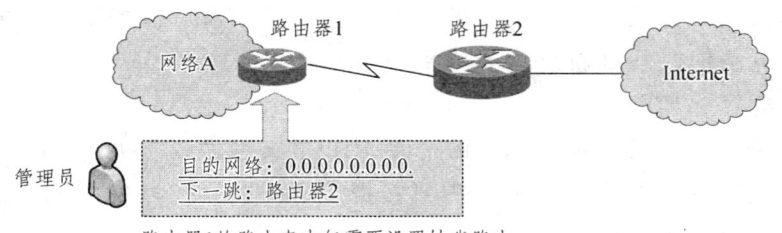

图 7-2　缺省路由

2. 动态路由

动态路由的产生不需要网络管理员的介入，各路由器之间根据路由选择协议交换路由信息，从而建立起一个动态的路由表，如图 7-3 所示。动态路由器监控网络变化、更新它们的路由表并在需要时重新配置网络路径，因此，动态路由非常适合大型的网络。当一个网络链路出故障时，动态路由器将自动检测到故障并建立一条最有效的新路径。

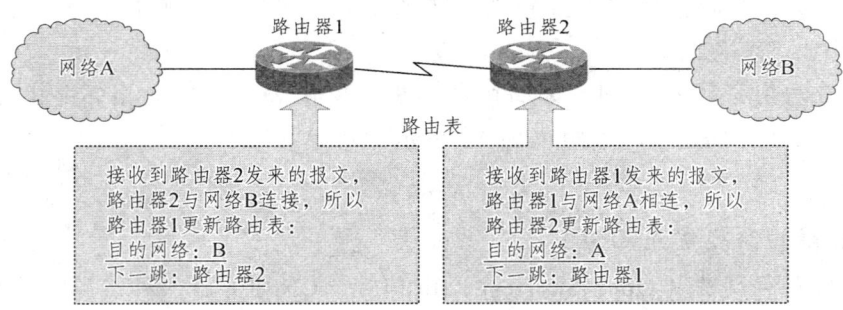

图 7-3　路由器之间交换信息建立动态路由表

7.2.2　动态路由协议

1. 路由信息协议 RIP

路由信息协议（Routing Information Protocol，RIP）是一种基于距离向量的路由选择算法，使用路由器的跳数作为最佳途径的判断依据。所谓跳数，是从本路由器出发，到达目的网络中间所需经过的路由器个数。RIP 总是以找到跳数最小的路径为最终目标，如图 7-4 所示。

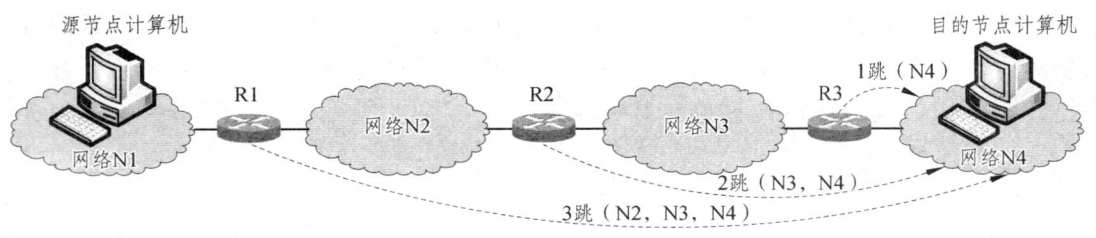

图 7-4　RIP 的跳数

向量-距离路由选择算法的基本思想如下。

路由器周期性地向其相邻路由器广播自己知道的路由信息,用于通知相邻路由器自己可以到达的网络以及到达该网络的距离,相邻路由器可以根据收到的路由信息进行向量—距离算法修改和刷新自己的路由表。

向量—距离算法如下。

收到相邻路由器(其地址为 X)的一个 RIP 报文后做以下处理。

(1)先修改此 RIP 报文中的所有项目:把"下一跳"字段中的地址都改为 X,并把所有的"距离"字段的值加 1。

(2)对修改后的 RIP 报文中的每一个项目,重复以下步骤:

若项目中的目的网络不在路由表中,则把该项目加到路由表中。

否则

若下一跳字段给出的路由器地址是同样的,则把收到的项目替换原路由表中的项目。

否则

若收到项目中的距离小于路由表中的距离,则进行更新,

否则,什么也不做。

(3)若 3 分钟还没有收到相邻路由器的更新路由表,则把此相邻路由器记为不可达路由器,即将距离置为 16(距离为 16 表示不可达)。

(4)返回。

2. 开放最短路径优先 OSPF

开放最短路径优先(Open Shortest Path First,OSPF)是一种链路状态路由协议,除了路由器的数目外,OSPF 还要判断路程段之间的连接速率和负载平衡来确定发送数据包的最佳途径。OSPF 需要每个路由器向其同一管理域的所有其他路由器发送链路状态广播信息,包括所有接口、所有的量度和其他一些变量的信息。与 RIP 不同,OSPF 将一个自治域再划分为区,相应地有两种类型的路由选择方式:当源和目的地在同一区时,采用区内路由选择;当源和目的地不在同一个区域时,则采用区间路由选择。

为了使 OSPF 能够用于规模更大的网络,OSPF 将一个自治系统再划分为若干个更小的范围,被称为区域(Area),如图 7-5 所示,图中表示了一个自治系统分为 3 个区域,每个区域都有一个 32 bit 的区域标识符(用点分十进制表示)。划分区域的好处就是减少了整个网络上的通信量。在一个区域内部的路由器只知道本区域的完整网络拓扑,而不知道其他区域的网络拓扑的情况。

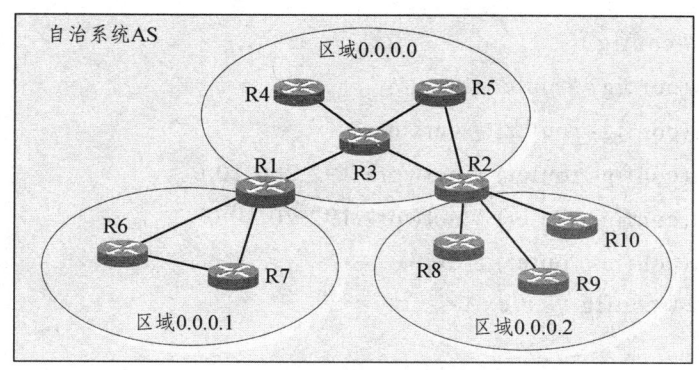

图 7-5　OSPF 在 AS 内分区域的路由选择

7.2.3　基本的路由器配置命令

1．基本命令

enable 命令：进入特权模式。
config terminal 命令：进入全局配置模式。
interface：进入端口配置模式。
ip address 命令：配置端口 IP 地址。
no shutdown 命令：启动端口命令。
show ip route 命令：查看路由表信息。

2．具体情景命令

（1）怎么给路由器配置 IP？

　　router(config)#interface fastethernet 0/1
　　router(config-if)#ip address 192.168.1.100 255.255.255.0
　　router(config-if)#no shutdown

（2）怎么给交换机配置 IP？

　　switch(config)#interface vlan 1
　　switch(config-if)#ip address 192.168.1.100 255.255.255.0
　　switch(config-if)#no shutdown

（3）静态路由配置方式。

　　router(config)#ip route 192.168.1.0 255.255.255.0 192.168.10.1

（4）默认路由配置方式。

　　router(config)#ip route 0.0.0.0 0.0.0.0 192.168.10.1

（5）给交换机配置默认网关，方便管理。

　　switch(config)#ip default-gateway 192.168.2.254

（6）RIP 配置命令。

　　RouterA>en

```
RouterA#config t
RouterA(config) #router rip
RouterA(config- router) # version 2
RouterA(config- router) # network 192.200.10.0
RouterA(config- router) # network 192.20.10.0
RouterA(config- router) # exit
RouterA（config） # exit
```

习题

一、选择题

1. 在因特网中，路由器通常是利用以下（　　）字段进行路由选择。
   A. 源 IP 地址　B. 目的 IP 地址　C. 源 MAC 地址　D. 目的 MAC 地址
2. 路由器中的路由表（　　）。
   A. 需要包含到达所有计算机的完整路径信息
   B. 需要包含到达所有计算机的下一步路径信息
   C. 需要包含到达目的网络的完整路径信息
   D. 需要包含到达目的网络的下一步路径信息
3. 对于 4 个静态的网络，一般采用（　　）路由方式。
   A. RIP 协议　B. OSPF 协议　C. 静态路由　D. 默认路由
4. 默认路由在路由表中应该表示为（　　）。
   A. （255.255.255.255　255.255.255.255　默认路由器的 IP 地址）
   B. （0.0.0.0　0.0.0.0　默认路由器的 IP 地址）
   C. （0.0.0.0　255.255.255.255　默认路由器的 IP 地址）
   D. （255.255.255.255　0.0.0.0　默认路由器的 IP 地址）

二、简答题

1. 动态路由和静态路由有何不同？说说两者的优缺点。
2. 简述 RIP 协议和 OSPF 协议的工作原理。

实训 7-1　路由器基本配置

【实训目标】

学习命令行方式配置路由器的基本方法，理解路由器工作原理。

【实训内容】

（1）路由器配置方式。

（2）路由器基本配置命令。

【相关知识】

路由器常用模式有（见图 7-6）以下几种。

① 用户模式：提示符 >，登录路由器时进入该模式，在这个模式下只能查看部分路由器的信息，但不能修改信息。

② 特权模式：提示符#，该模式是进入各种配置状态的入口，在这个模式下也只能查看路由器的信息，但不能修改。这个模式通常设置密码保护。

③ 全局配置模式：提示符（config）#，可以配置路由器的一些全局性信息，如名字、密码等。

④ 接口配置模式：提示符（config-if）#，可以配置路由器的接口信息。

⑤ 路由配置模式：提示符（config-router）#，可以在路由器上配置路由协议。

⑥ 线路配置模式：提示符 （config-line）#，可以配置路由器连接线路的参数。

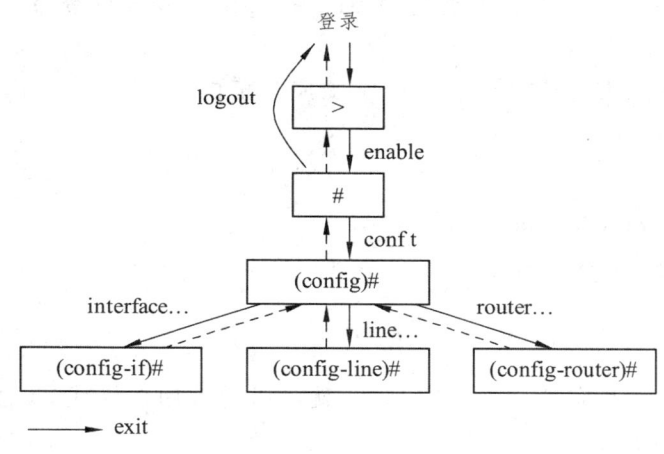

图 7-6 路由器配置模式

conf t 命令是 configure terminal 命令的简写。

interface 命令中需指明要配置的接口，如：interface e0 表示配置以太网接口 e0，interface s0 表示配置串行口 s0。

line 命令中需指明要配置的登录线路，如：line console 0 表示配置控制台端口 0，line vty 0 4 表示配置远程登录端口 0～4。

router 命令中需指明配置的协议类型，如：router rip 表示配置 RIP 协议。

exit 命令用于退回到上一层模式。Ctrl+Z 或 end 用于从深层模式直接退回特权模式。

logout 命令用于注销，结束会话。

【实验内容】

1. 配置路由器名字

路由器的名字用于识别各路由器,默认名为 Router。假如把路由器的名字改为 R1,可用以下命令:

Router(config)#hostname R1

R1(config)#

配置后,路由器的名字会出现在命令提示符前面。

2. 设置控制台口令

控制台口令是用超级终端登录路由器时使用的口令。

R1(config)#line console 0

R1(config-line)#login

R1(config-line)#password 123456

line console 0 表示配置控制台端口 0;用 login 命令允许登录;用 password 命令设置登录密码。

可以用 logout 结束会话再重新登录来验证登录口令:

R1(config-line)#exit

R1#logout

Router con0 is now available

Press RETURN to get started

Password:

R1>

在"Password:"后输入口令 123456,就可以进入用户模式。(注:输入口令时无回显,即没有任何显示。)

3. 设置远程登录口令(Cisco)

远程登录口令是在远程计算机上用 Telnet 登录路由器时使用的口令。

Router(config)#line vty 0 4

Router(config-line)#login

Router(config-line)#password dfdfd

line vty 0 4 表示配置远程登录端口 0~4;用 login 命令允许登录;用 password 命令设置登录口令,本例中把远程登录口令设置为 dfdfd。

4. 配置特权口令或特权密码

特权口令是从用户模式进入特权模式时使用的口令,它有口令和密码两种形式。口令在配置文件中是用明文显示的,密码在配置文件中是用密文显示的,所以密码的安全性更高。口令和密码只需配置一种,若两种都配置了,则两者不能相同,且密码优先。

R1(config)#enable password qqqqq

R1(config)#enable secret wewewe

注：password 命令配置的是口令，secret 命令配置的是密码。

由于进入到特权模式就意味着拥有了修改配置的权限，所以为了安全起见，在实际配置路由器时特权密码应该设置得复杂一些。配置好后，可以退回用户模式，再用 enable 命令进入特权模式验证密码的使用：

R1(config)#exit

R1#exit

Password:

R1>enable

Password:

R1#

前一个 Password 是登录口令，应输入 123456（见前面的配置），后一个 Password 是进入特权模式的口令，应输入 wewewe，就可以进入特权模式。（注：输入口令时无回显）

5. 配置以太网接口（Cisco）（见图 7-7）

以太网接口多用于连接内部网络，它用"Ethernet 接口号"的形式表示，它的 IP 地址通常可作为内部网络中各设备的默认网关。如：

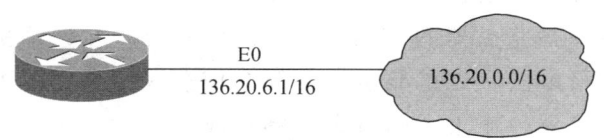

图 7-7 配置以太网接口

Router(config)#interface e0

Router(config-if)#ip address 136.20.6.1 255.255.0.0

Router(config-if)#no shutdown

interface e0 是 interface Ethernet 0 的简写。本例中把 e0 口的 IP 地址设置成 136.20.6.1，子网掩码为 255.255.0.0。no shutdown 命令用于激活此接口，由于路由器的接口在默认情况下是不激活的，此命令必须使用。

6. 配置同步串行口（Cisco）（见图 7-8）

同步串行口多用于连接外部网络，它用"Serial 接口号"的形式表示，连接两台路由器的 Serial 接口分为两种：一端是 DCE 端，另一端是 DTE 端，在配置 DCE 接口是必须配置时钟频率，这样才能保证两端通讯时的同步。

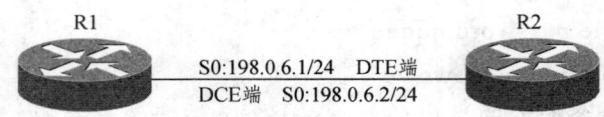

图 7-8　配置同步串行口

（1）配置 DCE 端接口。

R1(config)#interface s0

R1(config-if)#ip address 198.0.6.1 255.255.255.0

R1(config-if)#clock rate 64000

R1(config-if)#no shutdown

interface s0 是 interface Serial 0 的简写。本例中把 s0 口的 IP 地址设置成 198.0.6.1，子网掩码为 255.255.255.0。clock rate 命令配置时钟频率，通常取值为 64000。no shutdown 命令用于激活此接口。

（2）配置 DTE 端接口。

R2(config)#interface s0

R2(config-if)#ip address 198.0.6.2 255.255.255.0

R2(config-if)#no shutdown

DTE 端的 Serial 接口不需要配置时钟频率。

7. 路由器的登录与注销（Cisco）

（1）用超级终端登录路由器。

将计算机的串行口与路由器的 Consol 口连接好后，在计算机上运行超级终端软件，它就会自动登录路由器，先是显示一些登录信息，如果路由器已经配置了控制台口令，就会要求输入口令，输入正确口令后登录成功。

Router con0 is now available

Press RETURN to get started

Password:

在"Password:"后输入口令，就可以进入用户模式。（注：输入口令时无回显）

（2）用 Telnet 登录路由器。

可以在网络中的任一台计算机上用 Telnet 命令登录路由器，如果路由器已经配置了远程登录口令，就会要求输入口令，输入正确口令后登录成功。

C:>telnet 201.71.19.8

Press RETURN to get started

Password:

其中 201.71.19.8 是路由器的 IP 地址，在"Password:"后输入远程登录口令，就可以进入用户模式。（注：输入口令时无回显）

（3）注销。

当配置结束后应该彻底注销并结束会话,可以在用户模式下用 exit 或 logout 命令,或者在特权模式下执行 logout 命令,都可以注销。

Router#logout

Router con0 is now available

Press RETURN to get started

注销后,用回车键可再次登录路由器。

8. 查看路由器的配置信息(Cisco)

查看配置信息用 show 命令,该命令可以在用户模式和特权模式下执行,且在特权模式下看到的信息比用户模式多。show 命令很多,常用的有:

Router#show running-config   (查看运行配置文件)

运行配置文件 running-config 位于路由器的 RAM 中,存放的是路由器当前使用的配置信息。

Router#show startup-config   (查看启动配置文件)

启动配置文件 startup-config 位于路由器的 NVRAM 中,可以长期保存。它在启动路由器时装入 RAM,成为 running-config。

Router#show version   (查看路由器的版本信息)

Router#show ip interface brief   (查看路由器的接口状态)

如果接口状态标识为"Down",表示此接口未激活,如果标识为"Up",表示此接口已经激活。

Router#show ip router   (查看路由表)

通过路由表可以看出该路由器已经识别的网络。

Router#show ip nat translation   (查看 NAT 翻译情况)

应该先进行内网与外网的通讯(如:用 ping 命令),然后再查看,才能看到翻译情况。

9. 保存配置结果

配置路由器时,修改的是 RAM 中的运行配置文件,这些信息一旦断电或重新启动路由器就会丢失,所以配置完成后应该把配置信息保存在可长期存储信息的场所,通常是 NVRAM 或 tftp 服务器。如:

R1#copy running-config startup-config

R1#reload

running-config 为运行配置文件,它位于路由器的 RAM 中,在关闭或重启路由器时,该文件丢失;startup-config 为启动配置文件,它位于路由器的 NVRAM 中,可以长期保存,它在启动路由器时装入 RAM,成为 running-config。

reload 命令用于重新启动路由器,它会把 startup-config 文件装入 RAM,成为 running-config 文件,如果没有找到 startup-config 文件,路由器自动进入配置状态。

【练习内容】

配置内容一如图 7-9 所示。

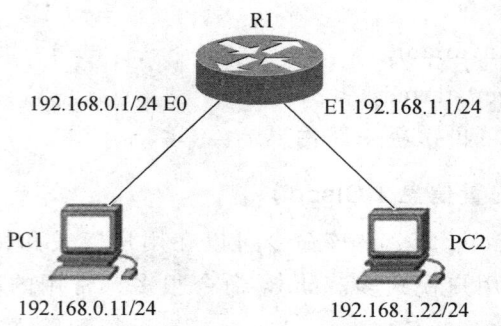

图 7-9 配置内容一组网

（1）按上图所示连接网络。
（2）配置路由器名字为 R1。
（3）设置路由器的控制台口令为 12345。
（4）设置路由器的远程登录口令为 54321。
（5）设置路由器的特权口令为 abcde，特权密码为 edcba。
（6）配置路由器的以太网接口：E0 口的 IP 地址为 192.168.0.1/24，E1 口的 IP 地址为 192.168.1.1/24。
（7）配置计算机 1 的 IP 地址为 192.168.0.11/24，默认网关为 192.168.0.1。
（8）配置计算机 2 的 IP 地址为 192.168.1.22/24，默认网关为 192.168.1.1。

测试结果如下。

（1）注销会话，再重新登录路由器，验证控制台密码。
（2）由用户模式进入特权模式，验证特权密码。
（3）用 show 命令查看路由器的配置文件、接口状态、路由表。
（4）用 ping 命令检查计算机 1 与计算机 2 的连通性，以及计算机与路由器的连通性。
（5）保存配置文件，重启路由器，查看效果。

配置内容二如图 7-10 所示。

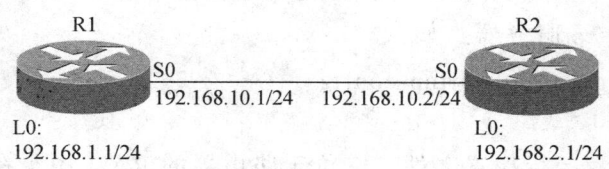

图 7-10 配置内容二组网

（1）按上图所示连接网络。
（2）配置路由器名字分别为 R1 和 R2。

（3）配置两个路由器的同步串行口：R1 的 S0 口的 IP 地址为 192.168.10.1/24，R2 的 S0 口的 IP 地址为 192.168.10.2/24。（注意 DCE 端和 DTE 端的区别）

（4）配置两个路由器的回环接口：R1 的 L0 口的 IP 地址为 192.168.1.1/24，R2 的 L0 口的 IP 地址为 192.168.2.1/24。

测试结果如下。

（1）用 show 命令查看路由器的配置文件、接口状态、路由表。

（2）用 ping 命令检查两个路由器的连通性。

实训 7-2 配置静态路由、RIP 协议、OSPF 协议

【实训目标】

（1）使用路由器配置静态路由、RIP 协议、OSPF 协议。掌握使用相应协议实现路由选择的方法。

（2）通过在路由器上使用相关的检查和排错命令学习如何维护和分析 RIP 协议、OSPF 协议。

（3）通过 RIPv1 和 RIPv2 配置过程的不同体会两者在实际使用上的差别。

【实训要求】

（1）在路由器上配置静态路由、缺省路由。

（2）配置 RIP 协议；配置 OSPF 协议。

（3）掌握路由器接口配置，测试网络连通性。

（4）理解每一步实验的作用，把实验的每一步所完成的任务详细地叙述清楚，并记录在实验报告上。

（5）实验结束后上缴实验报告。

【实验仪器设备和材料清单】

（1）具备两个以太网端口的路由器三台，交换机两台。

（2）两台具备以太网接口的计算机，分别连接路由器的内外网口，路由器端口、计算机的 IP 地址可自己分配和设置。

（3）路由器拓扑结构成环状或线性连接。

（4）实验组网图（见图 7-11）。

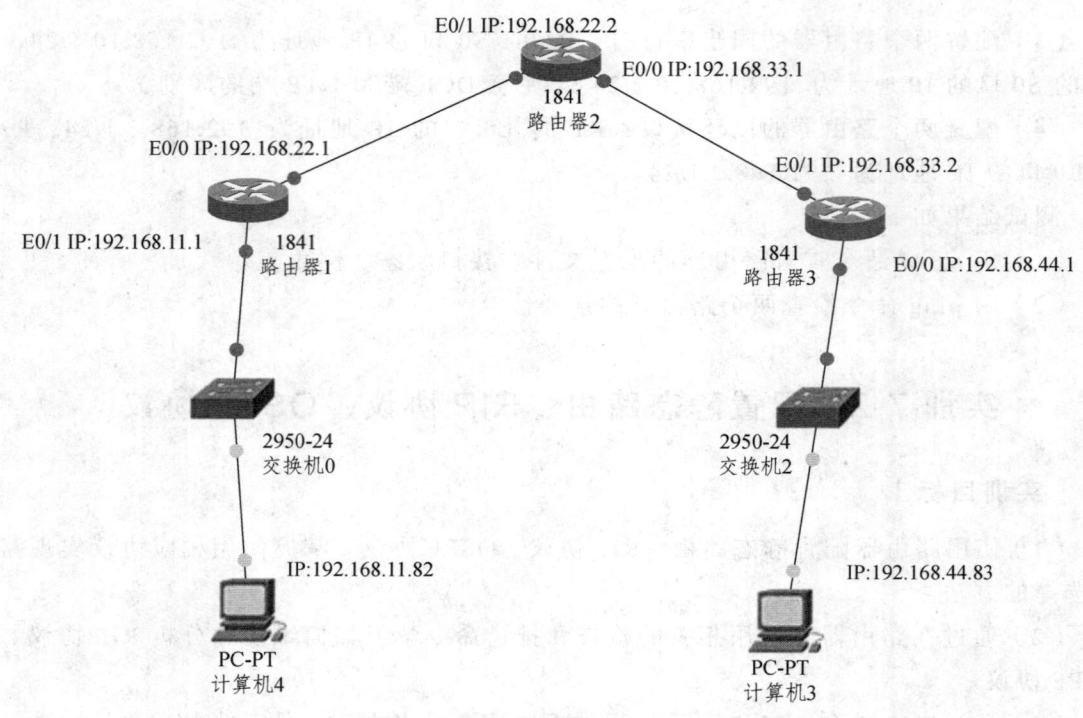

图 7-11 实验组网图

【实验内容】

（1）完成路由器的基本端口配置，静态路由，缺省路由配置。
（2）RIPv2 协议配置。
（3）OSPF 协议配置。
（4）通过在路由器上使用相关的检查和排错命令学习如何维护和分析 RIP 协议、OSPF 协议。

【实验步骤】

（1）作路由器的端口 IP 地址配置，代码如下。
路由器 r1
[H3C]sysname r1
[r1]int e0/1
[r1-Ethernet0/1]ip add 192.168.11.1 24
[r1-Ethernet0/1]
%Oct 28 16:55:42:805 2012 r1 IFNET/4/UPDOWN:
　Line protocol on the interface Ethernet0/1 is UP
[r1-Ethernet0/1]int e0/0
[r1-Ethernet0/0]ip add 192.168.22.1 24

路由器 r2

[H3C]sysname r2

[r2]int e0/1

[r2-Ethernet0/1]ip add 192.168.22.2 24

[r2-Ethernet0/1]

%Oct 28 16:40:33:465 2012 r2 IFNET/4/UPDOWN:

　　Line protocol on the interface Ethernet0/1 is UP

[r2-Ethernet0/1]int e0/0

[r2-Ethernet0/0]ip add 192.168.33.1 24

路由器 r3

[H3C]sysname r3

[r3]int e0/1

[r3-Ethernet0/1]ip add 192.168.33.2 24

[r3-Ethernet0/1]

%Oct 28 16:40:33:465 2012 r3 IFNET/4/UPDOWN:

　　Line protocol on the interface Ethernet0/1 is UP

[r3-Ethernet0/1]int e0/0

[r3-Ethernet0/0]ip add 192.168.44.1 24

（2）配置静态路由。

路由器 r1

[r1]ip route-static 192.168.33.0 24 192.168.22.2

[r1]ip route-static 192.168.44.0 24 192.168.22.2

路由器 r2

[r2]ip route-static 192.168.44.0 24 192.168.33.2

[r2]ip route-static 192.168.11.0 24 192.168.22.1

路由器 r3

[r3]ip route-static 192.168.22.0 24 192.168.33.1

[r3]ip route-static 192.168.11.0 24 192.168.33.1

（3）配置默认路由。

路由器 r1

[r1]ip route-static 0.0.0.0 24 192.168.22.2

路由器 r2

[r2]ip route-static 0.0.0.0 24 192.168.33.2

路由器 r3

[r3]ip route-static 0.0.0.0 24 192.168.33.1

（4）RIPv2 协议配置。

路由器 r1

[r1]rip

[r1-rip-1]network 192.168.11.0

[r1-rip-1]network 192.168.22.0

[r1-rip-1]version 2

路由器 r2

[r2]rip

[r2-rip-1]network 192.168.33.0

[r2-rip-1]network 192.168.22.0

[r2-rip-1]version 2

路由器 r3

[r3]rip

[r3-rip-1]network 192.168.44.0

[r3-rip-1]network 192.168.33.0

[r3-rip-1]version 2

（5）OSPF 协议配置。

路由器 r1

[r1]inter

[r1]interface loop

[r1]interface LoopBack 0

[r1-LoopBack0]ip add 1.1.1.1 24

Info: Only 32-bit masks are supported on Loopback interfaces. The mask has been converted to 32-bit.

[r1-LoopBack0]ip add 1.1.1.1 255.255.255.255

[r1-LoopBack0]quit

[r1]rou

[r1]router id 1.1.1.1

[r1]ospf 1

[r1-ospf-1]area 0

[r1-ospf-1-area-0.0.0.0]network 1.1.1.1 0.0.0.0

[r1-ospf-1-area-0.0.0.0]network 192.168.11.0 0.0.0.255

[r1-ospf-1-area-0.0.0.0]network 192.168.22.0 0.0.0.255

路由器 r2

[r2]int

[r2]interface loop

[r2]interface LoopBack 0

[r2-LoopBack0]ip add 2.2.2.2 255.255.255.255

[r2-LoopBack0]quit

[r2]rou

[r2]router id 2.2.2.2

[r2]ospf 100

[r2-ospf-100]area 0

[r2-ospf-100-area-0.0.0.0]network 2.2.2.2 0.0.0.0

[r2-ospf-100-area-0.0.0.0]network 192.168.22.0 0.0.0.255

[r2-ospf-100-area-0.0.0.0]quit

[r2-ospf-100]area 192.168.10.1

[r2-ospf-100-area-192.168.10.1]net

[r2-ospf-100-area-192.168.10.1]network 192.168.33.0 0.0.0.255

路由器 r3

[r3]int

[r3]interface loop

[r3]interface LoopBack 0

[r3-LoopBack0]ip add 3.3.3.3 255.255.255.255

[r3-LoopBack0]quit

[r3]ospf 1

[r3-ospf-1]area 192.168.10.1

[r3-ospf-1-area-192.168.10.1]network 3.3.3.3 0.0.0.0

[r3-ospf-1-area-192.168.10.1]network 192.168.44.0 0.0.0.255

[r3-ospf-1-area-192.168.10.1]network 192.168.33.0 0.0.0.255

（6）验证配置。

当配置了 rip 协议之后，是可以让路由器之间相互 ping 通，然后路由器之间是可以相互学习到的。我们以路由器 r1 为例，其效果如下：

① 在路由器 r1 上 ping 路由器 r3。

[r1]ping 192.168.44.1

  PING 192.168.44.1: 56 data bytes, press CTRL_C to break

    Reply from 192.168.44.1: bytes=56 Sequence=1 ttl=254 time=2 ms

    Reply from 192.168.44.1: bytes=56 Sequence=2 ttl=254 time=1 ms

    Reply from 192.168.44.1: bytes=56 Sequence=3 ttl=254 time=1 ms

    Reply from 192.168.44.1: bytes=56 Sequence=4 ttl=254 time=1 ms

    Reply from 192.168.44.1: bytes=56 Sequence=5 ttl=254 time=1 ms

  --- 192.168.44.1 ping statistics ---

   5 packet（s） transmitted

   5 packet（s） received

   0.00% packet loss

   round-trip min/avg/max = 1/1/2 ms

② 查看路由表，知道路由器之间相互学习到了，所以能够路由 ping 通。

[r1]display ip routing-table

Routing Tables: Public

    Destinations : 8   Routes : 8

Destination/Mask	Proto	Pre	Cost	NextHop	Interface
127.0.0.0/8	Direct	0	0	127.0.0.1	InLoop0
127.0.0.1/32	Direct	0	0	127.0.0.1	InLoop0
192.168.11.0/24	Direct	0	0	192.168.11.1	Eth0/1
192.168.11.1/32	Direct	0	0	127.0.0.1	InLoop0
192.168.22.0/24	Direct	0	0	192.168.22.1	Eth0/0
192.168.22.1/32	Direct	0	0	127.0.0.1	InLoop0
192.168.33.0/24	RIP	100	1	192.168.22.2	Eth0/0
192.168.44.0/24	RIP	100	2	192.168.22.2	Eth0/0

③ 在进行了 ospf 协议的配置后，我们能够让路由 ping 通。

[r1]ping 3.3.3.3

 PING 3.3.3.3: 56 data bytes, press CTRL_C to break

  Reply from 3.3.3.3: bytes=56 Sequence=1 ttl=254 time=2 ms

  Reply from 3.3.3.3: bytes=56 Sequence=2 ttl=254 time=1 ms

  Reply from 3.3.3.3: bytes=56 Sequence=3 ttl=254 time=1 ms

  Reply from 3.3.3.3: bytes=56 Sequence=4 ttl=254 time=1 ms

  Reply from 3.3.3.3: bytes=56 Sequence=5 ttl=254 time=1 ms

--- 3.3.3.3 ping statistics ---

  5 packet（s） transmitted

  5 packet（s） received

  0.00% packet loss

  round-trip min/avg/max = 1/1/2 ms

④ 查看 ospf 的邻居状态。

[r1]display ospf brief

    OSPF Process 1 with Router ID 1.1.1.1

     OSPF Protocol Information

RouterID: 1.1.1.1   Border Router:
Route Tag: 0
Multi-VPN-Instance is not enabled
Applications Supported: MPLS Traffic-Engineering
SPF-schedule-interval: 5
LSA generation interval: 5
LSA arrival interval: 1000
Transmit pacing: Interval: 20 Count: 3
Default ASE parameters: Metric: 1 Tag: 1 Type: 2
Route Preference: 10
ASE Route Preference: 150
SPF Computation Count: 10
RFC 1583 Compatible
Graceful restart interval: 120
Area Count: 1   Nssa Area Count: 0
ExChange/Loading Neighbors: 0

Area: 0.0.0.0   （MPLS TE   not enabled）
Authtype: None Area flag: Normal
SPF Scheduled Count: 8
ExChange/Loading Neighbors: 0

Interface: 192.168.11.1 （Ethernet0/1）
Cost: 1   State: DR   Type: Broadcast   MTU: 1500
Priority: 1
Designated Router: 192.168.11.1
Backup Designated Router: 0.0.0.0
Timers: Hello 10, Dead 40, Poll   40, Retransmit 5, Transmit Delay 1

Interface: 192.168.22.1 （Ethernet0/0）
Cost: 1   State: DR   Type: Broadcast   MTU: 1500
Priority: 1
Designated Router: 192.168.22.1
Backup Designated Router: 192.168.22.2
Timers: Hello 10, Dead 40, Poll   40, Retransmit 5, Transmit Delay 1

Interface: 1.1.1.1 （LoopBack0）
Cost: 0   State: Loopback   Type: PTP   MTU: 1536
Timers: Hello 10, Dead 40, Poll 40, Retransmit 5, Transmit Delay 1

⑤ 查看 ospf 的全局汇总信息。

[r1]display ospf lsdb

OSPF Process 1 with Router ID 1.1.1.1
Link State Database
Area: 0.0.0.0

Type	LinkState ID	AdvRouter	Age	Len	Sequence	Metric
Router	1.1.1.1	1.1.1.1	115	60	80000007	0
Router	2.2.2.2	2.2.2.2	105	48	80000004	0
Network	192.168.22.1	1.1.1.1	115	32	80000002	0
Sum-Net	192.168.44.0	2.2.2.2	69	28	80000001	2
Sum-Net	3.3.3.3	2.2.2.2	69	28	80000001	1
Sum-Net	192.168.33.0	2.2.2.2	79	28	80000001	1

⑥ 再次查看路由表，即查看 ospf 链路状态数据库。

[r1]display ip routing-table
Routing Tables: Public
            Destinations : 11   Routes : 11

Destination/Mask	Proto	Pre	Cost	NextHop	Interface
1.1.1.1/32	Direct	0	0	127.0.0.1	InLoop0
2.2.2.2/32	OSPF	10	1	192.168.22.2	Eth0/0
3.3.3.3/32	OSPF	10	2	192.168.22.2	Eth0/0
127.0.0.0/8	Direct	0	0	127.0.0.1	InLoop0
127.0.0.1/32	Direct	0	0	127.0.0.1	InLoop0
192.168.11.0/24	Direct	0	0	192.168.11.1	Eth0/1
192.168.11.1/32	Direct	0	0	127.0.0.1	InLoop0
192.168.22.0/24	Direct	0	0	192.168.22.1	Eth0/0
192.168.22.1/32	Direct	0	0	127.0.0.1	InLoop0
192.168.33.0/24	OSPF	10	2	192.168.22.2	Eth0/0
192.168.44.0/24	OSPF	10	3	192.168.22.2	Eth0/0

项目四　TCP 和 UDP

任务要点

- ❖ 掌握 TCP 提供的服务、段格式和工作原理
- ❖ 了解端口号和套接字的概念
- ❖ 了解计算机网络的分类方法
- ❖ 掌握 UDP 数据包格式、提供的服务和传输方法

任务 8　了解传输层的工作原理

可靠性是计算机网络的基础,网络用户希望计算机网络能提供迅速、准确、可靠的通信功能,传输层是 TCP/IP 体系结构中至关重要的一层,是唯一负责总体的数据传输和数据控制,提供端到端的可靠数据传输的一层。在 IP 互联网中,传输控制协议(TCP)和用户数据报协议(UDP)是传输层最重要的两个协议,他们为上层用户提供不同级别的通信可能性。

8.1　任务描述

传输层是 OSI 中最重要、最关键的一层,是唯一负责总体的数据传输和数据控制的一层。本任务主要学习传输层的两个协议 TCP 和 UDP。

8.2　相关知识

8.2.1　端口号和套接口

1. 端口号

TCP 和 UDP 用端口描述通信的进程,所以计算机网络中的端口是进程访问传输服务的访问点。TCP 或 UDP 的应用程序,都有标识该应用程序的端口号,即端口号用于区分各种应用。端口号的长度是 16 位,所以可提供 2^{16} = 65 536 个不同的端口号。在 TCP 段的头部中,有源端口地址和目标端口地址,它所指的就是端口号。

例如一条城市道路分为人行道、非机动车道、公交专用道、机动车慢车道、快车

道等,参与交通行为的人,需要根据自己的情况,都选择对应的车道(服务类型)。又如,运动员 4×100 项目中,一条跑道分为 1、2、3、4、5、6 等 6 个跑道(服务类型),运动员根据自己所在的队进入对应的跑道参加比赛。

虽然每个计算机都可以自己分配端口号,但只能是本地唯一的,它不一定和网络中其他计算机所使用的端口号一致。因此,Internet 分配号管理局公布了一个常用的端口号表,端口号 1~255 作为公共端口,是保留号,并将它公布于众,这样常用的进程对应哪个端口号就统一了。例如,HTTP 的端口号为 80,FTP 的端口号为 21,Telnet 的端口号为 23,SMTP 的端口号为 25,DNS 的端口号为 53 等。256~1 023 用于 UNIX 服务。

除保留端口号外,还自定义 1 024~65 536 之间的本地分配端口号。本地分配方式不受网络规模的限制,但通信双方互相之间需要预先知道,如将 HTTP 的端口号分配为 8 080。

2. 套接口

IP 地址加上端口号构成了套接口。由于 IP 地址具有唯一性,而端口号对各个计算机也是唯一的,所以套接口也是唯一的。

端口号是抽象的,它不指定某一特定的端口,而套接口却是具体的,是指向某一特定的端口,即是确定的应用程序的地址,通信时可根据套接口让一个过程和另一个过程进行对话。有时会有多台计算机共享同一个目标计算机的套接口,这个过程称为多路复用。

8.2.2 传输控制协议 TCP

1. TCP 概述

传输控制协议 TCP(Transmission Control Protocol)是一个面向连接的协议,提供有序可靠全双工虚电路传输服务。它采用认证、重传机制等方式确保数据的可靠传输,为应用程序提供完整的传输层服务。

TCP 可向上层提供面向连接的服务,确保所发送的数据报被可靠完整地接收。一旦数据报遭到破坏或丢失,通常是由 TCP(而不是高层中应用程序)负责将其重新传输。

TCP 提供的服务有以下 7 个:

(1)面向连接。TCP 提供的是面向连接的服务。

(2)点对点通信。每个 TCP 连接是两个端点间的点到点的通信。

(3)传输可靠性。TCP 能确保一个连接传输数据后,不会发生数据的丢失和乱序。

(4)全双工通信。一个 TCP 允许数据以全双工方式进行通信,并允许应用程序在任意时刻发送数据。

(5)流接口。TCP 提供了一个流接口,一个应用程序可以利用它发送一个连续的字节流。

（6）可靠的连接建立。

（7）完美的连接终止。传输完数据，就请求终止连接。

2. TCP 报文格式

TCP 的段格式如图 8-1 所示，TCP 的段格式中头部各字段的含义如下。

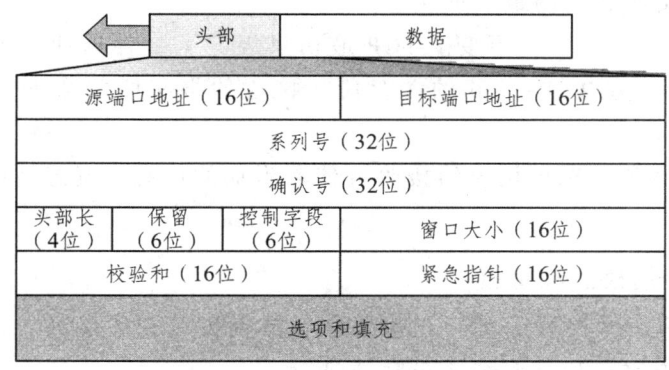

图 8-1　TCP 的段格式

（1）源端口和目的端口字段——各占 2 字节。端口是传输层与应用层的服务接口。传输层的复用和分用功能都要通过端口才能实现。

（2）序号字段——占 4 字节。TCP 连接中传送的数据流中的每一个字节都编上一个序号。序号字段的值则指的是本报文段所发送的数据的第一个字节的序号。

（3）确认号字段——占 4 字节，是期望收到对方的下一个报文段的数据的第一个字节的序号。

（4）数据偏移（即首部长度）——占 4 位，它指出 TCP 报文段的数据起始处距离 TCP 报文段的起始处有多远。"数据偏移"的单位是 32 位字（以 4 字节为计算单位）。

（5）保留字段——占 6 位，保留为今后使用，但目前应置为 0。

（6）控制字段。占 6 位，它们的含义分别如下。

• 紧急 URG——当 URG = 1 时，表明紧急指针字段有效。它告诉系统此报文段中有紧急数据，应尽快传送（相当于高优先级的数据）。

• 确认 ACK——只有当 ACK = 1 时确认号字段才有效。当 ACK = 0 时，确认号无效。

• 推送 PSH（Push）——接收 TCP 收到 PSH = 1 的报文段，就尽快地交付接收应用进程，而不再等到整个缓存都填满了后再向上交付。

• 复位 RST（Reset）——当 RST = 1 时，表明 TCP 连接中出现严重差错（如由于计算机崩溃或其他原因），必须释放连接，然后再重新建立传输连接。

• 同步 SYN——同步 SYN = 1 表示这是一个连接请求或连接接受报文。

• 终止 FIN（Finis）——用来释放一个连接。FIN = 1 表明此报文段的发送端的数据已发送完毕,并要求释放传输连接。

(7)窗口字段——占 2 字节,用来让对方设置发送窗口的依据,单位为字节。

(8)校验和——占 2 字节。校验和字段校验的范围包括首部和数据这两部分。在计算校验和时,要在 TCP 报文段的前面加上 12 字节的伪首部。

(9)紧急指针字段——占 16 位,指出在本报文段中紧急数据共有多少个字节(紧急数据放在本报文段数据的最前面)。

(10)选项字段——长度可变。TCP 最初只规定了一种选项,即最大报文段长度 MSS。MSS 告诉对方 TCP:"我的缓存所能接收的报文段的数据字段的最大长度是 MSS 个字节。"

(11)选项和填充。选项用于给接收方传输附加的信息,填充是用来确保头部充满到 32 位的倍数。

3. TCP 连接的建立和释放

传输连接就有三个阶段,即:连接建立、数据传送和连接释放。传输连接的管理就是使传输连接的建立和释放都能正常地进行。

(1)TCP 连接的建立。

建立连接过程使用三次握手方式,如图 8-2 所示。第一次握手是 A 进程向 B 进程发出连接请求,包含 A 端的初始序号为 X;第二次握手是 B 进程收到请求后,发回连接确认,包含 B 端的初始序号 Y 和对 A 端的初始序号 X 的确认;第三次握手是 A 进程收到 B 进程的确认后,向 B 进程发送 X+1 号数据,包括对 B 进程初始序号 Y 的确认。

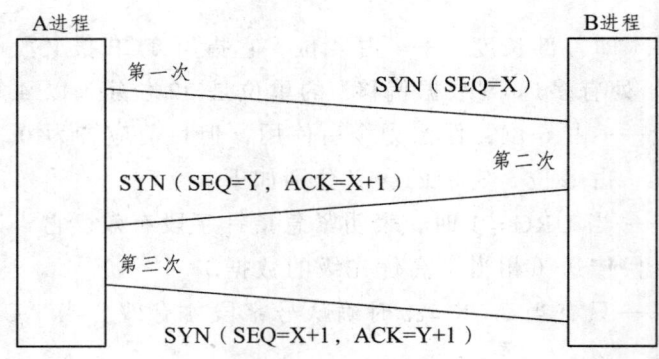

图 8-2 TCP 建立连接三次握手

(2)TCP 连接的释放。

TCP 连接释放过程和建立连接过程类似,同样使用三次握手方式进行释放。一方发出释放请求后并不立即断开连接,而是等待对方确认,对方收到请求后,发回确认报文，并释放连接，发送方收到确认后才拆除连接。

8.2.3 用户数据报协议 UDP

用户数据报协议 UDP 是最简单的传输层协议，它和 IP 一样提供面向无连接、不可靠的数据报传输服务，唯一与 IP 不同的是提供协议端口号，以保证进程间的通信。基于 UDP 的应用程序必须由高层解决诸如报文丢失、报文重复、报文失序和流量控制等问题，UDP 只充当数据报的发送者或接收者。

因为 UDP 协议没有连接建立、释放连接过程和确认机制，因此数据传输速率较高，具有更高的优越性。它被广泛应用于如 IP 电话、网络会议、可视电话、现场直播、视频点播 VOD 等传输语音或影像等多媒体信息的场合。

（1）UDP 数据报格式。

UDP 的报文头部比 TCP 的头部要简单得多，如图 8-3 所示。

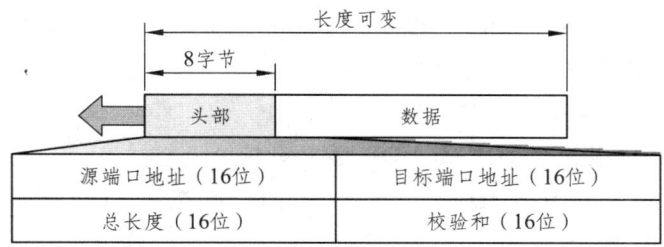

图 8-3 UDP 数据报格式

相对于 TCP 报文，UDP 报文只有少量的字段：源端口号、目的端口号、长度、校验和等，各个字段功能和 TCP 报文相应字段一样。

UDP 报文没有可靠性保证和顺序保证字段，流量控制字段等，可靠性较差。当然，使用传输层 UDP 服务的应用程序也有优势。正因为 UDP 协议较少的控制选项，在数据传输过程中，延迟较小，数据传输效率较高，适合于对可靠性要求并不高的应用程序，或者可以保障可靠性的应用程序像 DNS、TFTP、SNMP 等；UDP 协议也可以用于传输链路可靠的网络。

（2）UDP 数据报的传输。

在源端，UDP 先构造一个用户数据报，然后将它交给 IP，UDP 便完成了工作。UDP 没有建立连接等三次握手过程。在目标端，UDP 先判断所收到的数据报的目标端口号是否与当前使用的某个端口匹配，如果是，则将数据报放入相应接收队列，否则抛弃该数据报，并向源端发送"端口不可到达"的报文。有时虽然端口号匹配，但如果相应端口的缓冲区已满，UDP 也会抛弃该数据报的。UDP 传输数据报时也没有确认和重传机制。

习题

一、选择题

1. 在 OSI 模型中，提供端到端传输功能的层次是（　　）。
   A. 物理层　　　B. 数据链路层　　　C. 传输层　　　D. 应用层
2. TCP 的主要功能是（　　）。
   A. 进行数据分组　　　　　　　　B. 保证可靠传输
   C. 确定数据传输路径　　　　　　D. 提高传输速度
3. 应用层的各种进程通过（　　）实现与传输实体的交互。
   A. 程序　　　　B. 端口　　　　C. 进程　　　　D. 调用
4. 传输层与应用层的接口上所设置的端口是一个多少位的地址（　　）。
   A. 8 位　　　　B. 16 位　　　　C. 32 位　　　　D. 64 位
5. 熟知端口的范围是（　　）。
   A. 0～100　　　B. 20～199　　　C. 0～1 023　　　D. 1 024～49 151
6. 传输层上实现不可靠传输的协议是（　　）。
   A. TCP　　　　B. UDP　　　　C. IP　　　　D. ARP
7. 欲传输一个短报文，TCP 和 UDP 哪个更快（　　）。
   A. TCP　　　　B. UDP　　　　C. 两个都快　　　D. 不能比较
8. TCP 和 UDP 哪个效率高（　　）。
   A. TCP　　　　B. UDP　　　　C. 两个一样　　　D. 不能比较
9. TCP 的主要功能是（　　）。
   A. 进行数据分组　　　　　　　　B. 保证可靠传输
   C. 确定数据传输路径　　　　　　D. 提高传输速度
10. TCP 报文段中序号字段指的是（　　）。
    A. 数据部分第一个字节　　　　　B. 数据部分最后一个字节
    C. 报文首部第一个字节　　　　　D. 报文最后一个字节
11. TCP 报文中确认序号指的是（　　）。
    A. 已经收到的最后一个数据序号　　B. 期望收到的第一个字节序号
    C. 出现错误的数据序号　　　　　　D. 请求重传的数据序号
12. TCP 的确认是对接收到的数据中（　　）表示确认。
    A. 最高序号　　　　　　　　　　B. 第一个序号
    C. 第二个序号　　　　　　　　　D. 倒数第二个序号
13. TCP 确认的方式是（　　）。
    A. 专门的确认　　　　　　　　　B. 专门的确认和捎带确认
    C. 捎带确认　　　　　　　　　　D. 稍等确认和否定确认
14. TCP 发送一段数据报，其序号是 35～150，如果正确到达，接收方对其确认的序号为（　　）。

  A．36   B．150   C．35   D．151

15．TCP 协议中，连接管理的方法为（　　）。

  A．重传机制   B．三次握手机制

  C．慢速启动   D．Nagle 算法

16．TCP 释放连接由哪一方发起（　　）。

  A．收发任何一方均可   B．服务器端

  C．客户端   D．连接建立一方

17．TCP 连接释放时，需要将下面哪个比特置位（　　）。

  A．SYN   B．END   C．FIN   D．STOP

二、问答题

1．TCP 和 UDP 都是传输层协议，它们主要有什么区别？

2．什么是端口号和套接口？它们有什么作用？

3．请叙述 TCP 三次握手过程。

4．请描述 UDP 数据报格式和 UDP 传输数据过程。

项目五 网络服务

任务要点

- ❖ 了解网络应用服务器的功能与作用
- ❖ 了解域名解析的原理与模式
- ❖ 掌握安装、创建和配置 DNS 的方法，以及 DNS 客户端的设置与测试方法

任务 9 配置网络服务

9.1 任务描述

Internet 是当今信息社会的一个信息资源宝藏，是全球最大的计算机网络。只有将自己的计算机连入 Internet，才能在这个信息宝库中漫游。与 Internet 的连接与使用涉及域名系统 DNS、远程登录系统 Telnet、文件传输协议 FTP、邮件传输协议 SMTP、超文本传输协议 HTTP 和 DHCP 服务等的配置与使用。

9.2 相关知识

9.2.1 域名系统 DNS

由于使用数字的 IP 地址不便于记忆，从 1985 年开始，在 IP 地址的基础上向用户提供了域名系统 DNS 服务，采用字符来识别网络上的计算机。

1. 互联网的域名体系

全世界现有三个大的网络信息中心：位于美国的 Inter-NIC，负责美国及其他地区；位于荷兰的 RIPE-NIC，负责欧洲地区；位于日本的 APNIC，负责亚太地区。

互联网的域名结构由 TCP/IP 协议集中的域名系统 DNS 进行定义。互联网域名具有一定的层次结构。通常 Internet 计算机域名的一般结构为：计算机名.三级域名.二级域名.顶级域名。Internet 的顶级域名由 Internet 网络协会域名注册查询负责网络地址分配的委员会进行登记和管理，它还为 Internet 的每一台计算机分配唯一的 IP 地址。顶级域一般分成两类：通用域和国家域。通用域包括 com、edu、gov、int、mil、net 和 org 这 7 个组织。国家域是按国家来划分的，每个申请加入 Internet 的国家都可以作为一个

顶级域，并向 NIC 注册一个域名，如 cn 代表中国、us 代表美国、jp 代表日本等。

其次，NIC 将顶级域管理权分配给指定的管理机构，各管理机构对其管理的域进行继续划分，即划分成二级域，并将各二级域的管理权授予给其下属的管理机构，如此下去，便形成了层次型域名结构。由于管理机构是逐级授权的，所以最终的域名都得到 NIC 承认，成为互联网中的正式名字。

中国在国际互联网络信息中心（Inter NIC）正式注册并运行的顶级域名是 CN，这也是中国的一级域名。在顶级域名之下，中国的二级域名又分为类别域名和行政区域名两类。类别域名共 6 个，包括用于科研机构的 ac；用于工商金融企业的 com；用于教育机构的 edu；用于政府部门的 gov；用于互联网络信息中心和运行中心的 net；用于非盈利组织的 org。而行政区域名有 34 个，分别对应于中国各省、自治区和直辖市。

顶级域名之下是二级域名。二级域名通常是由网络信息中心授权给其他单位或组织自己管理的。一个拥有二级域名的单位可以根据自己的情况再将二级域名分为更低级的域名授权给单位下面的部门管理。DNS 域名树的最下面的叶节点为单个计算机。域名的级数通常不多于 5 个。

DNS 域名空间中，一台计算机的计算机名应由它所属的各级域的域名与分配给该计算机的名字共同构成，采用从叶节点到根节点标识，分配给计算机的名字写在最左边，顶级域名写在最右边，各级名字之间用点"."连接。

2. 域名系统与域名解析

在 Internet 中向计算机提供域名解析服务的机器被称为域名服务器或名字服务器。为了避免一台域名服务器负担过重而不能正常运行，域名系统在实现上也采用了层次化模式，类似于分布式数据库查询系统。域名解析使用 UDP 协议，端口号为 53。

提出 DNS 解析请求的计算机与域名服务器之间采用 C/S 模式工作。当某个应用程序需要将一个名字映射为 IP 地址时，应用程序调用一种名为解析器的库过程，由解析器将 UDP 分组传输给本地 DNS 服务器，由本地 DNS 服务器负责查找名字并将 IP 地址返回给解析器，解析器再把它返回给调用程序。本地 DNS 服务器以数据库查询方式完成域名解析过程。

9.2.2 远程登录（Telnet）

1. 远程登录概述

远程登录是 Internet 最主要的应用之一，也是最早的 Internet 应用。这种应用是建立在 Telnet 协议支持下的，Telnet 协议允许 Internet 用户从本地计算机登录到远程服务器上，一旦建立连接并成功登录，用户就会使自己的计算机暂时成为远程计算机的一个仿真终端。用户可以向其输入数据、运行软件，就像直接登录到服务器一样，可以做任何其他操作。

远程登录允许任意类型的计算机之间进行通信。远程登录之所以能提供这种功能，主要是因为所有的运行操作都是在远程计算机上完成的，用户的计算机仅仅是作为一台仿真终端向远程计算机传送按键信息和显示结果。Internet的远程登录服务的主要作用如下：

（1）允许用户与在远程计算机上运行的程序进行交互；

（2）当用户登录到远程计算机时，可以执行远程计算机上的任何应用程序，并且屏蔽不同型号计算机之间的差异；

（3）用户可以利用个人计算机去完成许多只有大型计算机才能完成的任务。

2. Telnet 协议

有两个主要的协议标准用来访问远程应用：Rlogin协议和Telnet协议。Rlogin是为BSD UNIX而开发的，它是一个相对简单和稳定的协议；而Telnet则是一个功能丰富的TCP/IP标准。

3. Telnet 工作原理

Telnet服务系统采用了客户机/服务器模式，主要由Telnet服务器、Telnet客户机和Telnet通信协议组成。Telnet服务器和客户机分别要有Telnet服务器软件和Telnet客户软件，只有Telnet服务器软件和客户软件协同工作，用户在Telnet通信协议的协调指挥下，才能完成远程登录。

在进行远程登录时，用户通过本地计算机的终端与客户软件进行交互。客户软件把客户系统格式的用户按键和命令转换成NVT格式，并通过TCP直接传送给远程的服务器。服务器软件把收到的数据和命令，从NVT格式转换成为远程系统所需的格式。向用户返回数据时，服务器将远程服务器系统格式转换为NVT格式，本地客户收到信息后，再把NVT转换为本地系统所需的格式并在屏幕上显示出来。

4. Telnet 的使用

如果用户希望使用远程登录服务，则用户本地计算机和远程计算机都必须支持Telnet。同时，用户在远程计算机上应该有自己的用户账户，包括用户名与用户密码。或者远程计算机提供公开的用户账户，供没有账户的用户使用。

用户在使用Telnet命令进行远程登录时，首先应在Telnet命令中给出对方计算机的计算机名或IP地址，然后根据对方系统的询问，正确输入自己的用户名和密码。有时还要根据对方的要求回答自己所使用的仿真终端的类型。

Internet有很多信息服务机构提供开放式的远程登录服务，登录到这样的计算机时，不需要事先设置用户账户，使用公开的用户名就可以进入系统。这样，用户就可以使用Telnet命令，使自己的计算机暂时成为远程计算机的一个仿真终端。一旦用户成功地实现了远程登录，用户就可以像远程计算机的本地终端一样进行工作，并可以使用远程计算机对外开放的全部资源。有时还要根据对方的要求回答自己所使用的仿真终端的类型。

Telnet 也经常用于公共服务或商业目的。用户可以使用 Telnet 远程检索大型数据库、公共图书馆的信息资源库或其他信息。

9.2.3 文件传输协议（FTP 和 TFTP）

1. FTP 概述

在 Internet 中，文件传输是一种高效快速地传输大量信息的方式，它通过网络可以将文件从一台计算机传输到另一台计算机。无论这两台计算机相距多远，采用什么技术与网络连接，使用什么操作系统，文件传输都能在网络上两个站点之间传输文件。

2. FTP 的主要工作原理

FTP 协议是 TCP/IP 应用层的协议，采用典型的客户机/服务器工作模式。文件传输协议负责将文件从一台计算机传输到另一台计算机上，并且保证其传输的可靠性。远端提供 FTP 服务的计算机称为 FTP 服务器，通常是互联网信息服务提供者的计算机。用户自己的计算机称为客户机。文件传输协议允许将本地计算机上的文件上载到远程计算机，或者将远程计算机上的文件下载到本地计算机中。

在进行文件传输时，FTP 的客户和服务器之间要建立两个连接：端口号为 21 的"控制连接"和端口号为 20 的"数据连接"。"控制连接"主要用于传输 FTP 命令以及服务器的回送信息，在整个会话期间，此连接一直保持。"数据连接"主要用于数据传输，完成真正的文件内容的传输。在客户程序和服务程序之间，每传输一个文件产生一个数据连接，而且只有在传输文件时才建立数据连接。

3. 匿名 FTP 服务

用户连接 FTP 服务器时，要经过一个登录（Login）的过程，即输入用户在该计算机上登录的账号和密码。为了方便用户，目前大多数提供公共资料的 FTP 服务器都提供了一种称为匿名 FTP 的服务。互联网用户可以随时访问这些服务器而不需要事先申请用户账户，用户可以使用"anonymous"作为用户名，"guest"作为口令（有些 FTP 服务器会要求用自己的电子邮件地址作为用户密码），即可进入服务器。如果用户使用 anonymous 或 guest 两个账号都无法进入 FTP 服务器，则表示该计算机不提供匿名 FTP 服务，此时必须输入事先申请的用户账号和密码，才可以进入该服务器。

为了保证 FTP 服务器的安全性，几乎所有的匿名 FTP 服务只允许用户浏览和下载文件，而不允许用户上载文件或修改服务器上的文件。

9.2.4 简单邮件传输协议（SMTP）

简单邮件传送协议 SMTP（Simple Mail Transfer Protocol）和电子邮件报文格式 MAIL 最早出现在 1982 年，是 ARPANET 上的电子邮件标准，现在它们都已成为因特网的正式标准。

简单邮件传输协议（SMTP）的目标是可靠高效地传送邮件，它独立于传送子系统而且仅要求一条可以保证传送数据单元顺序的通道。附录 A，B，C 和 D 描述了不同传送服务下 SMTP 的使用。在名词表中还定义了本文档中使用的术语。

SMTP 的一个重要特点是它能够在传送中接力传送邮件，传送服务提供了进程间通信环境（IPCE），此环境可以包括一个网络，几个网络或一个网络的子网。理解到传送系统（或 IPCE）不是一对一的是很重要的。进程可能直接和其他进程通过已知的 IPCE 通信。邮件是一个应用程序或进程间通信。邮件可以通过连接在不同 IPCE 上的进程跨网络进行邮件传送。更特别的是，邮件可以通过不同网络上的计算机接力式传送。

SMTP 是因特网电子邮件系统首要的应用层协议。它使用由 TCP 提供的可靠的数据传输服务把邮件消息从发信人的邮件服务器传送到收信人的邮件服务器。跟大多数应用层协议一样，SMTP 也存在两个端：在发信人的邮件服务器上执行的客户端和在收信人的邮件服务器上执行的服务器端。SMTP 的客户端和服务器端同时运行在每个邮件服务器上。当一个邮件服务器在向其他邮件服务器发送邮件消息时，它是作为 SMTP 客户在运行。当一个邮件服务器从其他邮件服务器接收邮件消息时，它是作为 SMTP 服务器在运行。

SMTP 协议与人们用于面对面交互的礼仪之间有许多相似之处。首先，运行在发送端邮件服务器计算机上的 SMTP 客户，发起建立一个到运行在接收端邮件服务器计算机上的 SMTP 服务器端口号 25 之间的 TCP 连接。如果接收邮件服务器当前不在工作，SMTP 客户就等待一段时间后再尝试建立该连接。这个连接建立之后，SMTP 客户和服务器先执行一些应用层握手操作。就像人们在转手东西之前往往先自我介绍那样，SMTP 客户和服务器也在传送信息之前先自我介绍一下。在这个 SMTP 握手阶段，SMTP 客户向服务器分别指出发信人和收信人的电子邮件地址。彼此自我介绍完毕之后，客户发出邮件消息。SMTP 可以指望由 TCP 提供的可靠数据传输服务把该消息无错地传送到服务器。如果客户还有其他邮件消息需发送到同一个服务器，它就在同一个 TCP 连接上重复上述过程；否则，它就指示 TCP 关闭该连接。

通常，一封电子邮件的发送需要经过用户代理、客户邮件服务器和服务器端邮件服务器等三个程序的参与，并使用邮件传输和获取协议（如 SMTP 和 POP3，或 IMAP），如图 9-1 所示。

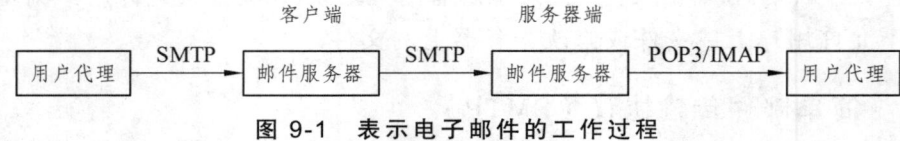

图 9-1　表示电子邮件的工作过程

当用户发送一封电子邮件时，首先寻找自己的客户邮件服务器。客户邮件服务器得到了邮件后，将它保存在自身的缓冲队列中，然后，根据邮件的地址，查询到服务器端邮件服务器，并且通过电子邮件协议传送。根据目标地址确定信件需要投递的服务器时，通过 DNS 服务实现。例如，有一封邮件的目标地址是 yourmail@yourserver.com，那么，邮件服务器首先要解析"yourserver.com",然后,通过 TCP 连接将信件投递给该服务器。

服务器端邮件服务器接收到邮件之后,将其存储在本地缓冲区,直到电子邮件的接收者察看自己的电子信箱。每个用户必须拥有服务器上存储信息的空间(称为信箱)才能接收邮件。

9.2.5 超文本传输协议(HTTP)和万维网(WWW)

1. 超文本传输协议(HTTP)

从层次的角度来看,HTTP 是 WWW 客户机与 WWW 服务器之间的应用层协议,它是万维网上能够可靠地交换文件的重要基础。为了保证 WWW 客户机与 WWW 服务器之间能顺利进行通信,HTTP 协议定义了通信交换机制、请求报文和响应报文的格式。HTTP 会话过程包括 4 个步骤:连接、请求、应答和关闭。

2. 万维网(WWW)

WWW 服务也称 Web 服务,是目前互联网上最方便和最受欢迎的信息服务类型,它的影响力已远远超出了专业技术的范畴,并且已经进入了广告、新闻、销售、电子商务与信息服务等诸多领域,它的出现是互联网发展中的一个革命性的里程碑。

9.2.6 DHCP 服务

DHCP(Dynamic Host Configuration Protocol)动态计算机配置协议服务器的主要作用是对 IP 地址进行集中管理和配置,即子网中的所有 IP 地址及相关配置参数都存储在 DHCP 服务器的数据库中。当客户机初次访问网络时,DHCP 服务器会自动为其分配 IP 地址、子网掩码、首先 DNS 服务器地址和默认的网关参数,以实现 IP 地址动态分配,解决 IP 地址不足和 TCP/IP 配置麻烦。当客户机在不同的子网之间移动时,原有的 IP 地址及相关的配置信息将不再合法,客户机在重新启动时就会被重新分配 IP 地址及相关配置参数。

在没有 DHCP 服务的网络中,网络管理员必须采用手动分配的方式对每台客户机进行配置,此时的 IP 是静态分配的,需要网络管理员记录哪些 IP 地址可以使用,哪些地址已经使用,当网络中的客户机变动时,就需要变动这些记录,如果网络管理员未能及时更新这些记录就会过期,会导致某些 IP 地址因无人使用而空闲。而 DHCP 服务器可以及时将未使用的 IP 地址自动回收。

动态分配 IP 地址的好处就是可以解决 IP 地址不够用的问题。因为 IP 地址是动态分配的,而不是固定给某个客户机使用的,所以,只要有空闲的 IP 地址可用,DHCP 客户机就可从 DHCP 服务器取得 IP 地址。当客户机不需要使用此地址时,就由 DHCP 服务器收回,并提供给其他的 DHCP 客户机使用。动态分配 IP 地址的另一个好处是用户不必自己设置 IP 地址、DNS 服务器地址、网关地址等网络属性,也无需绑定 IP 地址与 MAC 地址,不存在盗用 IP 地址问题,因此,可以减少管理员维护工作量,用户也不必关心网络地址个概念和配置。

习题

一、选择题

1. 关于域名管理机构，说法不正确的是（　　）。
   A. NIC 管理顶级域名的划分　　　　B. 管理机构都是由 NIC 直接授权的
   C. cn 由 CNNIC 负责管理　　　　　D. CERNET 管理 cn 下的 edu 域名
2. 电子邮件客户端应用程序向邮件服务器发送邮件时使用（　　）协议。
   A. HTTP　　　　B. FTP　　　　C. POP3　　　　D. SMTP
3. 在 TCP/IP 参考模型中，应用层是最高的一层，它包括了所有的高层协议，下列协议中不属于应用层协议的是（　　）。
   A. HTTP　　　　B. FTP　　　　C. UDP　　　　D. SMTP
4. DHCP 服务器的主要功能是（　　）。
   A. 域名解析　　　　　　　　　　　B. 动态物理地址分配
   C. 动态 IP 地址分配　　　　　　　 D. 进行地址解析
5. 下列哪项属性 DHCP 服务器不可以在 DHCP 作用域中设定（　　）。
   A. IP 地址　　　B. DNS 服务器　　　C. 网关地址　　　D. 计算机名

二、问答题

1. 简要说明 DNS 的功能，举一个实例解释域名解析的过程。
2. 文件传输协议 FTP 的主要工作过程是怎样的？
3. 远程登录 Telnet 的主要特点是什么？

实训 9-1　配置 DNS 服务

【实训目标】

（1）了解域名的概念。
（2）理解因特网域名的结构。
（3）不同类型域名服务器的作用。
（4）掌握域名解析的过程。
（5）掌握如何在 Windows Server 2003 配置 DNS 服务。

【实训环境】

图 9-2 是 DNS 服务器配置环境图。
（1）DNS 服务器：运行 Windows Server 2003 操作系统的计算机一台。
（2）上网计算机，若干台，运行 Windows XP 操作系统。
（3）每台计算机都和校园网相连。

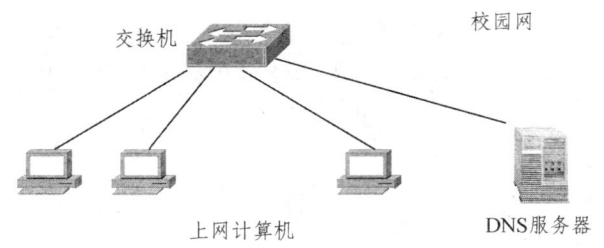

图 9-2 DNS 服务器配置环境图

【实训内容】

配置 Windows Server 2003 下 DNS 服务，管理如图 9-3 所示方框内的部分。

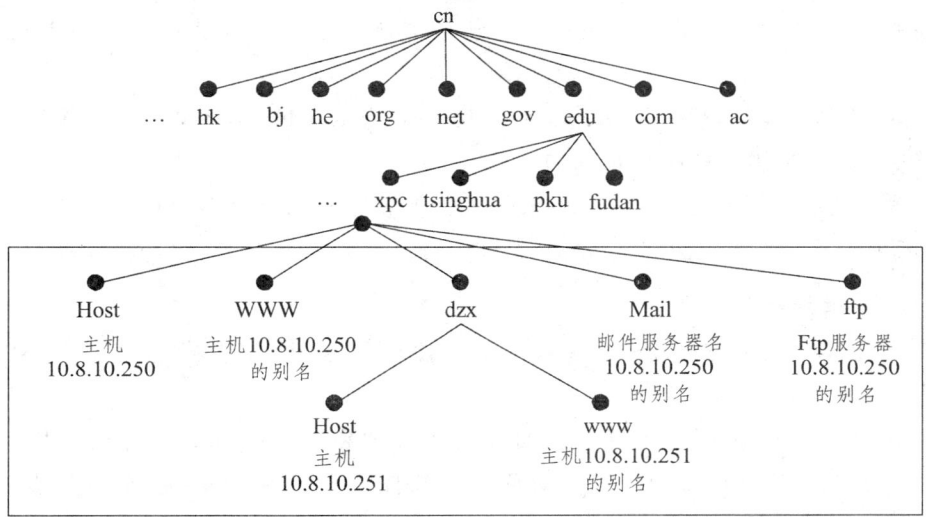

图 9-3 方框内的部分为 DNS 服务器需要管理的部分

1. DNS 服务器端

在一台计算机上安装 Windows Server 2003，设置 IP 地址为 10.8.10.200，子网掩码为 255.255.255.0，设置计算机域名与 IP 地址的对应关系，host.xpc.edu.cn 对应 10.8.10.250/24，邮件服务器 mail.xpc.edu.cn 对应 10.8.10.250，文件传输服务器 ftp.xpc.edu.cn 对应 10.8.10.250，host.dzx.xpc.edu.cn 对应 10.8.10.251，设置 host.xpc.edu.cn 别名为 www.xpc.edu.cn 和 ftp.xpc.edu.cn，设置 host.dzx.xpc.edu.cn 别名为 www.dzx.xpc.edu.cn。设置转发器为 202.99.160.68。

2. 客户端

设置上网计算机的 DNS 服务器为 10.8.10.200。

（1）启用客户端计算机的 IE，访问校园网主页服务器 www.xpc.edu.cn、www.dzx.xpc.edu.cn，并访问 Internet。

（2）在 DOS 环境下，通过"Ping 域名"命令可以将域名解析为 IP 地址。试用 Ping

解 析 www.sina.com.cn、www.263.net、www.yahoo.com.cn、www.xpc.edu.cn、mail.xpc.edu.cn、www.dzx.xpc.edu.cn、www.Sohu.com 等计算机对应的 IP 地址。

（3）通过 nslookup 来验证配置的正确性。

【实训步骤】

1. 安装 DNS 服务器

如果在"开始→程序→管理工具"选项中找不到"DNS"选项，就需要自行安装 DNS 服务器。

（1）执行"开始→设置→控制面板→添加/删除程序→添加/删除 Windows 组件"命令，弹出"Windows 组件"对话框，勾选"网络服务"复选框，单击"详细信息"按钮，在弹出的"网络服务"对话框中，选中"域名系统"复选框，然后单击"确定"按钮。

（2）单击"下一步"按钮，Windows 组件向导会完成 DNS 服务的安装。并从 Windows Server 2003 安装光盘中复制所需文件。

（3）重新启动计算机，完成 DNS 服务安装。安装完毕后在管理工具中多了一个"DNS"选项。

2. DNS 服务器的设置

（1）启动 Windows Server 2003 服务器，执行"开始→程序→管理工具→DNS"选项。进入 DNS 管理与配置界面。

（2）在 DNS 管理与配置窗口中加入需要管理和配置的域名服务器。用鼠标右击"树"区域的"DNS"选项，在弹出的菜单中选择"连接到 DNS 服务器"选项，弹出"连接到 DNS 服务器"对话框，如图 9-4 所示。Windows Server 2003 中的 DNS 管理程序既可以管理和配置本地的域名服务，也可以管理和配置网络中其他计算机的 DNS。选择"这台计算机"，单击"确定"按钮，系统将把这台计算机（计算机名为 xxzx-chuj1）加入到 DNS 树中，如图 9-5 所示。这时就在该计算机上建立一个数据库，用于存储授权区域的域名信息。

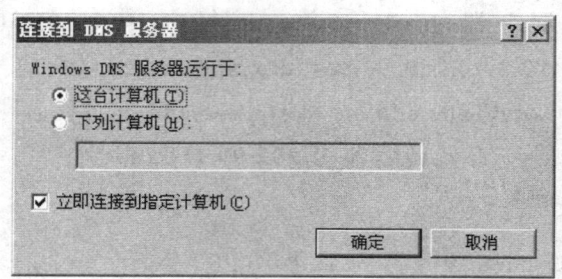

图 9-4 "连接到 DNS 服务器"对话框

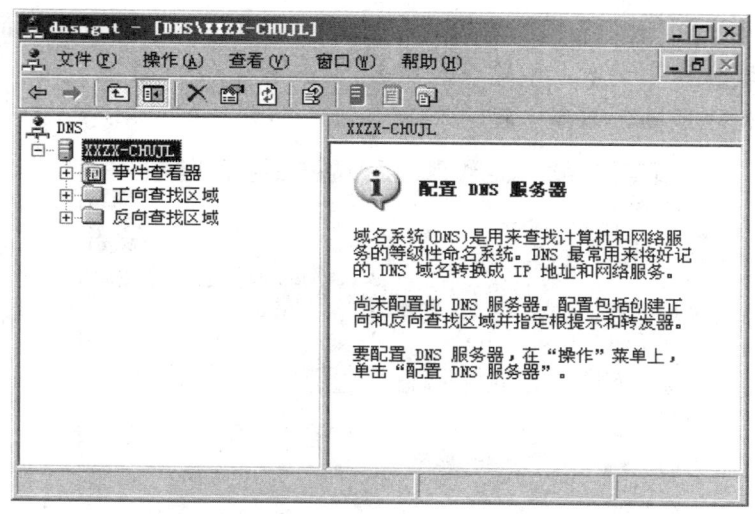

图 9-5 加入本机后的 DNS 管理与配置界面

（3）在"xxzx-chujl"下包括"事件查看器"、"正向查找区域"、"反向查找区域"等三个选项。

3．区域的建立

1) 建立主要区域

DNS 客户端所提出的 DNS 查找请求，大部分是属于正向的查找（Forward lookup），也就是从计算机名称来查找 IP 地址。建立步骤如下：

① 选择"开始→程序→管理工具→DNS"，然后选择"DNS 服务器"并右击"正向查找区域"选项，在弹出的菜单中选择"新建区域"选项，启动"欢迎使用新建区域"向导。单击"下一步"，弹出"区域类型"对话框，如图 9-6 所示。

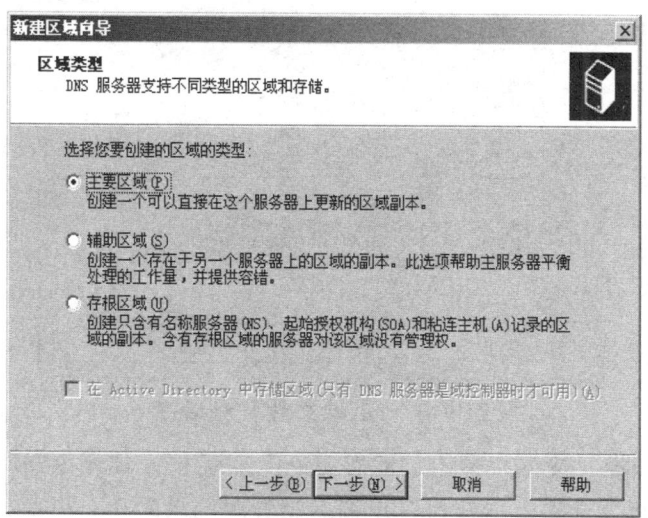

图 9-6 "区域类型"对话框

② 选择"主要区域"选项，单击"下一步"，弹出"区域名称"对话框，如图 9-7 所示。在"区域名称"文本框中输入区域名"xpc.edu.cn"。注意只输入到次阶域，而不是连同子域和计算机名称都一起输入。

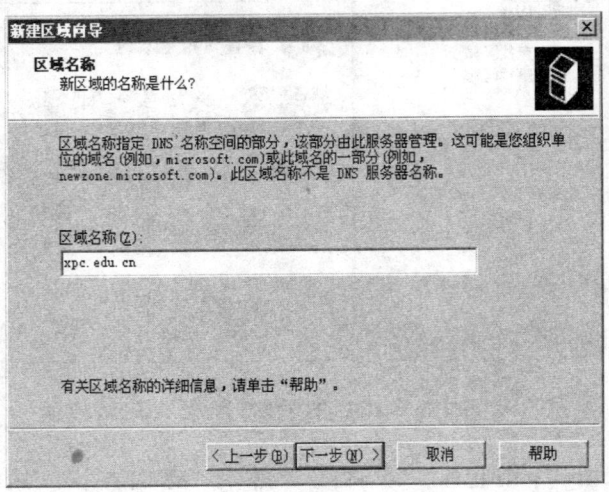

图 9-7 "区域名称"对话框图

③ 单击"下一步"，弹出"区域文件"对话框，如图 9-8 所示。在"创建新文件，文件名为"文本框中自动输入了以域名为文件名的 DNS 文件。该文件的默认文件名为 xpc.edu.cn.dns（区域名+.dns），它被保存在文件夹\winnt\system32\dns 中。如果要使用区域内已有的区域文件，可先选择"使用此现存文件"一项，然后将该现存的文件复制到\winnt\system32\dns 文件夹中。

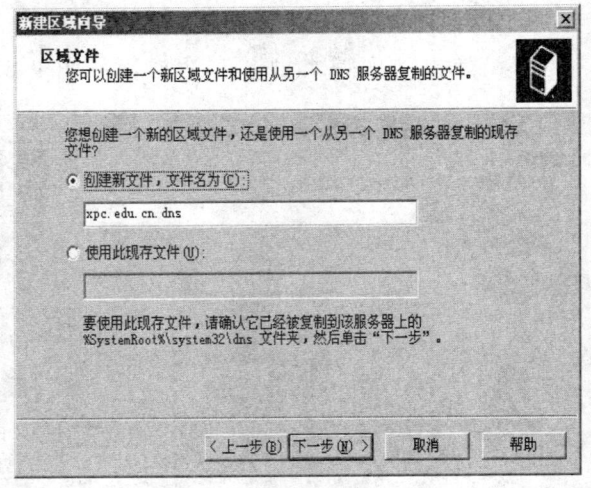

图 9-8 "区域文件"对话框

④ 单击"下一步"按钮，弹出"动态更新"对话框，如图 9-9 所示。选择"允许非安全和安全动态更新"选项表示任何客户端接受资源记录的动态更新，该设置存在安全隐患。选择"不允许动态更新"选项，表示不接受资源记录的动态更新，更新记录必须手动。

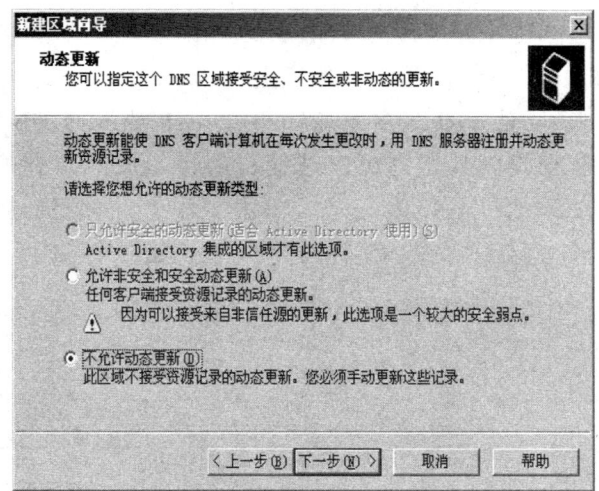

图 9-9 "动态更新"对话框

⑤ 单击"下一步",单击"完成"按钮。新区域"xpc.edu.cn"添加到 DNS 管理窗口。

2)在主要区域内新建资源记录

DNS 服务器支持相当多的不同类型的资源记录,在此学习如何将几个比较常用的资源记录新建到区域内。

(1)新建一项计算机记录。

将计算机名称与 IP 地址(也就是资源记录类型为 A 的记录)新建到 DNS 服务器内的区域后,就可以让 DNS 服务器提供这台计算机的 IP 地址给客户端。

① 用鼠标右击欲新增加记录的区域名,如 xpc.edu.cn,在弹出的菜单中选择"新建计算机"选项。弹出"新建计算机"对话框,如图 9-10 所示。

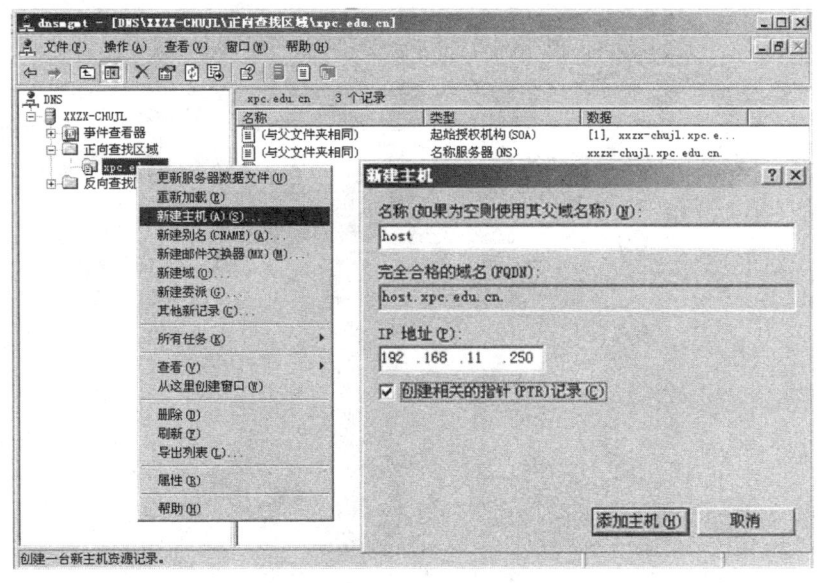

图 9-10 "新建计算机"对话框

② 在"名称"栏上填写新增计算机记录的名称，但不需要填上整个域名，如要新增 host 名称，只要填上 host 即可而不是填上 host.xpc.edu.cn。在"IP 地址"栏中填入欲新建名称的实际 IP 地址，如 10.8.10.250。如果 IP 地址与 DNS 服务器在同一个子网掩码下，并且有反向查找区域，则可以选择"创建相关的指针（PTR）记录"，这样会在反向查找区域自动添加一笔搜索记录。单击"添加计算机"按钮，该计算机的名字、对象类型及 IP 地址就显示在 DNS 管理窗口中。如图 9-11 所示。

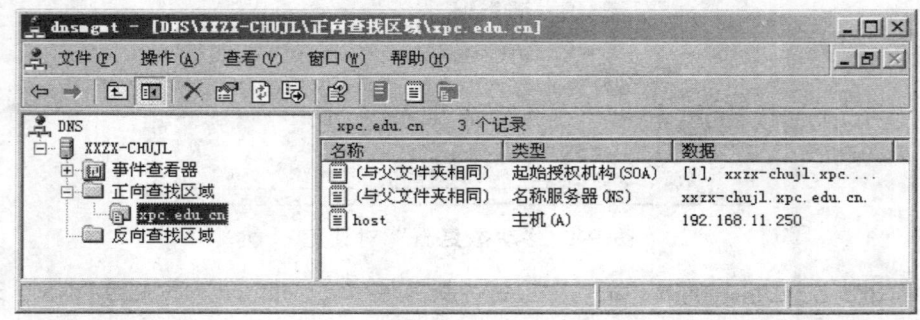

图 9-11 添加计算机后 DNS 管理窗口

可以重复以上步骤，以便将多台计算机的信息输入到此区域内。

（2）新建一项计算机别名。

如果想要让一台计算机拥有多个计算机名称时，可以为该计算机设置别名，例如，一台计算机 host.xpc.edu.cn 当作 Web 服务器时为 www.xpc.edu.cn，而当作 ftp 服务器时为 ftp.xpc.edu.cn，但这都是同一 IP 地址的计算机。

用鼠标右击欲新建立别名计算机的区域名，如 xpc.edu.cn，在弹出的菜单中选择"新建别名"选项。弹出"新建资源记录"对话框，如图 9-12 所示，在"别名"文本

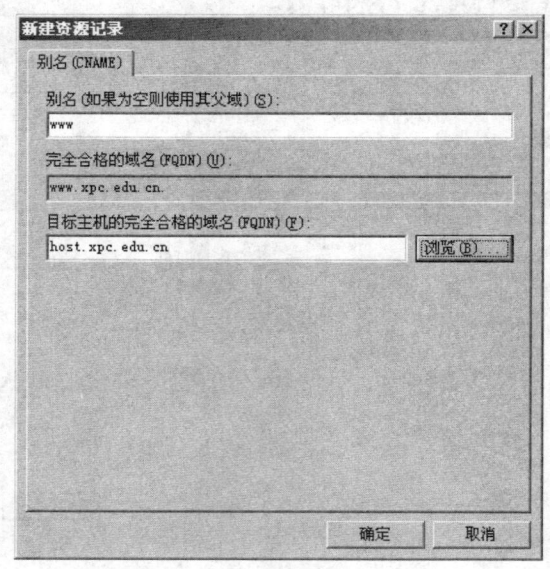

图 9-12 "新建资源记录"对话框

框中输入主页服务器的名字"www",然后输入目标计算机的完全合格的域名 host.xpc.edu.cn(也可以通过单击"浏览"按钮进行选择),单击"确定"按钮完成别名配置。同样创建别名 ftp。如图 9-13 所示为完成后的画面,它表示 host.xpc.edu.cn 的别名是 www.xpc.edu.cn 和 ftp.xpc.edu.cn。

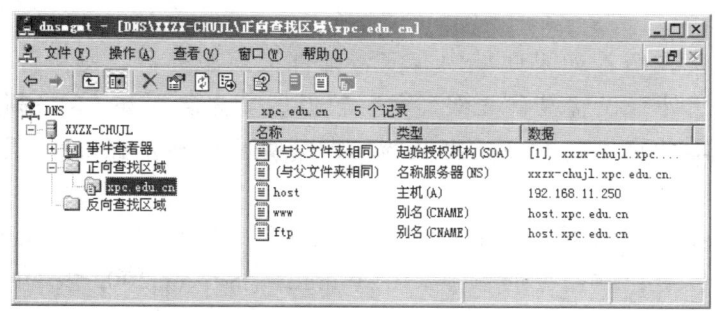

图 9-13 新建一项计算机的别名

(3)新建一项邮件交换器(MX)。

MX 记录着负责域邮件传送的交换服务器。

右击 DNS 树中的区域名"xpc.edu.cn",在弹出的菜单中选择"新建邮件交换器"选项。弹出"新建资源记录"对话框,如图 9-14 所示,在该对话框中,在"计算机或子域"框中输入邮件服务器的名字 mail,然后在"邮件服务器的完全合格的域名"框中输入邮件服务器的完全合格的域名"host.xpc.edu.cn"(也可以通过单击"浏览"按钮进行选择)和优先级,单击"确定"按钮,邮件服务器的名字、对象类型及指向的计算机就显示在 DNS 管理窗口中。

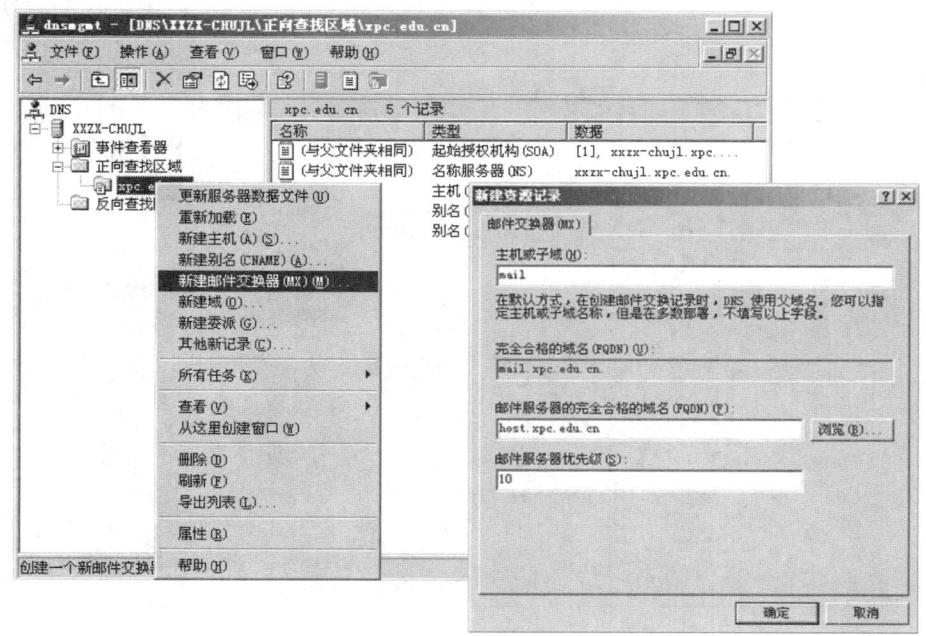

图 9-14 新建邮件交换器(MX)

计算机或子域：若输入 mail，则表示是在设置 mail.xpc.edu.cn 域的邮件交换服务器；若未输入，则以"父域(parent domain)"为其负责的域，比如图 9-14 中域 xpc.edu.cn。

邮件服务器的完全合格的域名（FQDN）：输入负责上述域邮件传送工作的邮件服务器的完整计算机名称（FQDN），这台计算机必须有一项类型为 A 的资源记录，以便得知其 IP 地址。

邮件服务器优先级：如果此域中有多台邮件交换服务器，则可以建立多个 MX 资源记录，并通过此处来设置其优先级，数字较低的优先级较高（0 最高）。单击"确定"按钮，邮件服务器的名字、对象类型及指向的计算机就显示在 DNS 管理窗口中。

3）建立反向区域

建立反向查找区域后可以让 DNS 客户端使用 IP 地址来查询计算机名称。反向区域并不是必须的，可以在需要时创建。在 Windows Server 2003 中 DNS 分布式数据库是以名称为索引而非以 IP 地址为索引。反向区域的前半部分是网络 ID（network ID）的反向书写，而后半部分必须是.in-addr.arpa。例如，要查询网络 ID 为 10.8.10.250 的计算机，则其反向区域前半部分的网络 ID 为 10.8.10，后半部分是.in-addr.arpa，区域文件为 10.8.10.in-addr.arpa.dns。

（1）建立反向区域。

① 建立一个反向查找区域与建立正向查找区域一样，用鼠标右键点击"反向查找区域"选项，在弹出的菜单中选择"新建区域"选项，弹出"新建区域向导"对话框，单击"下一步"，弹出"区域类型"对话框，选择"主要区域"选项，单击"下一步"，弹出"反向查找区域名称"对话框，如图 9-15 所示，在"网络 ID"文本框中输入正常的地址（如 10.8.10.），这时会自动在反向查找区域名称中显示 10.8.10.in-addr.arpa。

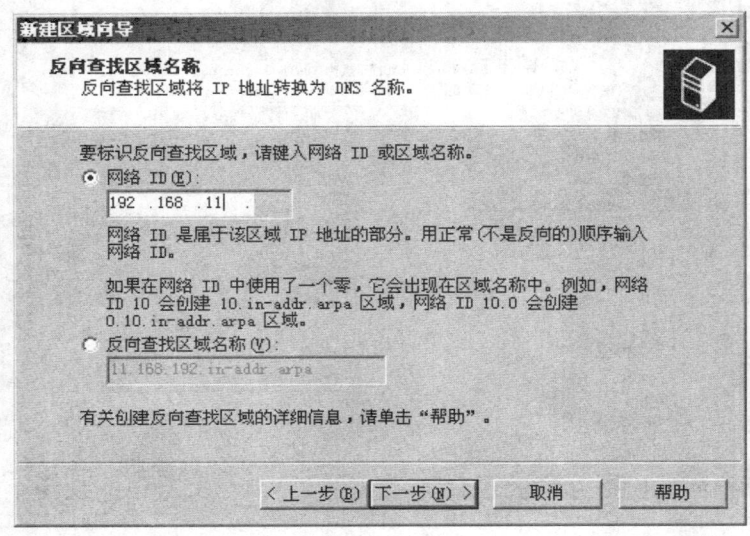

图 9-15 "反向查找区域名称"对话框

② 单击"下一步"按钮，弹出"区域文件"对话框，在"新文件"文本框中自动输入了以反向查找区域名为文件名的 DNS 文件，10.8.10.in-addr.arpa.dns。

③ 单击"下一步"，选择"不允许动态更新"选项，单击"下一步"，单击"完成"，完成设置。反向查找区域自动添加在 DNS 管理窗口中。如图 9-16 所示。

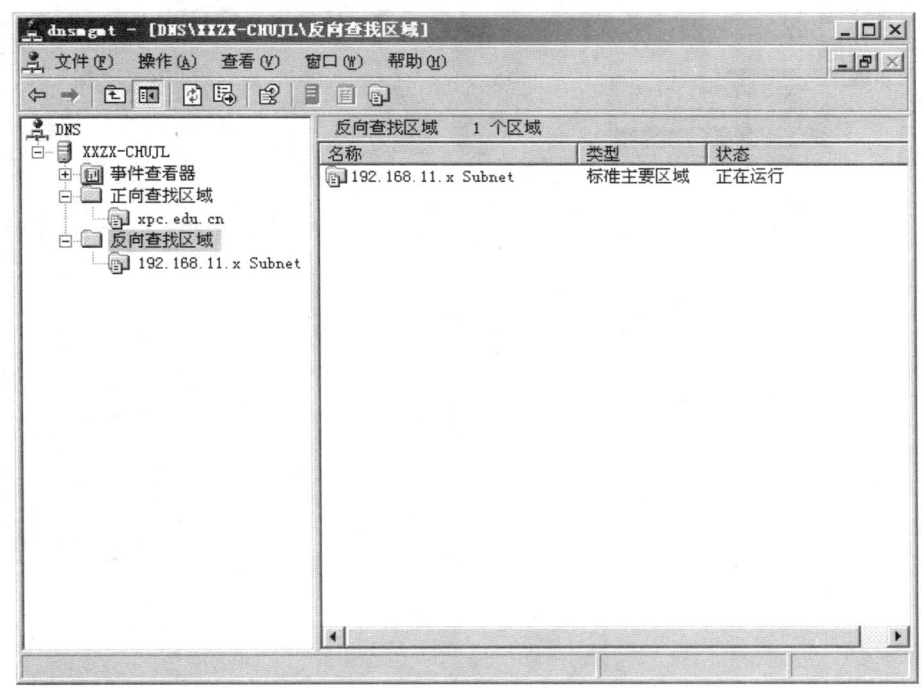

图 9-16　DNS 管理窗口

（2）在反向区域内建立记录。

在反向区域建立记录有两种方法，以便为 DNS 客户端提供反向查找的服务。

① 在图 9-16 中右击反向查找区域，然后选择"新增指针"选项。弹出"新建资源记录"对话框，如图 9-17 所示。在"计算机 IP 号"中输入计算机的 IP 地址的最后一组，如 250，在"计算机名"文本框中输入指针指向的域名，如 host.xpc.edu.cn，也可以通过"浏览"按钮去查找。

② 在正向区域建立计算机记录时，可以顺便在反向区域内建立一项反向记录，在图 9-10 中，勾选"创建相关的指针（PTR）记录"选项即可。但在选择此选项时，相对应的反向查找区域必须已经存在，例如反向区域 10.8.10.x subnet 必须已经存在。

4）子域

如果 DNS 服务器所管辖的区域为 xpc.edu.cn，而且在此区域之下还有数个子域，例如 dzx.xpc.edu.cn，将子域内的记录建立到 DNS 服务器的方法有以下两种：

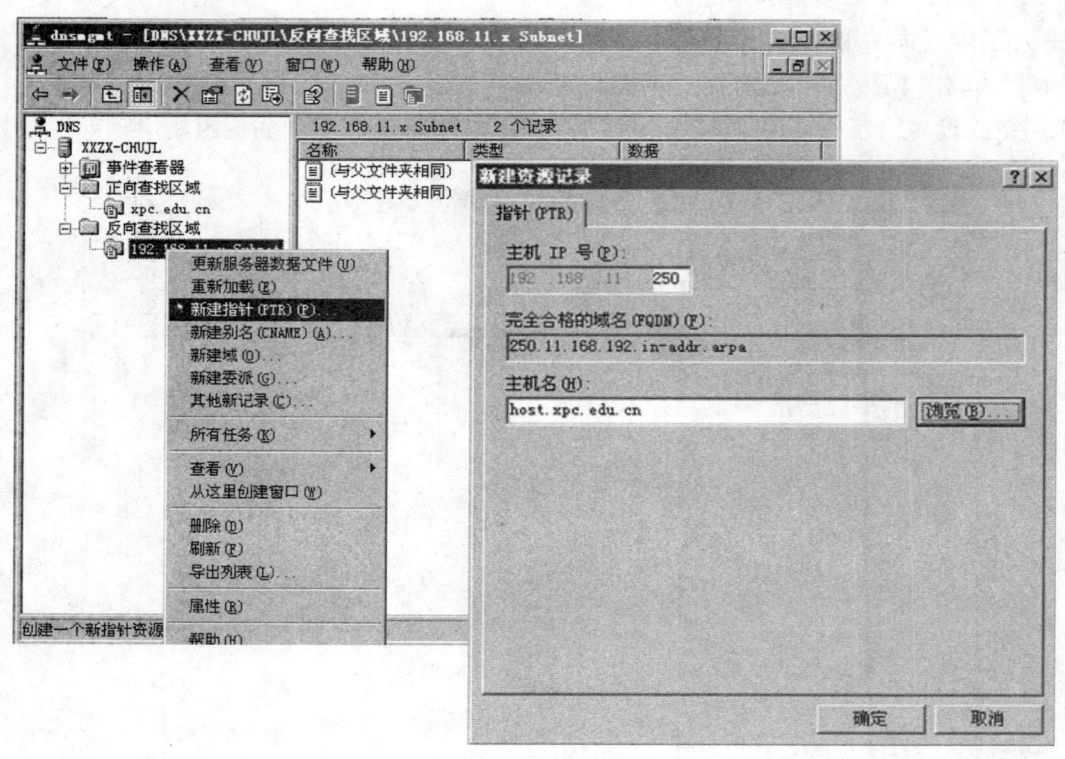

图 9-17 新建指针

① 可以直接在 xpc.edu.cn 区域之下建立子域,然后将此子域内的计算机记录输入到此子域内,这些记录还是存储在这台 DNS 服务器内。

② 可以将子域内的记录委派给其他的 DNS 服务器来管理,也就是此子域内的所有记录都是存储在被委派的 DNS 服务器内。

(1) 建立子域及其记录。

为了管理图 9-3 中的 dzx 节点,需要在"xpc.edu.cn"之下再建立一个子域。

① 右击 DNS 树中"xpc.edu.cn",在弹出的菜单中执行"新建域"命令,弹出"新建域"对话框,如图 9-18 所示,在"键入新域名"文本框中输入子域名"dzx",单击"确定"按钮,dzx 将显示在区域"xpc.edu.cn"之下。

② 在 dzx 子域中再新建计算机记录,右击子域名 dzx,在弹出的菜单中选择"新建计算机"选项,弹出"新建计算机"对话框,如图 9-19 所示,在"名称"文本框中输入新建计算机的名称,如 host,在"IP 地址"栏中填入欲新建名称的实际 IP 地址,如 10.8.10.251。单击"添加计算机"按钮,该计算机的名字、对象类型及 IP 地址就显示在 DNS 管理窗口中。

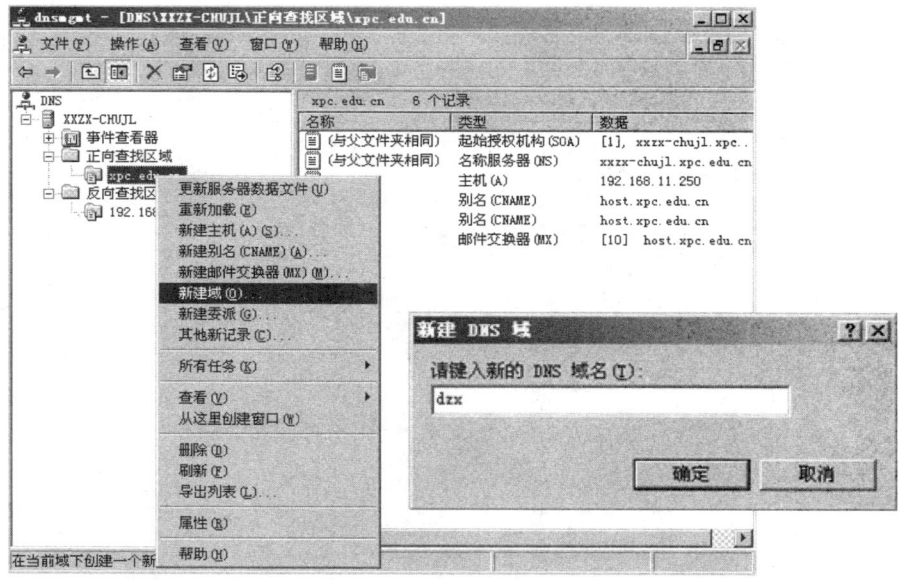

图 9-18 新建子域

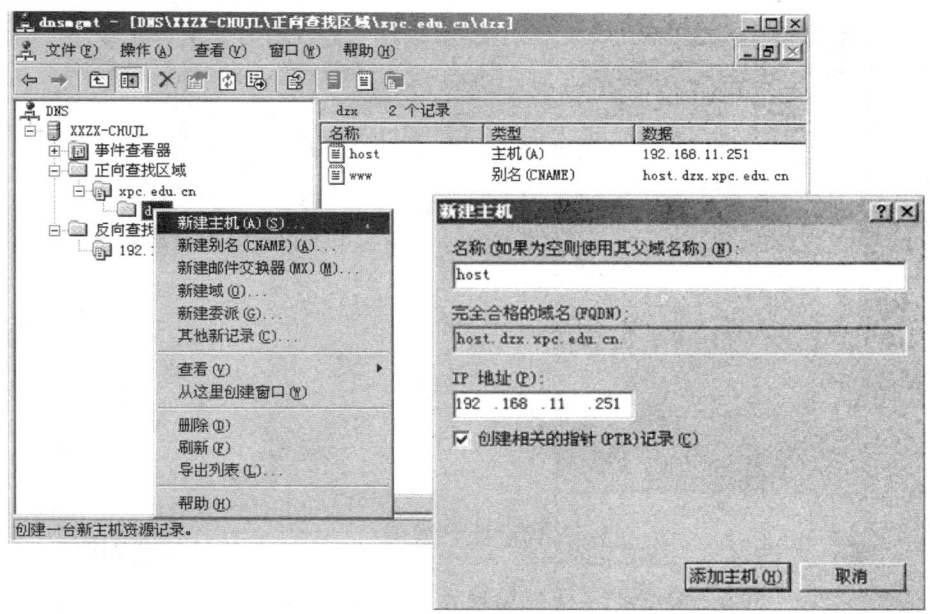

图 9-19 子域内新建计算机记录

③ 在 dzx 子域中再新建别名,右击子域名 dzx,在弹出的菜单中选择"新建别名"选项。弹出"新建资源记录"对话框,如图 9-20 所示,在"别名"文本框中输入主页服务器的名字"www",然后输入目标计算机的完全合格的域名 host.dzx.xpc.edu.cn(也可以通过单击"浏览"按钮进行选择),单击"确定"按钮完成别名配置。如图 9-21 所示为完成后的画面。

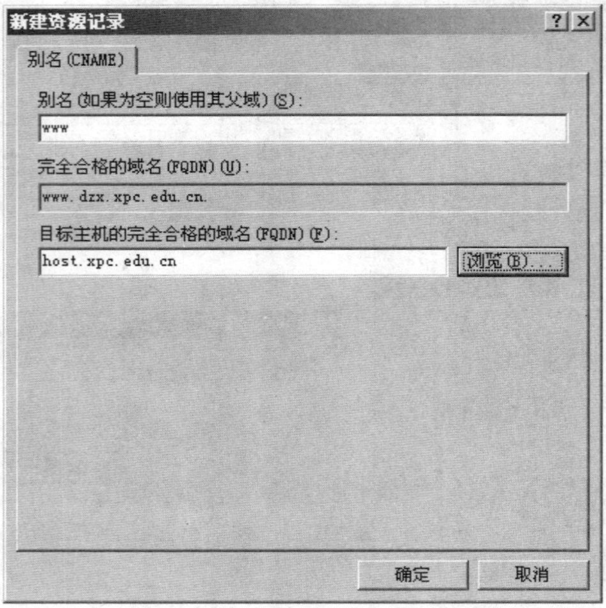

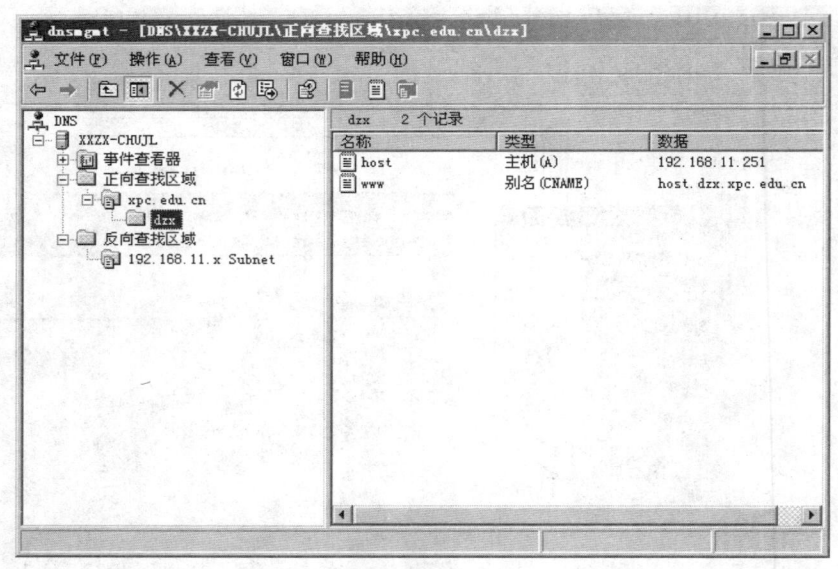

图 9-20 "新建资源记录"对话框

图 9-21 子域新建计算机记录和别名

4. 域的设置

通过右击区域选择"属性"选项,可以更改区域的相关设置,步骤如下。

(1) 更改区域类型与区域文件名称。

右击 DNS 服务器的 xpc.edu.cn 区域,选择"属性"选项,弹出"xpc.edu.cn 属性"对话框,选择"常规"标签,单击"更改"可以更改区域类型,在"区域文件名"栏中可以更改区域文件名称。如图 9-22 所示。

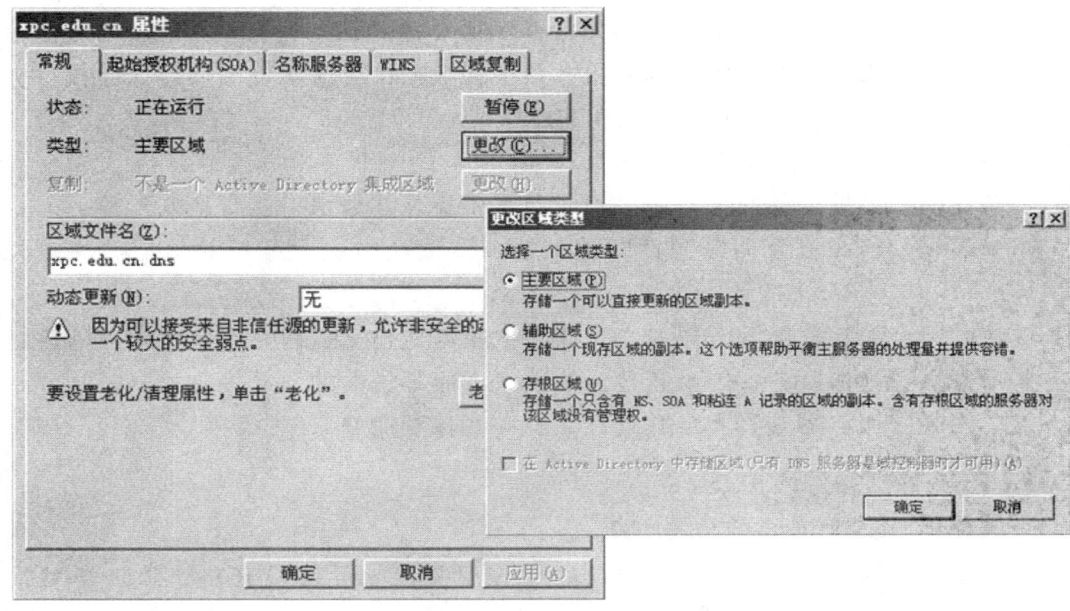

图 9-22 "xpc.edu.cn 属性"对话框

（2）SOA 与区域复制。

DNS 服务器的辅助区域存储的是此区域内所有记录的副本，这份副本信息是利用"区域复制"的方式从"master 服务器"拷贝过来的，"区域复制"执行的时间间隔的设置值存储在 SOA 资源记录内，在 master 服务器上，右击 DNS 服务器的区域，如 xpc.edu.cn 选择"属性"选项，弹出"xpc.edu.cn 属性"对话框，选择"起始授权机构（SOA）"标签，如图 9-23 所示。在此对话框中可以设置这些值。

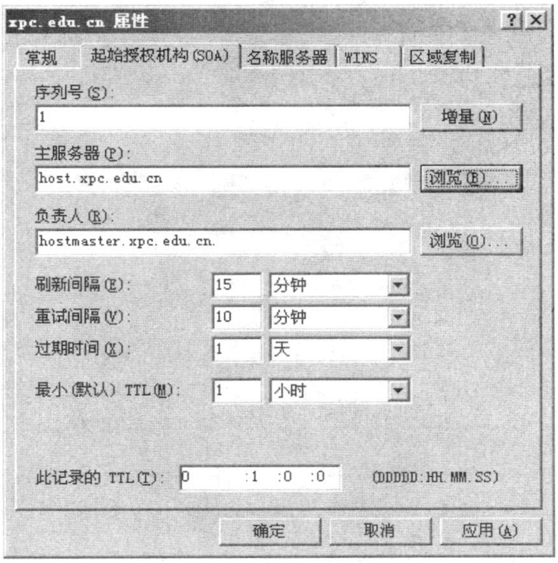

图 9-23 "起始授权机构（SOA）"对话框

序列号：当执行区域传输时，首先检查序列号，只有当主服务器的序列号比辅助服务器的序列号大的时候（表示辅助服务器中的数据已过时）复制操作才会执行。

主服务器：此区域的主服务器的 FQDN。

负责人：此区域的负责人的电子邮箱地址。

刷新间隔：设置辅助服务器隔多长时间需要检查其数据，执行区域传输。

重试间隔：当在刷新间隔到期时辅助服务器无法与主服务器通信，需等多久再重试。

过期时间：如果辅助服务器一直无法与主服务器建立通信，在此时间间隔后辅助服务器不再执行查询服务，因为其包含的数据可能是错误的。

最小 TTL：服务器查询到的数据在缓存中的保存时间。

5．DNS 服务器的维护

（1）设置 DNS 服务器的动态更新。

在 Windows2003 Server 中可以利用动态更新的方式，当 DHCP 计算机 IP 地址发生变化时，会在 DNS 服务器中自动更新，这样减轻了管理员的负荷。具体设置如下：

① 首先用户需要对 DHCP 服务器的属性进行设置，用鼠标右键单击"DHCP 服务器"，在弹出的菜单中选择"属性"选项，单击"DNS"标签，如图 9-24 所示，在其中选中"根据下面的设置启用 DNS 动态更新"并选中"在租约被删除时丢弃 A 和 PTR 记录"选项。

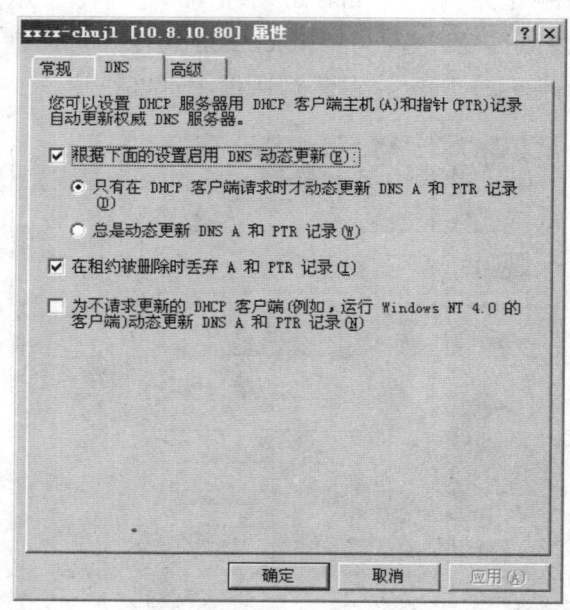

图 9-24 "作用域→DNS"对话框

② 在 DNS 控制台中展开正向查找区域，选择区域 xpc.edu.cn，执行"操作→属性"命令，在"常规"标签中的"动态更新"下拉列表中选择"非安全"选项，单击

"确定"按钮。如图 9-25 所示。

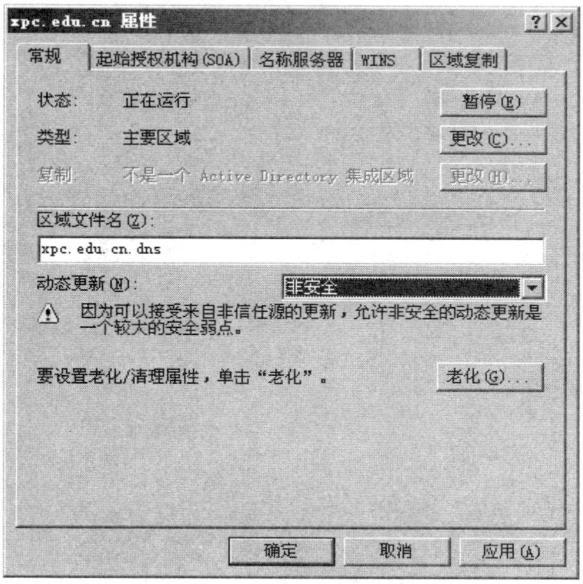

图 9-25 "xpc.edu.cn 属性"对话框

③ 展开反向查找区域，选择"反向区域"选项，单击"操作"选项，单击"属性"选项，并在"常规"标签中选择"允许更新"选项。

这样在客户信息改变时，它在 DNS 服务器中的信息也会自动更新。

（2）指定根域服务器（root 服务器）。

当 DNS 服务器要向外界的 DNS 服务器查询所需的数据时，在没有指定转发器的情况下，它先向位于根域的服务器进行查询。然而，DNS 服务器是通过缓存文件来知道根域的服务器。缓存文件在安装 DNS 服务器时就已经存放在\winnt\system32\dns 文件夹内，其文件名为 cache.dns。cache.dns 是一个文本文件，可以用文本编辑器进行编辑。

如果一个局域网没有接入 Internet，这时内部的 DNS 服务器就不需要向外界查询计算机的数据，这时需要修改局域网根域的 DNS 服务器数据，将其改为局域网内部最上层的 DNS 服务器的数据。如果在根域内新建或删除 DNS 服务器,则缓存文件的数据就需要进行修改。修改时建议不要直接用编辑器进行修改,而采用如下的方法进行修改。

执行"开始→程序→管理工具→DNS"命令，右击 DNS 服务器名称，如 xxzx-chujl，在弹出的菜单中选择"属性"选项，再单击"根提示"标签，弹出如图 9-26 所示的"DNS 根目录属性"对话框。在该对话框的列表中列出了根域中已有的 DNS 服务器及其 IP 地址，用户可以单击"添加"按钮添加新的 DNS 服务器。

（3）设置转发器。

单击图 9-26 中的"转发器"标签，弹出如图 9-27 所示的"转发器属性"对话框。在该对话框，选中"启用转发器"选项，输入作为转发器的 DNS 服务器 IP 地址，如

123

202.99.160.68，单击"添加"按钮即将 IP 地址为 202.99.160.68 的 DNS 服务器作为该 DNS 服务器的转发器。

图 9-26 "根提示"对话框

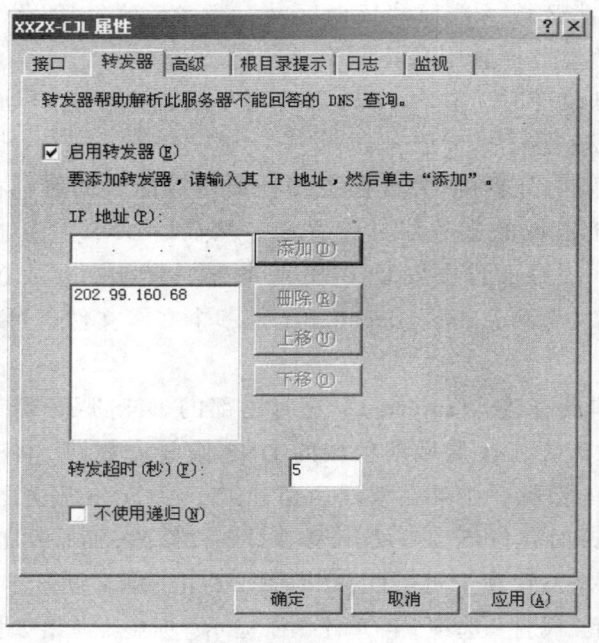

图 9-27 "转发器属性"对话框

用户可以单击"添加"按钮添加新的 DNS 服务器。

（4）启用日志记录功能。

单击图 9-27 中的"日志"标签，弹出如图 9-28 所示的"日志属性"对话框。在该对话框，选中日志记录选项。

图 9-28 "日志属性"对话框

6. 测试配置的 DNS 服务器

（1）配置测试计算机。

在成功安装 DNS 服务器后，就可以在 DNS 客户机启用 DNS 服务。打开"网络和拨号连接"对话框，双击"本地连接"选项，单击"属性"按钮，选择"Internet 协议（TCP/IP）"选项，然后单击"属性"按钮，如果在 DHCP 服务中设置了 DNS 的信息则在对话框中选择"自动获得 DNS 服务器地址"选项，并分别在首选 DNS 服务器和备用 DNS 服务器中填写主 DNS 服务器和辅助 DNS 服务器的 IP 地址，如图 9-29 所示。

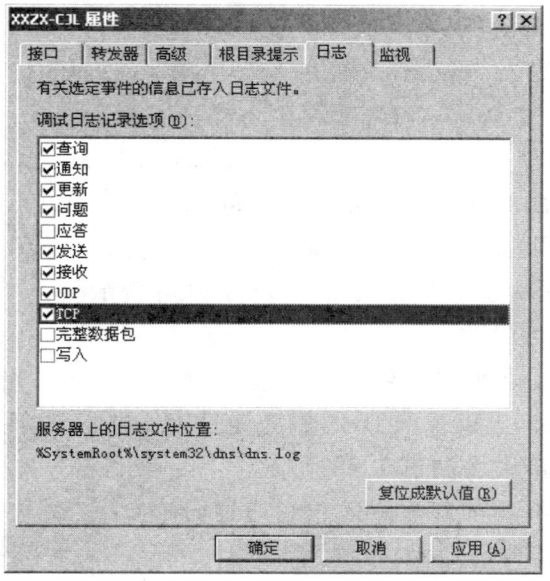

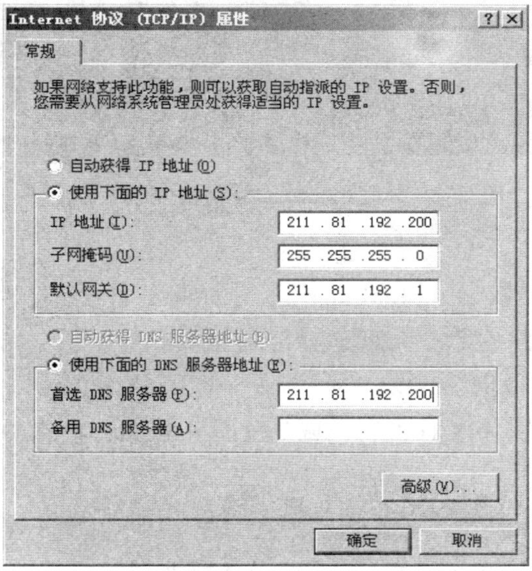

图 9-29 Internet 协议（TCP/IP）属性

（2）DNS 正向解析测试。

在命令状态下，输入 ipconfig/all，查看 DNS 服务器的配置情况，确认已配置了 DNS 服务器。

在 IE 地址栏中输入 www.xpc.edu.cn、mail.xpc.edu.cn、www.dzx..xtvt.edu.cn，观察域名服务器解析是否正确，能否访问 Internet。

在 MS-DOS 下，利用 Ping 命令去解析 www.sina.com.cn、www.263.net、www.yahoo.com.cn、www.Sohu.com 等计算机域名的 IP 地址。如图 9-30 所示。

（3）DNS 反向解析测试。

反向解析测试主要是测试 DNS 服务器是否能够提供名称解析功能。在命令状态下输入 ping –a 10.8.10.250，以检测 DNS 服务器是否能够将 IP 地址解析成计算机名。

（4）使用 nslookup 命令测试 DNS 服务器。

Nslookup 是一个有用的实用程序，它通过向 DNS 服务器查询信息，能够诊断解决像计算机名称解析这样的 DNS 问题。启动 nslookup 时，显示本地计算机配置的 DNS 服务器计算机名和 IP 地址。WindowsNT/2000/XP 都提供该工具；Windows95/98 系统不提供该工具。

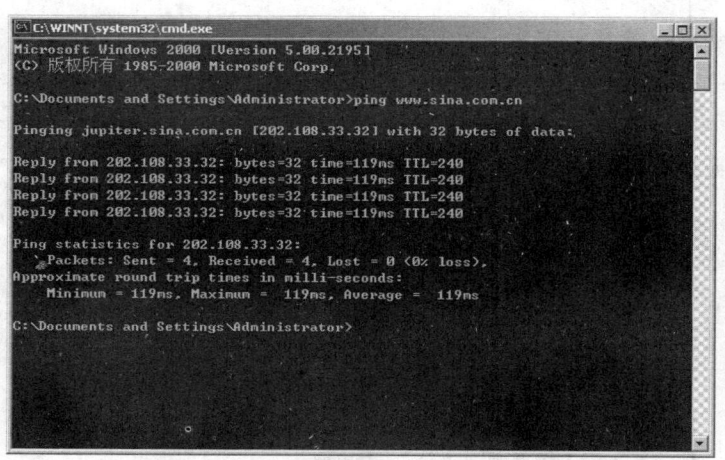

图 9-30　使用 ping 命令检测 DNS 配置

① 使用 nslookup。

在命令提示符下，键入：nslookup，进入 Nslookup 交互模式，出现 ">" 提示符，这时输入域名或 IP 地址等资料，回车可得到相关信息。

② Nslookup 使用举例。

假设 DNS 服务器为 10.8.10.200，域为 xpc.edu.cn，在客户端启动 nslookup，输入下面命令：

> server 10.8.10.250　　　　　　　　\\将默认服务器设为 10.8.10.250
Default Server: host.xpc.edu.cn　　　\\返回的信息
Address: 10.8.10.250

> set q=A   \\正向域名查询
> www.xpc.edu.cn   \\查询 www.xpc.edu.cn
Server: host.xpc.edu.cn
Address:10.8.10.250

Non-authoritative answer:
Name: www.xpc.edu.cn
Address: 10.8.10.250   \\查询到的结果

（5）查看计算机的域名高速缓存区。

为了提高计算机的解析效率，计算机常常采用高速缓冲区来存储检索过的域名与其 IP 地址的映射关系。Unix/Linux、Windows2003 等操作系统都提供命令，允许用户查看域名高速缓冲区中的内容。在 Windows Server 2003 中，ipconfig/displaydns 命令可以将高速缓冲区中的域名与其 IP 地址映射关系显示在屏幕上，包括域名、类型、TTL、IP 地址等。如图 9-31 所示。如果需要清除计算机高速缓冲区中的内容，可以使用 ipconfig/flushdns 命令。

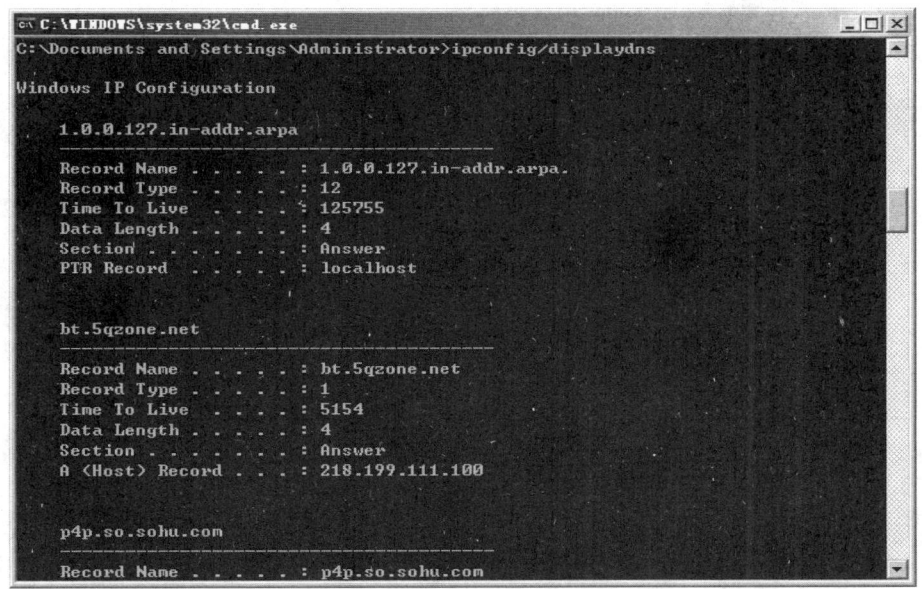

图 9-31　用 ipconfig/displaydns 命令查看高速缓冲区中的内容

实训 9-2　配置 FTP 服务

【实训目标】

（1）理解 FTP 服务器的基本概念和工作过程。
（2）掌握 FTP 服务器的安装和配置。

【实训环境】

（1）运行 Windows XP/ Windows Server 2003/Windows 7 操作系统的计算机一台。

（2）Windows Server 2003 计算机一台。

（3）交换机一台。

【实训步骤】

1. 网络配置（见图 9-32）

网络中相关设备的参数如下：

FTP 服务器 IP 为 192.168.1.251，在局域网中 FTP 客户端如果想通过域名来访问 FTP 服务器，则需在 DNS 服务器中添加一条计算机记录。

比如，本实训中 FTP 服务器的域名为 ftp.ncusc.com，则在 DNS 服务器中添加一条 192.168.1.251 到 ftp.ncusc.com 的映射记录。如果要在 Internet 上使用则需向相关部门申请公网的 IP 地址与合法的域名（需付费）。

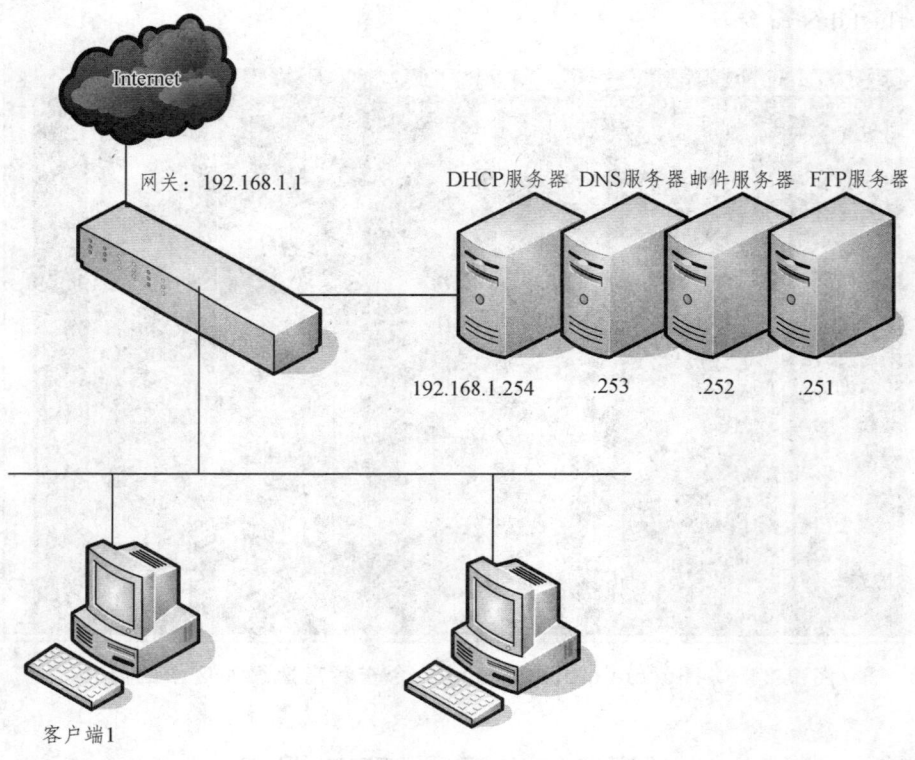

图 9-32 网络构成

2. 安装 FTP 服务器

（1）选择"开始"菜单中"控制面板"级联菜单，单击"添加或删除程序"，打开"添加或删除程序"对话框。单击"添加/删除 Windows 组件"，在组件向导中选择"应用程序服务器"，如图 9-33 所示。

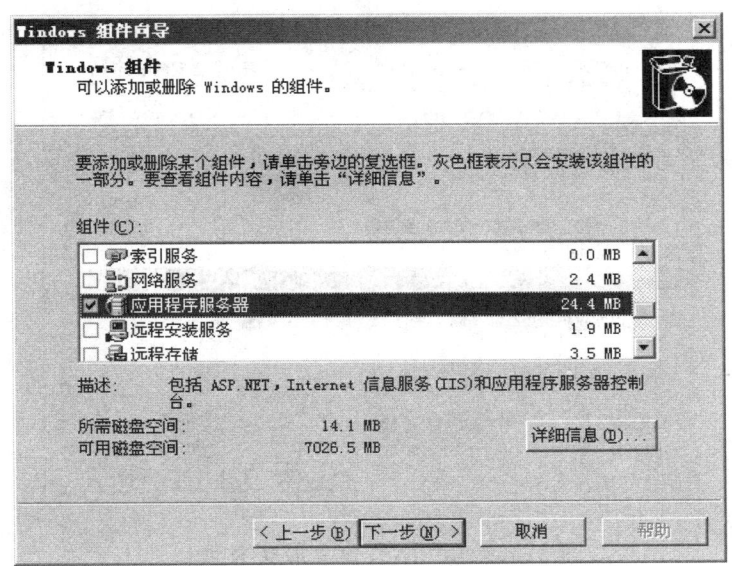

图 9-33　Windows 组件向导

（2）单击"详细信息"按钮，在"应用程序对话框"中选中"Internet 信息服务（IIS）"，如图 9-34 所示。

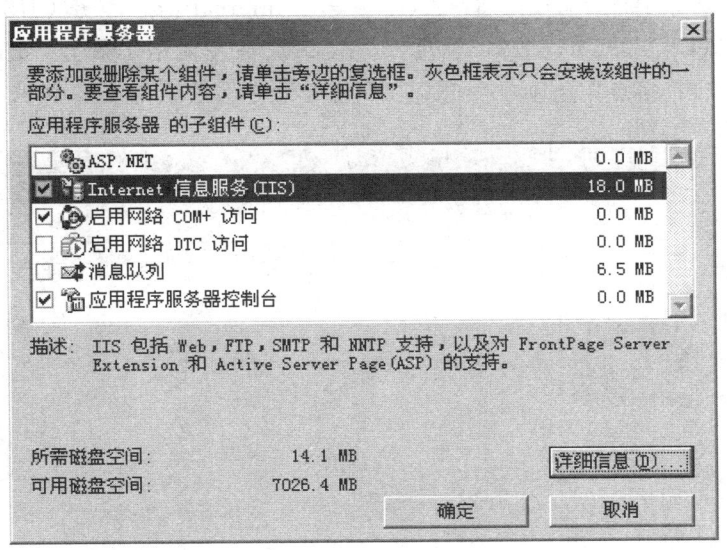

图 9-34　应用程序服务器

（3）单击"应用程序对话框"的"详细信息"按钮，然后选择要安装 IIS 的子组件。在 IIS 的子组件中，选中"Internet 信息服务管理器"。如果要安装 FTP 服务，可拖动对话框右侧的滚动条，然后选中"FTP 服务组件"，如图 9-35 所示。

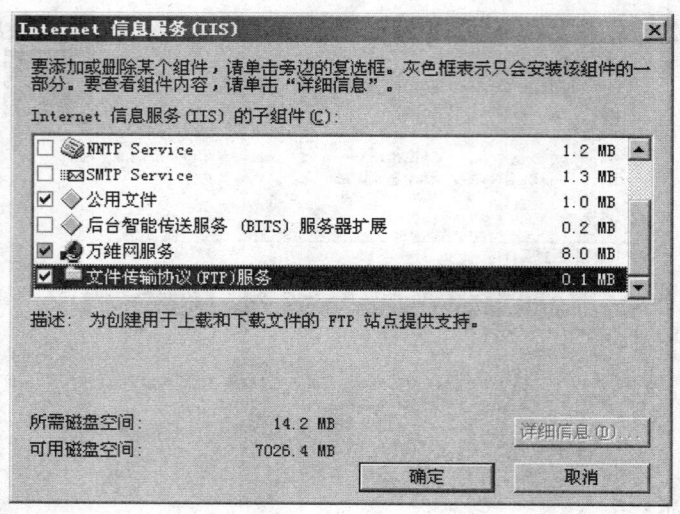

图 9-35　Internet 信息服务管理器

（4）然后单击"确定"按钮。按提示点"下一步"安装完毕，最后单击"完成"按钮就完成安装。

3．文件服务器的配置

（1）在开始菜单中依次单击"管理工具"→"Internet 信息服务（IIS）管理器"菜单项，打开"Internet 信息服务（IIS）管理器"窗口。在左窗格中展开"FTP 站点"目录，右键单击"默认 FTP 站点"选项，并选择"属性"命令。默认的 FTP 站点如图 9-36 所示。

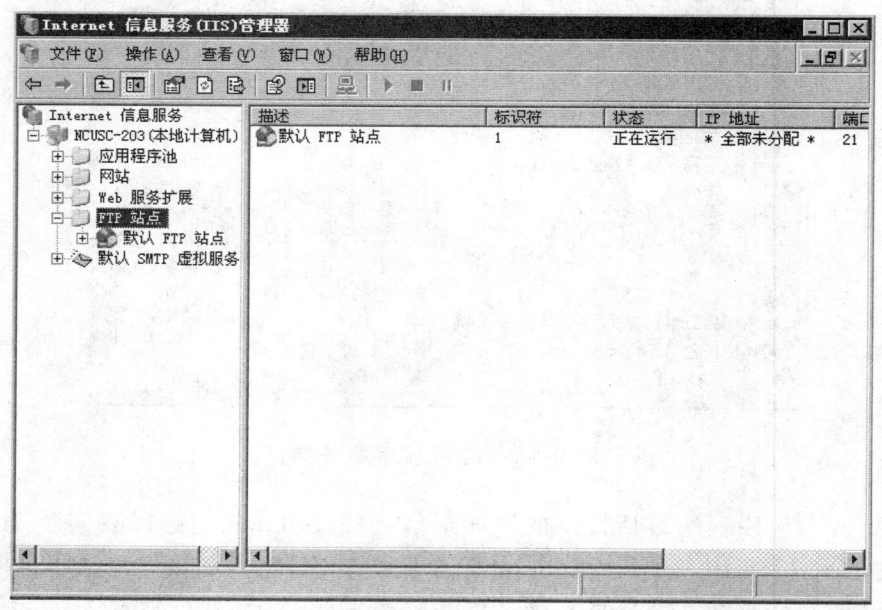

图 9-36　Internet 信息服务（IIS）管理器

（2）打开"默认 FTP 站点"→"属性"对话框，在"FTP 站点"选项卡中可以设置关于 FTP 站点的参数。其中在"FTP 站点标识"区域中可以更改 FTP 站点名称、监听 IP 地址以及 TCP 端口号，单击"IP 地址"编辑框右侧的下拉三角按钮，并选中该站点要绑定的 IP 地址。如果想在同一台物理服务器中搭建多个 FTP 站点，那么需要为每一个站点指定一个 IP 地址，或者使用相同的 IP 地址且使用不同的端口号。在"FTP 站点连接"区域可以限制连接到 FTP 站点的计算机数量，一般在局域网内部设置为"不受限制"较为合适。用户还可以单击"当前会话"按钮来查看当前连接到 FTP 站点的 IP 地址，并且可以断开恶意用户的连接。默认站点属性窗口如图 9-37 所示。

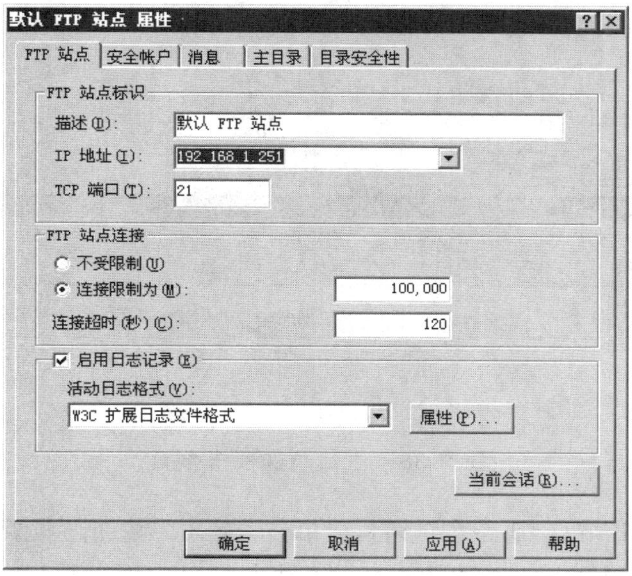

图 9-37 默认站点属性

切换到"主目录"选项卡。主目录是 FTP 站点的根目录，当用户连接到 FTP 站点时只能访问主目录及其子目录的内容，而主目录以外的内容是不能被用户访问的。主目录既可以是本地计算机磁盘上的目录，也可以是网络中的共享目录。单击"浏览"按钮在本地计算机磁盘中选择要作为 FTP 站点主目录的文件夹，并依次单击"确定"按钮。根据实际需要选中或取消选中"写入"复选框，以确定用户是否能够在 FTP 站点中写入数据。主目录选项卡参数如图 9-38 所示。

切换到"目录安全性"选项卡，在该选项卡中主要用于授权或拒绝特定的 IP 地址连接到 FTP 站点。如果只允许某一段 IP 地址范围内的计算机连接到 FTP 站点，则可以选中"拒绝访问"单选框。通过单击"添加"按钮，在打开的"授权访问"对话框中选中"一组计算机"单选框。然后在"网络标识"编辑框中输入特定的网段，并在"子网掩码"编辑框中输入子网掩码。这里没做此设置。最后单击"确定"按钮。

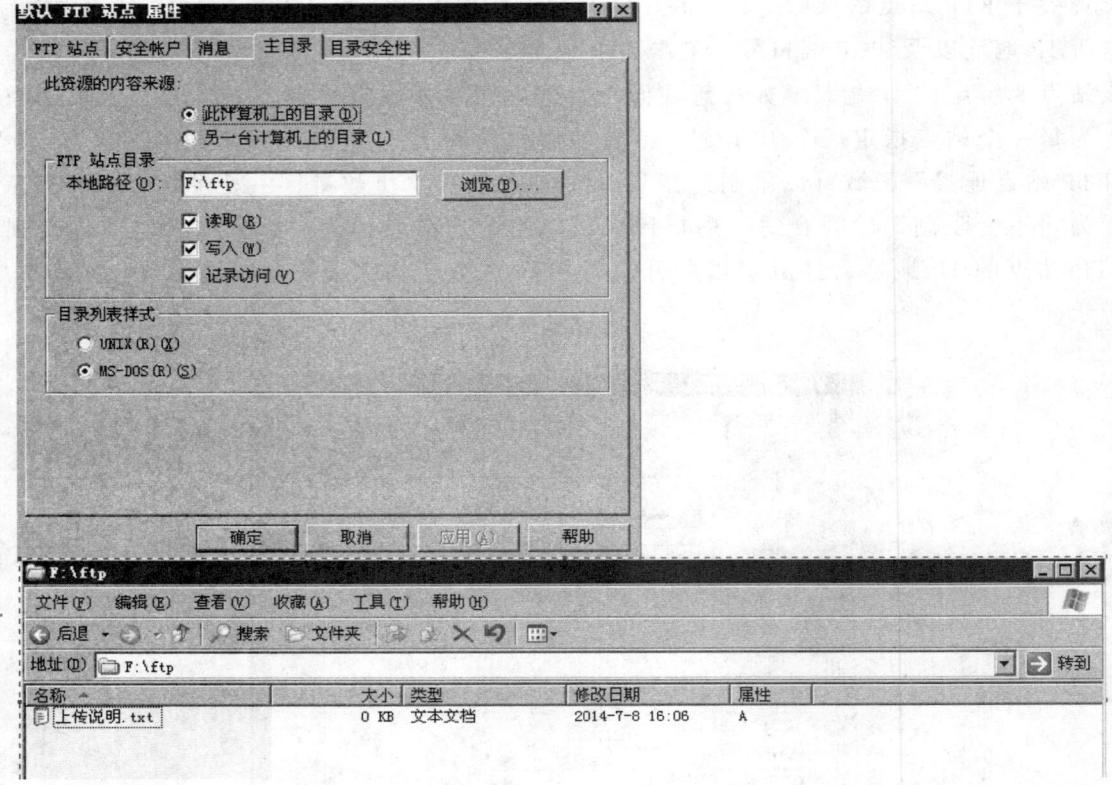

图 9-38　主目录选项卡参数

返回"默认 FTP 站点 属性"对话框,单击"确定"按钮使设置生效。在"Internet 信息服务(IIS)管理器"→"默认站点"右边的窗口中可以看到运行的 FTP 站点。

4．进行 FTP 连接测试

(1)在桌面右键"我的电脑"→"管理"→"本地用户和组"→"用户"中配置卡中添加两个测试用户。一个是 happy,另一个是 test,默认密码都设置为 1234。添加的用户如图 9-39 所示。

(2)在客户端上打开 IE 浏览器或者打开"我的电脑"在地址栏中输入服务器的访问地址。输入 ftp://192.168.1.251,因为在配置 FTP 站点时勾选了可匿名登录,所以默认是匿名用户登录到了 FTP 服务器。客户端接入到 FTP 服务器后打开的页面如图 9-40 所示。

(3)切换其他用户访问。在打开的访问页面中的菜单栏点"文件",在"登录"页面中输入其他用户测试登录。如输入 happy 用户名,进行登录。

(4)通过域名来访问 FTP 服务器。因为在 DNS 服务器中添加了 192.168.1.251 到 ftp.ncusc.com 的地址映射,所以测试时在浏览器的地址栏中输入: ftp://ftp.ncusc.com 也可以登录,并测试 test 用户登录时的情况。

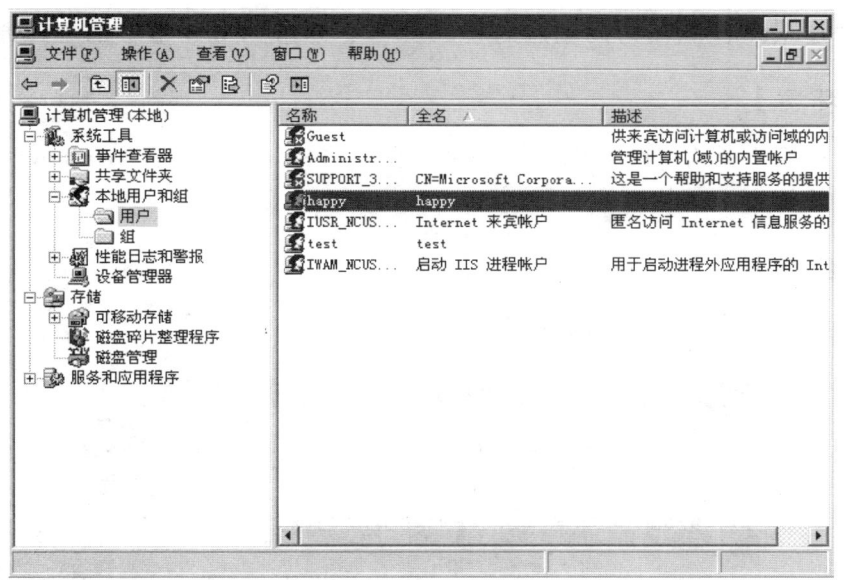

图 9-39　添加用户

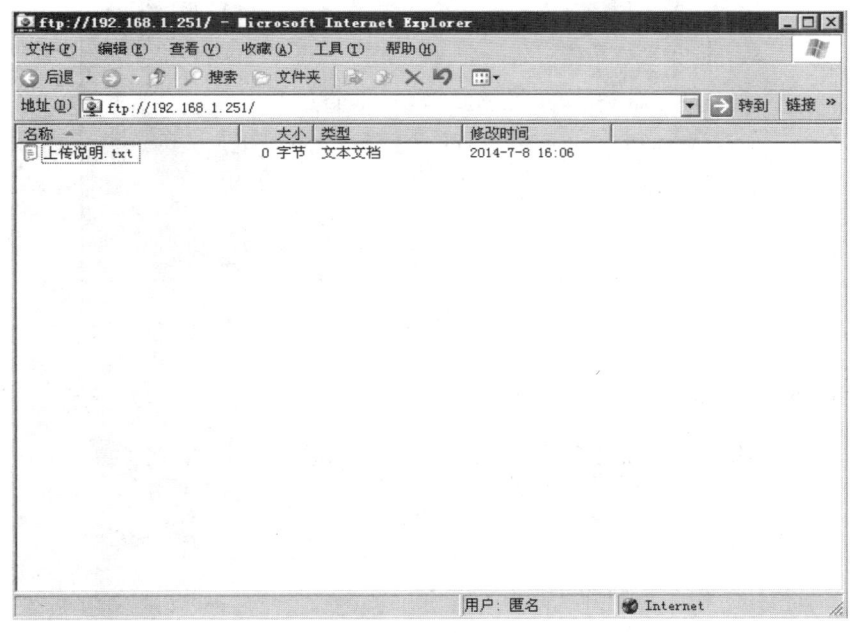

图 9-40　登录 FTP 服务器

实训 9-3　WWW 服务器的安装配置

【实训目标】

（1）通过在 Windows Server 2003 中安装 IIS 服务器，进行 WWW 服务器的设置，理解 Web 站点、HTTP、HTML、URL 等概念。

(2)通过 web 浏览器访问创建的 Web 站点,理解 WWW 服务的工作原理。

【实训环境】

三台以上至少具有 512M 内存的微机,在 NTFS 分区上装有 Windows Server 2003 操作系统,并拥有本地管理员权限。

【实训步骤】

(1)安装 IIS 服务器,如图 9-41 所示。

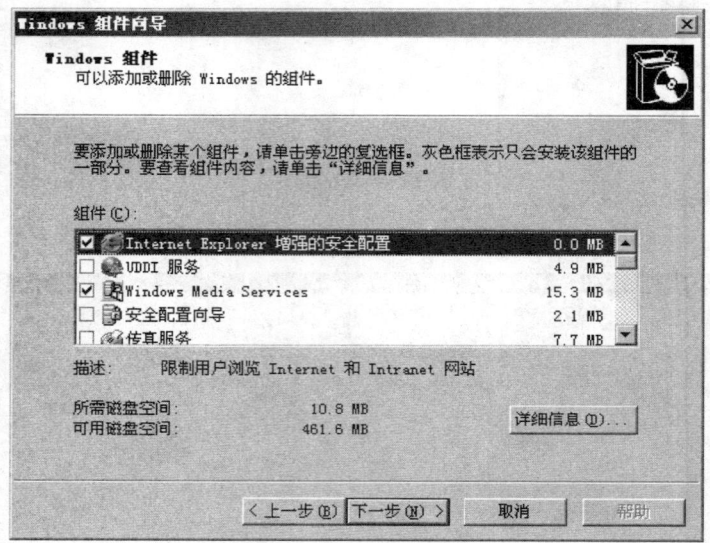

图 9-41 安装 IIS 服务器

(2)设置默认的 Web 站点,通过浏览器进行访问,如图 9-42 所示。

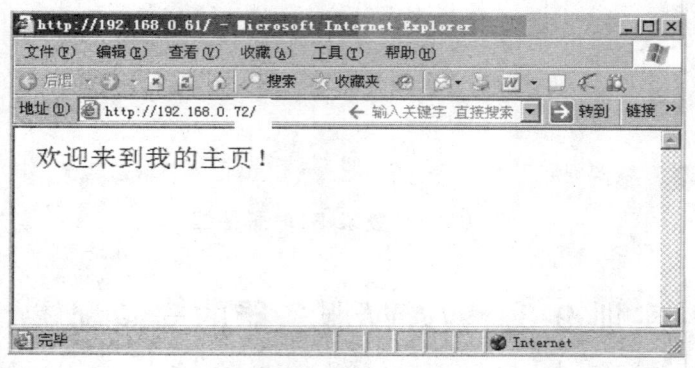

图 9-42 设置默认的 Web 站点并访问

(3)创建新的 Web 站点,并完成主目录、性能、启用默认文档、身份验证方法、访问权限等属性设置,通过浏览器访问新创建的站点。如图 9-43~图 9-56 所示。

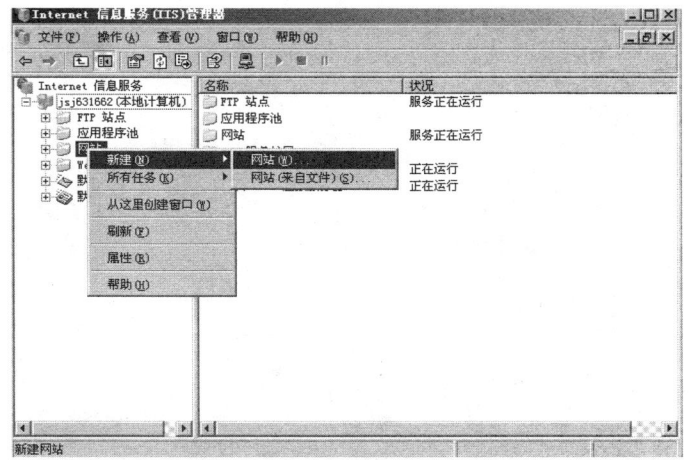

图 9-43 创建新的 Web 站点

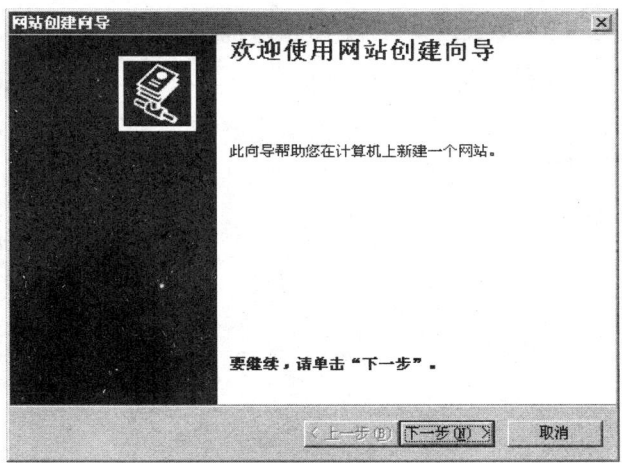

图 9-44 打开网站创建向导

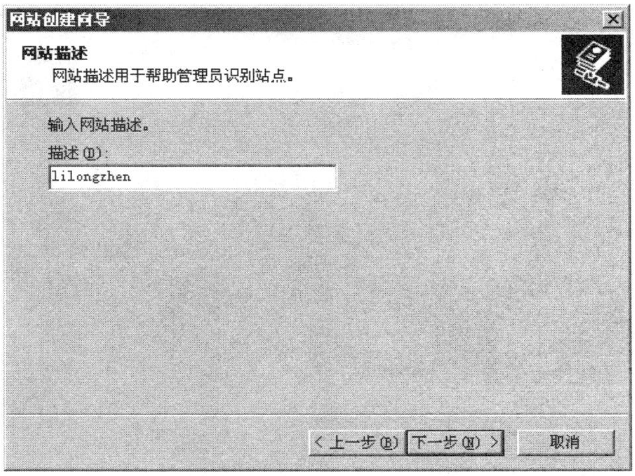

图 9-45 网站描述

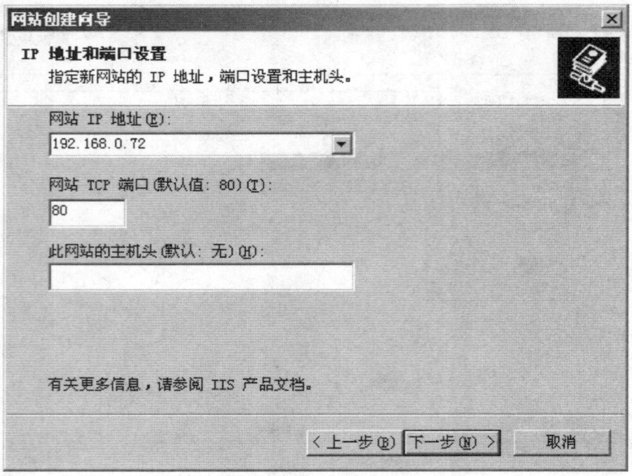

图 9-46 IP 地址和端口设置

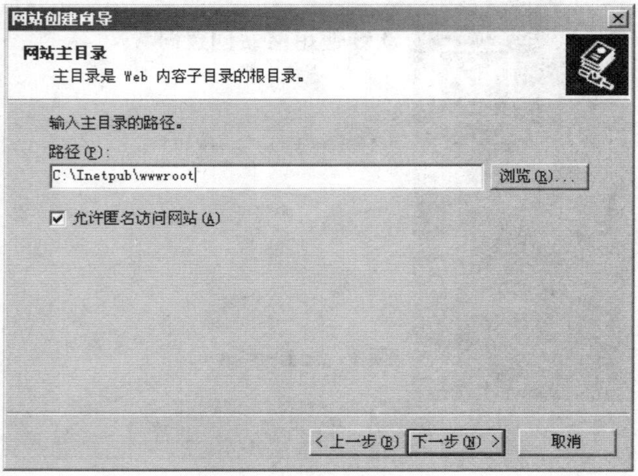

图 9-47 设置网站主目录

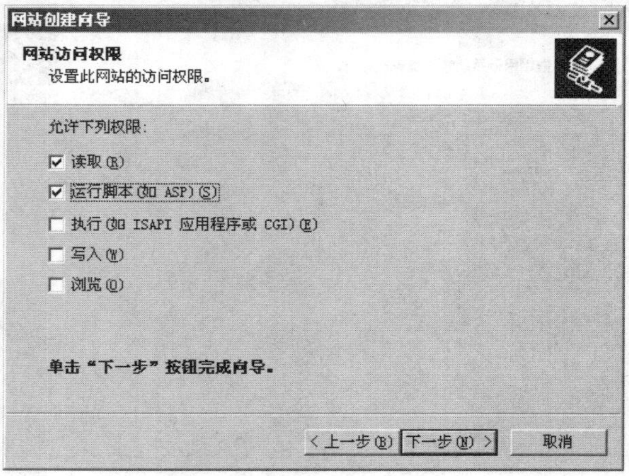

图 9-48 设置网站访问权限

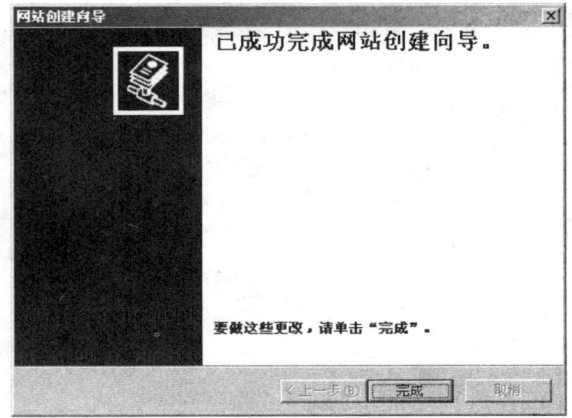

图 9-49　完成设置

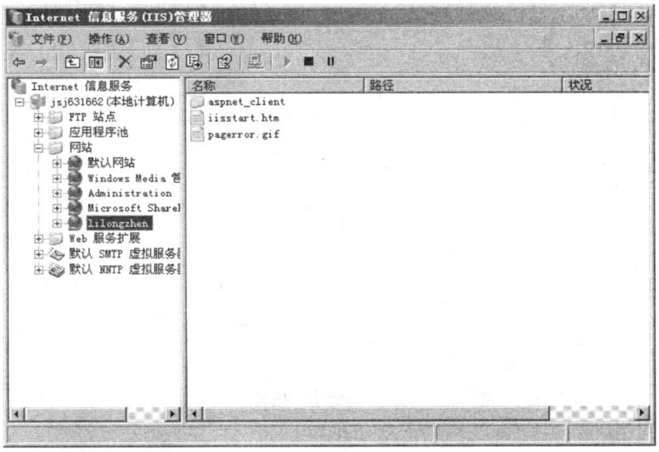

图 9-50　Internet 信息服务（IIS）管理器

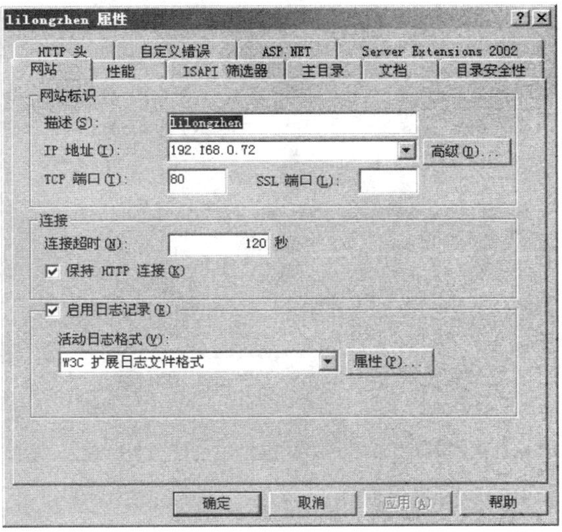

图 9-51　设置网站属性

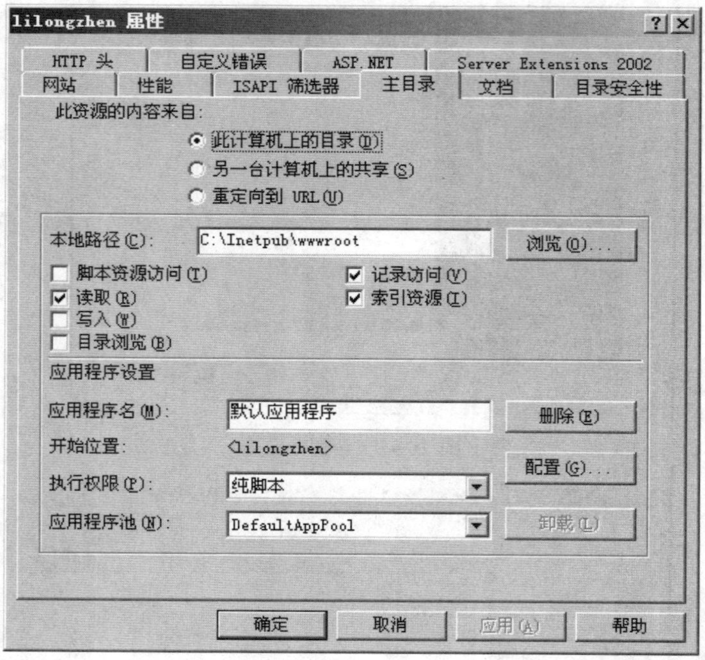

图 9-52　设置网站目录

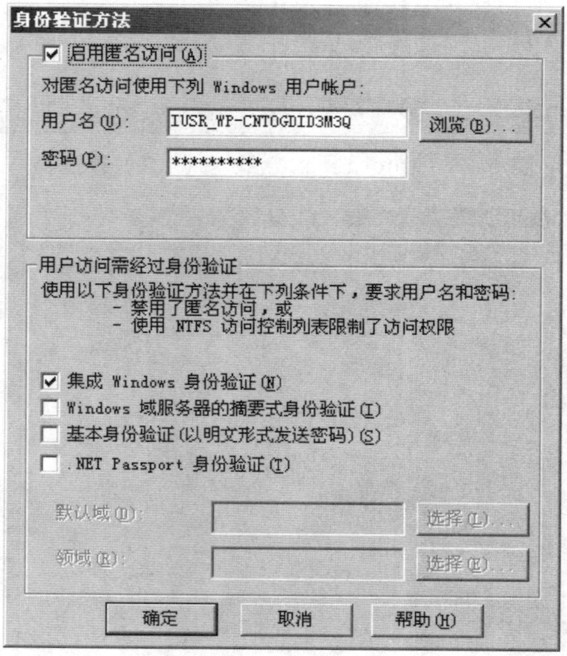

图 9-53　设置身份验证

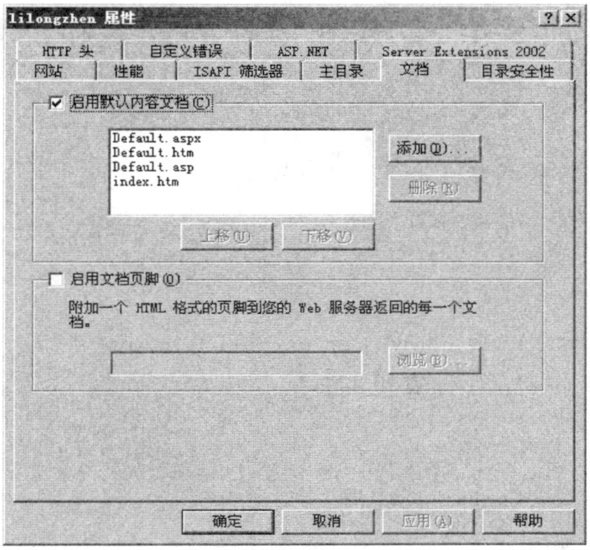

图 9-54 设置文档

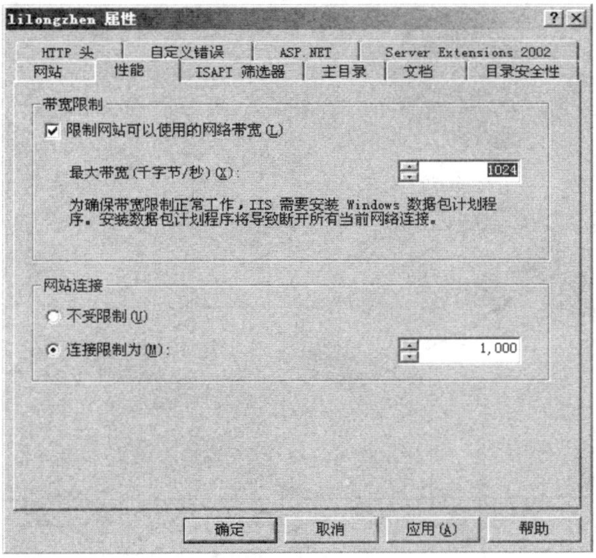

图 9-55 设置网站性能

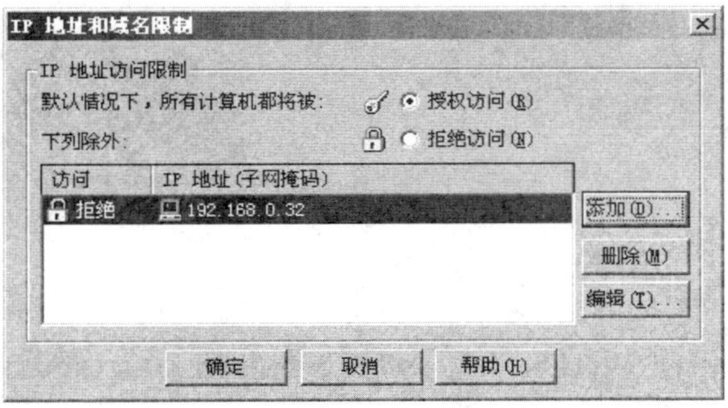

图 9-56 设置权限

实训 9-4　DHCP 服务的安装和配置

【实训目标】

（1）理解 DHCP 的基本概念和工作过程。
（2）掌握 DHCP 服务器的配置。

【实训环境】

（1）运行 Windows XP/ Windows Server 2003/Windows 7 操作系统的计算机一台。
（2）Windows Server 2003 计算机一台。
（3）交换机一台。

【实训步骤】

1. 网络配置（见图 9-57）

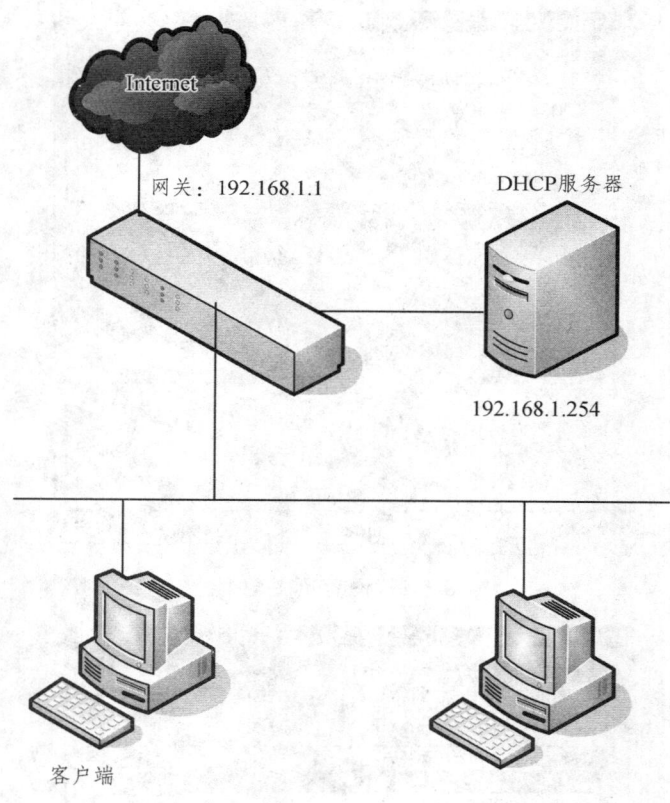

图 9-57　网络结构图

网络中默认网关 IP 为 192.168.1.1，DHCP 服务器 IP 为 192.168.1.254。

2. 安装 DHCP 服务器

在 Windows Server 2003 系统中安装 DHCP 服务组件的方法如下。

（1）在"控制面板"窗口中双击"添加或删除程序"图标，打开"添加或删除程序"窗口。单击"添加/删除 Windows 组件"按钮。如图 9-58 所示。

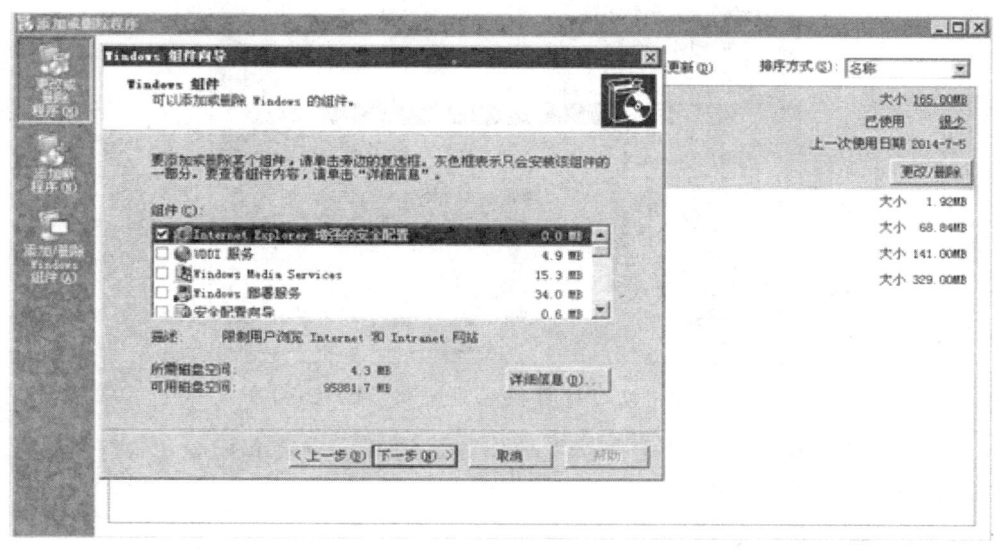

图 9-58　添加/删除 Windows 组件

（2）打开"Windows 组件向导"对话框，在"组件"列表中勾选"网络服务"。如图 9-59 所示。

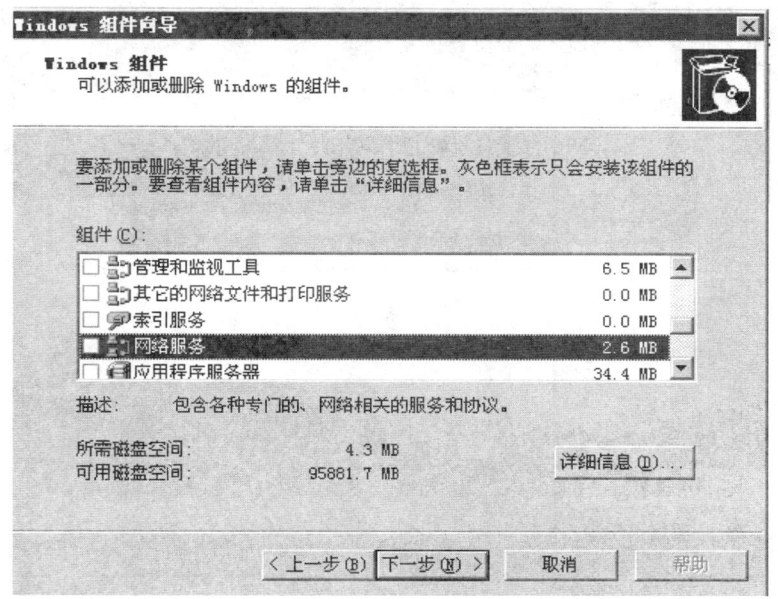

图 9-59　Windows 组件向导

（3）双击或者点"详细信息"打开"网络服务"对话框，在"网络服务"的子组件列表中选中"动态计算机配置协议（DHCP）"复选框。如图9-60所示。

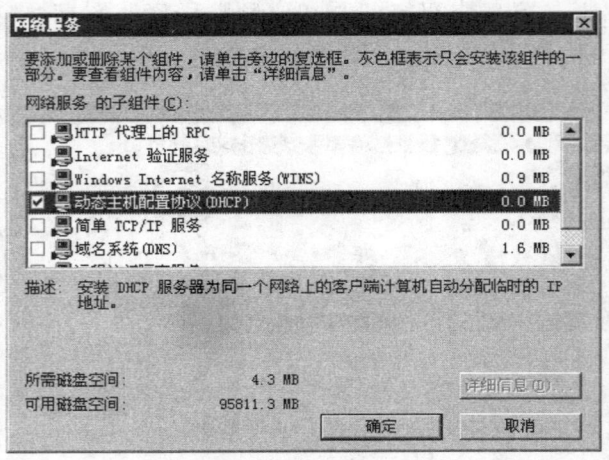

图9-60 动态计算机配置协议（DHCP）

（4）依次单击"确定"→"下一步"按钮。系统开始安装和配置DHCP服务组件，完成安装后单击"完成"按钮。

3. DHCP服务器的配置

依次点击"开始→程序→管理工具→DHCP"，打开DHCP控制台窗口（见图9-61）。这里演示的DHCP服务器网卡的IP地址为192.168.1.254。

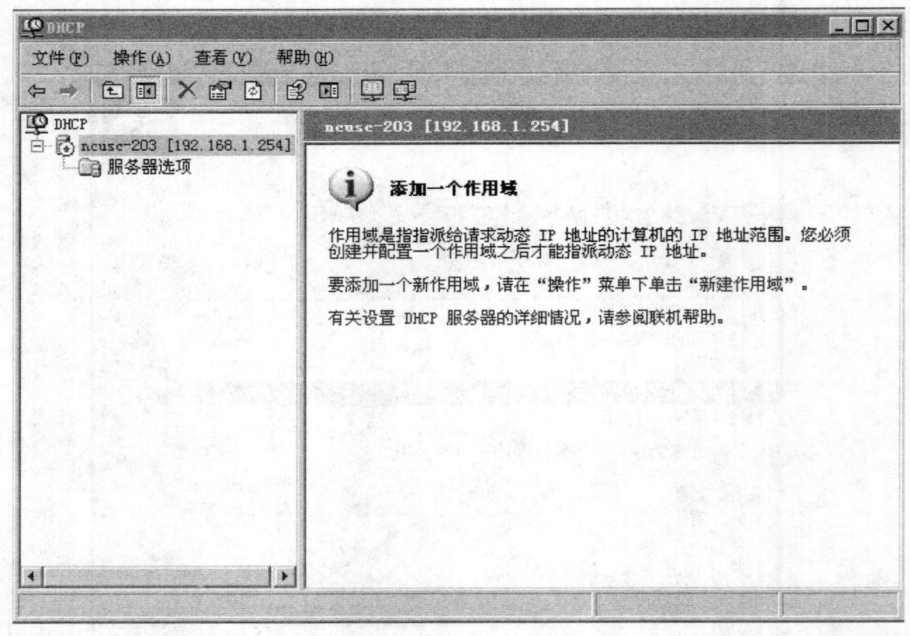

图9-61 DHCP控制台

当 DHCP 服务器被授权后，需要对它设置 IP 地址范围。通过给 DHCP 服务器设置 IP 地址范围后，当 DHCP 客户机在向 DHCP 服务器申请 IP 地址时，DHCP 服务器就会从所设置的 IP 地址范围中选择一个还没有被使用的 IP 地址进行动态分配。添加 IP 地址范围的操作如下。

选中 DHCP 服务器名，在服务器名上点击鼠标右键，在出现的快捷菜单中选择"新建作用域"，在窗口中输入名称。如图 9-62 所示。控制台中可能新建多个作用域用来分配 IP 给子网，名称的作用在于标识一个作用域。

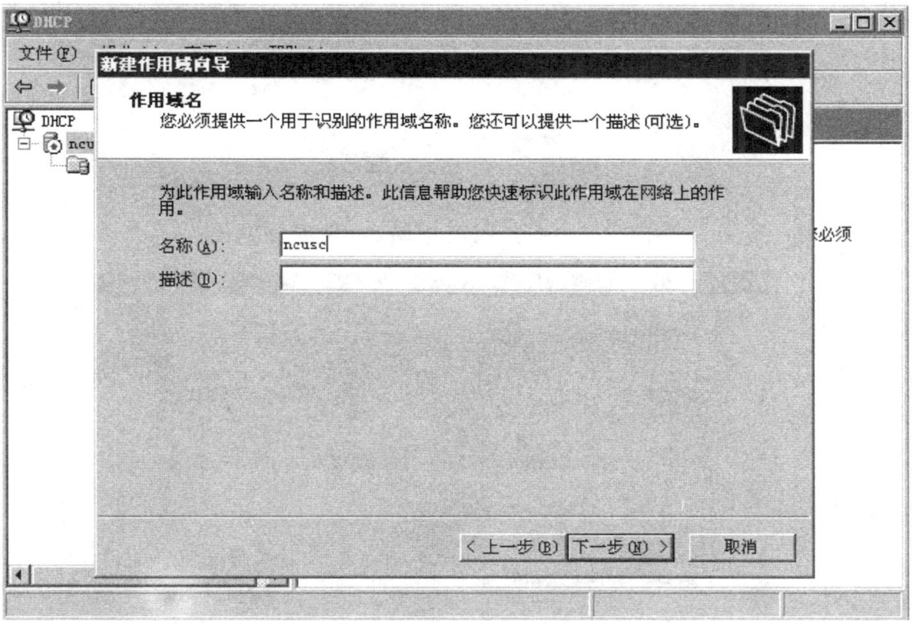

图 9-62　新建作用域

单击"下一步"按钮，在出现的对话框中根据自己网络的实际情况输入相关信息。单击"下一步"按钮进入到下一个窗口。

由于网络中有很多网络设备需要指定静态 IP 地址（即固定的 IP 地址），如服务器、交换机、路由器等，此时必须把这些已经分配的 IP 地址从 DHCP 服务器的 IP 地址范围中排除，否则会引起 IP 地址的冲突，导致网络故障。输入需要排除的 IP 地址范围。如图 9-63 所示。

单击"下一步"按钮，在出现的"租约期限"窗口中可以设置 IP 地址租期的时间值。一般情况下，如果校园网络中的 IP 地址比较紧张的时候，可以把租期设置短一些，而 IP 地址比较宽松时，可以把租期设置长一些，默认的租约时间为 8 天。

设置完后，单击"下一步"按钮，出现"配置 DHCP 选项"窗口。在"配置 DHCP 选项"窗口中，如果选择"是，现在配置"，此时可以对 DNS 服务器、默认网关、WINS 服务器地址等内容进行设置；如果选择"否，稍后配置这些选项"，可以在需要这些功能时再进行配置。此处，我们选择前者。如图 9-64 所示。

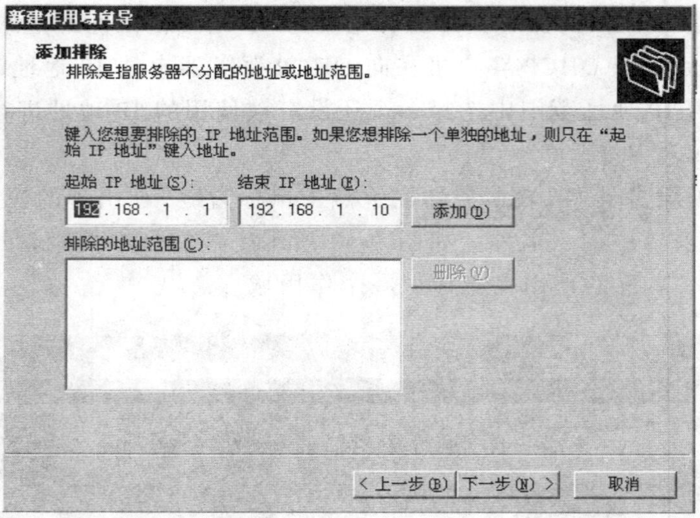

图 9-63 输入需要排除的 IP 地址范围

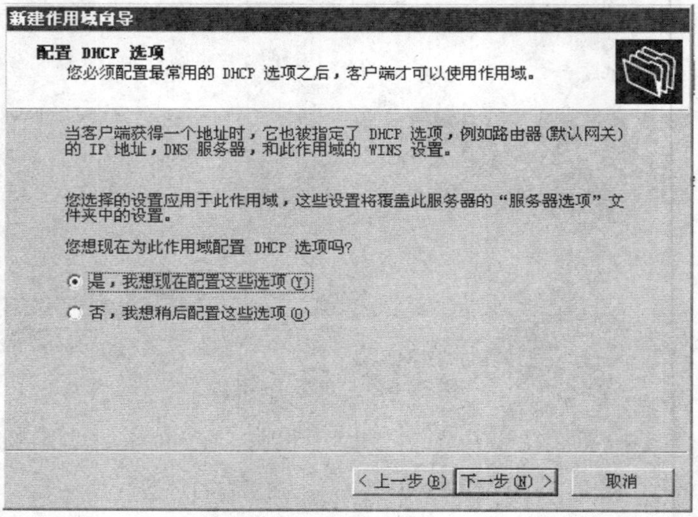

图 9-64 配置 DHCP 选项

单击"下一步"按钮。网络中常常要使用一些 IP 作为特殊用途，比如作为路由器的 IP 地址（默认网关的 IP 地址）或是 NAT 服务器（网络地址转换服务器）的 IP 地址，如 WinRoute、SyGate、ISA 等。这样，如果网关已经接入到 Internet，则客户机从 DHCP 服务器那里得到的 IP 信息中就包含了默认网关的设定了，从而可以接入 Internet，这里假设网络的网关地址为 192.168.1.1。图如 9-65 所示。

单击"下一步"按钮。

在此对话框中设置有关客户机 DNS 域的名称，同时输入 DNS 服务器的名称和 IP 地址。如果没有 DNS 服务器则可以暂时不填。填写了客户端自动获取 IP 时，同时也会获取到 DNS 服务器地址。如图 9-66 所示。

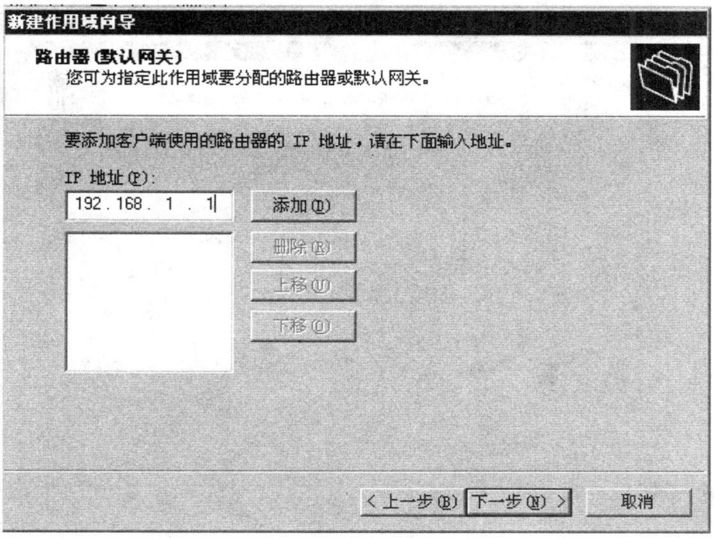

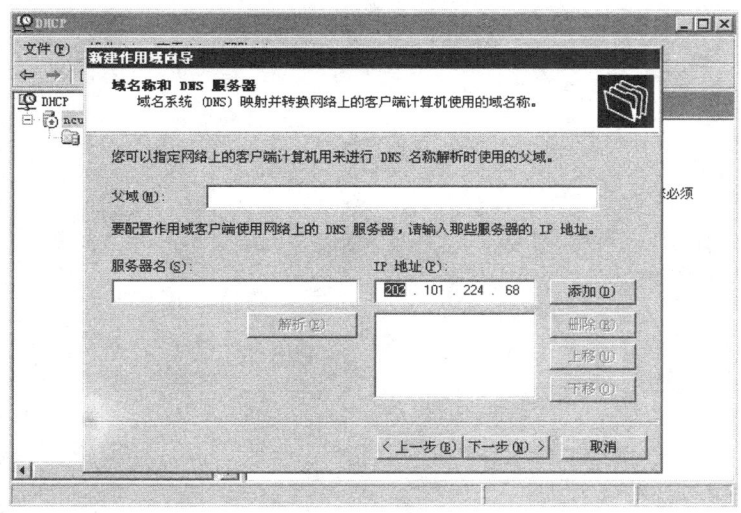

图 9-65 设置网关地址

图 9-66 设置域名称和 DNS 服务器

单击"下一步"按钮。

在如图 9-67 所示的窗口中进行 WINS 服务器的相关设置,这里以 DHCP 服务器 IP 作为 WINS 服务器地址,设置完后单击"下一步"按钮。也可以不填。

在出现的窗口中,选择"是,激活此作用域"→"下一步"→"完成",设置结束。此时,就可以在 DHCP 管理器中看到我们刚刚建好的作用域。

经过上述设置,DHCP 服务已经正式启动,我们需要在客户机上进行测试。只需把客户机的 IP 地址选项设为"自动获取 IP 地址"。在客户机的"运行"对话框中键入"cmd",再输入"ipconfig /all",即可看到客户机分配到的动态 IP 地址。如获取不到多进行几次"ipconfig /release","ipconfig /renew"来获取 IP。

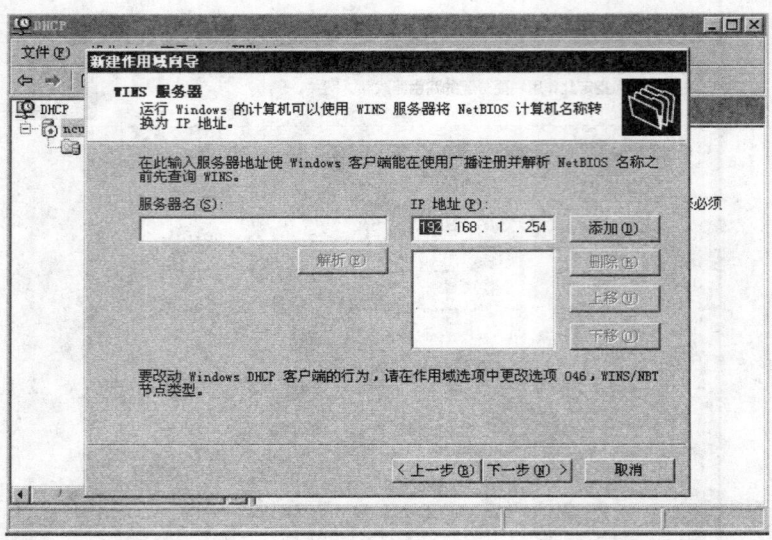

图 9-67　设置 WINS 服务器

项目六 组建无线局域网

任务要点

- ❖ 掌握无线局域网 WLAN 标准
- ❖ 掌握无线局域网硬件设备的功能和特点
- ❖ 掌握无线局域网 WLAN 的组建形式
- ❖ 了解无线局域网 WLAN 的安全性

任务 10 熟悉无线局域网 WLAN

无线局域网 WLAN（Wireless Local Area Network）是利用射频的技术取代原有的网线（双绞线）所构成的局域网络，具有更好的灵活性和移动性。网络设备的布设更加灵活，在无线信号覆盖区域内即可接入网络且移动性能强，连接到无线局域网的用户可以移动地与网络保持连接。

10.1 任务描述

WLAN 是局域网的重要补充和延伸，并逐渐成为计算机网络中一个至关重要的组成部分。本任务在了解无线局域网相关知识的基础上，学会用无线路由器或无线 AP（Switch）组建一个简单无线局域网。

10.2 相关知识

10.2.1 WLAN 标准

无线局域网仍处于众多标准共存时期，不同的标准有不同的应用。WLAN 标准有 IEEE802.11 协议族、Wi-Fi、蓝牙等。

IEEE802.11 是在 1997 年审定通过的，IEEE802.11 协议簇见表 10-1。目前较为常用的主要有 802.11b 和 802.11g 两个标准。

表 10-1 无线局域网标准

标　准	发布时间	定义内容
IEEE 802.11	1997 年	原始 WLAN 标准，支持 1 Mbps~2 Mbps
IEEE 802.11a	1999 年	用于 5 Ghz 频带的高速 WLAN 标准，支持 54 Mbps
IEEE 802.11b	1999 年	当前主流的 WLAN 标准，支持 11 Mbps
HiperLAN2	2000 年	用于 5 Ghz 频带的高速 WLAN 竞争标准
IEEE 802.11g	2001 年	用于 2.4 Ghz 频带的高速 WLAN 标准
IEEE 802.11i	2001 年	结合 IEEE 802.1x 的无线专用安全功能
IEEE 802.11e	2001 年	支持所有 WLAN 无线广播接口的 QoS 机制
IEEE 802.11f	进展中	定义了访问节点之间的通讯
IEEE 802.11h	进展中	定义了用于 802.11a 的频谱管理技术

（1）IEEE 802.11b。

IEEE 802.11b 使用 2.4 GHz 频段、高速直接序列扩频传输技术，传输速率为 11 Mb/s。

IEEE 802.11b 有时也被误认为无线保真 Wi-Fi，实际上 Wi-Fi 是无线局域网联盟（WLANA）的一个商标，也支持 11 Mb/s 的数据传输速率，所以人们习惯用 Wi-Fi 称呼 802.11b 协议。但实际上它们一个是协议，另一个是商标。

（2）IEEE 802.11a。

IEEE 802.11a 使用 5 GHz 频段（少数国家公用开放的频段）、正交频分复用传输技术，传输速率 6 Mb/s~54 Mb/s。IEEE 802.11a 与 802.11b 不兼容。

注意，2.4 GHz 频段可用的带宽只有 80 MHz，而 5 GHz 频段的可用带宽达 300 MHz。

（3）IEEE 802.11g。

IEEE 802.11g 使用 2.4 GHz 频段、正交频分复用调制技术，传输速率提高到 54 Mb/s、108 Mb/s；能够与 IEEE 802.11b 系统互联互通，可共存于同一个网络。

（4）802.11n。

由于无线局域网技术发展很快，WLAN、蓝牙、HomeRF、UWB 等技术竞相绽放，虽然 IEEE 802.11 系列的 WLAN 应用最广，但 WLAN 依然面临带宽不足、漫游不方便、网管不强大、系统不安全等问题。为了实现高带宽、高质量的 WLAN 服务，使无线局域网达到以太网的水平，802.11n 应运而生。

802.11n 使用 2.4 GHz 频段，传输速率提高到 300 Mb/s 甚至高达 600 Mb/s。它采用多入多出与正交频分复用技术相结合技术，提高了无线传输质量。

802.11n 采用智能天线技术，信号稳定，干扰少。不同系统的基站和终端通过它可互通和兼容。还可以实现 WLAN 与无线广域网络的结合，例如 3G 网络。

10.2.2 WLAN 硬件设备

1. 无线网卡

无线网卡和以太网网卡的作用基本相同,它作为计算机连接 WLAN 的接口,在无线信号覆盖区域中,以无线电信号方式接入到 WLAN。

无线网卡分为 PCMCIA 无线网卡、PCI 无线网卡、USB 无线网卡、EXPRESS 无线网卡等类型,如图 10-1 所示。

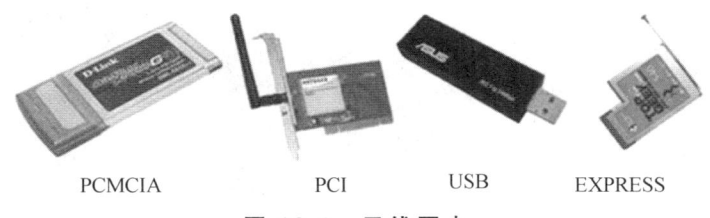

图 10-1 无线网卡

2. 无线 AP 和无线路由器

无线 AP 和无线路由器的作用类似于有线网络中的集线器或网桥,无线路由器具有路由功能,用于连接两个或多个独立的网络段,AP 是一个在数据链路层实现无线局域网互联的存储转发设备,它能够通过无线(微波)进行远距离数据传输,如图 10-2 所示。AP 有点对点、点对多点、中继连接三种工作方式。

无线 AP 一般连接到有线交换机或路由器上,为与它连接的无线网卡分配 IP。无线 AP 的覆盖范围是一个向外扩散的圆形区域,无线客户端与无线 AP 的直线距离最好不要超过 30 m。无线路由器是单纯型 AP 与宽带路由器的一种结合体,它利用路由器功能,使无线网络中的计算机能进行 Internet 连接共享。所以,无线路由器就是 AP、路由功能和交换机的集合体,支持有线、无线组成同一子网。

(a) AP (b) 无线路由器

图 10-2 AP 和无线路由器

10.2.3 WLAN 的组网方式

无线局域网的组网模式大致上可以分为两种:
(1) Ad-hoc 模式,即点对点无线网络;
(2) Infrastructure 模式,即集中控制式网络。

1. Ad-hoc 模式

Ad-hoc 网络是一种点对点的对等式移动网络，没有有线基础设施的支持，网络中的节点均由移动计算机构成。网络中不存在无线 AP，通过多张无线网卡自由的组网实现通信。基本结构如图 10-3 所示：

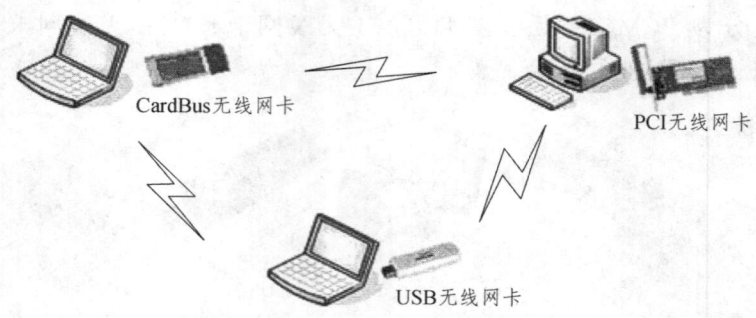

图 10-3　Ad-hoc 网络结构图

应用范围：由于省去了无线 AP，Ad-Hoc 无线局域网的网络架设过程十分简单，不过一般的无线网卡在室内环境下传输距离通常为 40 m 左右，当超过此有效传输距离，就不能实现彼此之间的通讯；因此该种模式非常适合一些简单甚至是临时性的无线互联需求。

2. Infrastructure 模式

集中控制式模式网络，是一种整合有线与无线局域网架构的应用模式。在这种模式中，无线网卡与无线 AP 进行无线连接，再通过无线 AP 与有线网络建立连接。实际上 Infrastructure 模式网络还可以分为两种模式：一种是无线路由器+无线网卡建立连接的模式；一种是无线 AP+无线网卡建立连接的模式。

（1）无线路由器+无线网卡建立连接的模式。

这种模式下无线路由器相当于一个无线 AP 集合了路由功能，用来实现有线网络与无线网络的连接，如图 10-4 所示。

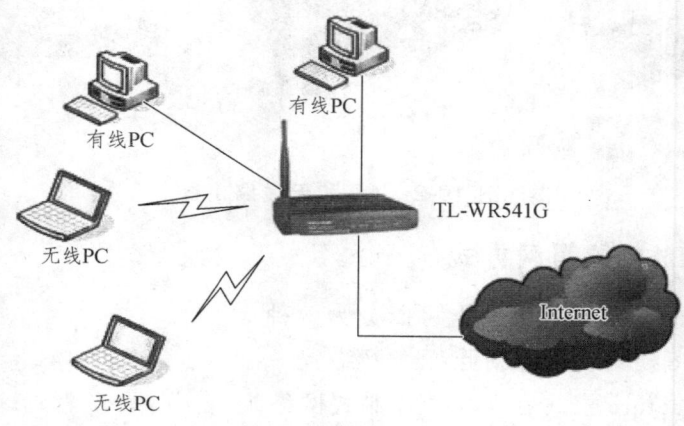

图 10-4　无线路由器+无线网卡建立连接的模式

（2）无线 AP+无线网卡建立连接的模式。

AP 是 Access Point 的简称，无线 AP 就是无线局域网中接入点、无线网关。它的作用类似于有线网络中的集线器。当网络中存在一个 AP 时，无线网卡的覆盖范围将变为原来的两倍，并且还可以增加无线局域网所容纳的网络设备。无线 AP 的加入，则丰富了组网的方式。

由于技术的发展，现在的 AP 已不再是单纯的连接"有线"与"无线"的桥梁，市场上带有各种附加功能的 AP 产品层出不穷，这就给目前多种多样的家庭宽带接入方式提供了有力的支持。现在市场上有些无线 AP 还具有代理服务器功能，借助于 ADSL 或者 Cable Modem 等连接，来实现 Internet 接入共享，当然，这些产品的价格也比较贵一点了。

对于有 AP 接入点的无线局域网需要先配置好 AP 以及其 IP 地址，然后再设置无线局域网客户端，使之与无线 AP 之间建立连接，并添加至相应的 AP 网络。有接入点无线局域网还可以通过 AP 上带有的以太网接口接入现有局域网，实现无线与有线的整合。

10.2.4 WLAN 的安全性

1. WLAN 的网络安全

WLAN 在信息的保密性方面没有有线网络那样严格，安装无线网卡的计算机有可能进入到无线网络中，很容易带来安全威胁。

2. WLAN 的安全措施

数据加密和控制访问。例如通过加密技术或者采用网络验证识别技术，确保只有指定用户才能进入到无线网络中。具体措施有正确设置网络密钥、更改默认的 SSID 设置、合适放置天线等防范工作。例如，创建"MAC 访问控制表"，将合法的 MAC 地址输入表中，这样只有合法的 MAC 地址节点，才能访问 WLAN。

10.2.5 Wi-Fi

Wi-Fi（或 WiFi）是由"Wireless（无线电）"和"Fidelity（保真度）" 单词组成，标准发音为"wai fai"，书写形式为 Wi-Fi。Wi-Fi 使用 IEEE 802.11 系列协议，它是无线局域网中的一部分。Wi-Fi 也是一个无线网络通信技术的品牌，由 Wi-Fi 联盟（Wi-Fi Alliance）所持有。Wi-Fi 工作在 2.4 GHz 或 5 GHz 频段，作用距离不远，目的是改善基于 IEEE802.11 标准的无线网路产品之间的互通性，能将个人电脑、手持设备（Pad、手机）等终端以无线方式连接起来。只要将 AP 或无线路由器（热点）连接到提供网络接入功能的接口，就可以把有线网络信号转换成 Wi-Fi 信号，一般 Wi-Fi 信号覆盖半径 100 m 以内，但会受墙壁等阻挡物影响，实际半径会更小一些。

Wi-Fi 与蓝牙一样同属于短距离无线技术，主要优势在于不需要布线，可以不受布线条件的限制，非常适合移动办公用户的需求，并且由于发射信号功率低于 100 mW，低于手机发射功率，所以 Wi-Fi 得到了普遍应用，并给人们带来极大的方便。虽然 Wi-Fi 通信质量有待改进，数据安全性能比蓝牙差一些，但传输速度快，符合个人和社会信息化的需求。

Wi-Fi 的工作频段无需任何运营执照，基于 Wi-Fi 技术的无线局域网已经日趋普及，住宅区、机场、图书馆、宾馆饭店、咖啡厅等区域都有 Wi-Fi 接口。

Wi-Fi 在掌上设备上应用越来越广泛，而智能手机就是最为普及的一个。与早前应用于手机上的蓝牙技术不同，Wi-Fi 具有更大的覆盖范围和更高的传输速率，因此智能手机一般都具有 Wi-Fi 功能。

Wi-Fi 和 3G 技术的区别就是 3G 在高速移动时传输质量较好，而相对静止的时候用 Wi-Fi 就足够了。手机使用 3G 和 WAP 也是无线上网，但协议和 Wi-Fi 不同，费用也较高。

10.2.6 蓝牙技术

蓝牙（Bluetooth）一词曾是公元 10 世纪一位丹麦国王 Harald Blatand 的绰号，Blatand 的英文意思也可以被解释为蓝牙 Bluetooth，人称蓝牙国王。公元 10 世纪，北欧的瑞典、芬兰与丹麦等诸侯争霸，蓝牙国王依靠他的沟通能力和不懈努力，结束了战争，各方坐到谈判桌，通过沟通，诸侯们冰释前嫌。所以，蓝牙也就成了沟通的代名词。

1995 年，爱立信公司最先提出蓝牙概念，其目的是开发出一种使手机和无线耳机连接的技术，使用户不必受电线限制。1998 年 5 月 Ericsson、IBM、Intel、Nokia 和 Toshiba 等五家世界著名的计算机和通信公司成立了蓝牙特别兴趣小组，制定了一套短距离无线连接技术的标准，这个标准就是蓝牙。一千年后的今天，用丹麦国王的绰号命名这种新技术标准，含有将四分五裂的局面统一起来的意思，旨在希望它成为一个沟通能力很强的无线通信标准。用户了解了蓝牙技术应用和性能后，就感觉到用蓝牙这个概念来命名这种无线技术再贴切不过了。

蓝牙不仅是一种技术，还是一种概念。它是一种短距离、低功率、低成本无线电波传输技术的代称，所有使用蓝牙的设备互相连通。笔记本间、PDA、手机、无绳电话、照相机、打印机、扫描仪、身份识别系统、安全检查系统、无绳耳机、MP3，游戏机、GPS、家用电器等领域，都可以使用蓝牙技术实现无线通信。手机之间利用蓝牙传送图像、音乐等资料。消费类电子设备都内置了蓝牙功能，在生活中经常看到。全世界可以通过廉价的蓝牙网连成一体。

蓝牙标准是 IEEE 802.15，它也利用开放的 ISM 频段，使用高速跳频扩频 FHSS 和时分多址 TDMA 等先进技术。蓝牙的跳频扩频和 IEEE 802.11 类同，只不过其跳跃的频率很高，用每秒 1 600 次的跳频频率实现无线电波的传输。蓝牙最高数据传输速度 1 Mb/s，最大传输距离为 10 m，通过增加发射功率可达到 100 m。由于蓝牙使用的是最拥挤的 2.4 GHz 频段，该频段是一个开放的空间，因此防干扰和传输效率就非常重要。

一个蓝牙网络可以有 8 个蓝牙设备，其中一个是主控端（master），其他则是客户端（client）。同时每一个蓝牙设备又可成为另一个蓝牙网络的成员，通过此特性将蓝牙网络无限地扩展出去，形成一个更大的蓝牙局域网。

习题

一、选择题

1. 以下不属于无线网络面临的问题的是（　　）。
   A. 无线网络拥塞　　　　　　B. 无线标准不统一
   C. 无线网络的市场占有率低　　D. 无线信号的安全性问题
2. 无线局域网的优点不包括（　　）。
   A. 移动性　　B. 灵活性　　C. 可伸缩性　　D. 实用性
3. （　　）不属于无线网络。
   A. HomeRF　　B. Bluetooth　　C. 100Base-Tx　　D. WAP
4. 无线局域网使用的标准是（　　）。
   A. 802.11　　B. 802.15　　C. 802.16　　D. 802.20
5. 一个学生在自习室里使用无线连接到他的实验合作者的笔记本电脑，他正在使用的是什么无线模式？（　　）
   A. ad-hoc 模式　　　　　　B. 基础结构模式
   C. 固定基站模式　　　　　　D. 漫游模式
6. 以下标准支持最大传输速率最低的是（　　）。
   A. 802.11a　　B. 802.11b　　C. 802.11g　　D. 802.11n

二、问答题

1. 简述 802.11n 的特点，它的传输速率是多少？
2. WLAN 主要采用哪些标准？
3. 举例说明你生活中蓝牙有哪些应用。

实训 10-1　组建家庭无线局域网

【实训目的】

家庭自组无线局域网是最简单、最基本的一种无线局域网的组网模式。通过组建简单的家庭无线局域网，可以了解无线网卡的配置方法、无线网络的配置过程和连通性测试方法等。

【实训条件】

(1) 家庭开通宽带网络,如 ADSL 拨号网络。

(2) 与有线的以太局域网相比,组建简单的无线局域网所需的设备要简单得多,如图 10-5 所示就是一个简单的家庭无线局域网拓扑图,所需设备和器件如下表 10-2 所示,并参照图 10-5 连接好。

表 10-2　无线局域网所需设备

序号	设备名称	数量	备注
1	台式计算机	≥1	配置有无线网卡
2	笔记本电脑	≥1	配置有无线网卡
3	无线路由器	1	支持 IEEE802.11 协议,连接上 Internet

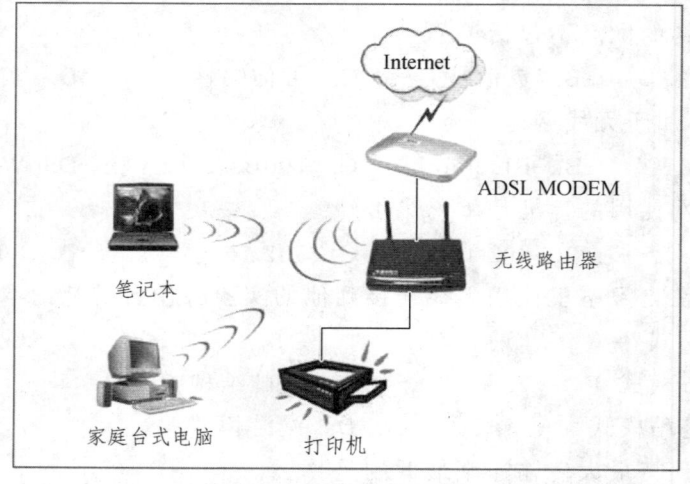

图 10-5　无线局域网拓扑结构

【实训步骤】

1. 无线网卡驱动程序的安装

现在计算机安装的操作系统一般都内置了常用无线网卡的驱动程序,不需要另行安装。如果计算机没有安装网卡驱动程序,可参照无线网卡的产品说明书提示,一步步操作即可完成安装,这里就不再重复。

2. 无线路由器的配置

无线路由器的配置项较多,除了无线路由器名称、组网模式、IP 地址、加密认证方法和连接路由器账号密码外,其他配置项通常可以采用默认配置。笔者所采用的无线路由器型号为 TP-LINK TL-WR847N,通过 PPPOE 拨号连接至 Internet。目前的家用路由器的配置通常通过 HTTP 的方式进行,按照无线路由器产品说明书说明,其内置的地址为 192.168.0.1。

（1）配置无线网卡 IP 地址，将配置无线路由器的无线网卡地址先设为 192.168.0.100。

① 打开无线网络连接属性对话框，如图 10-6 所示。

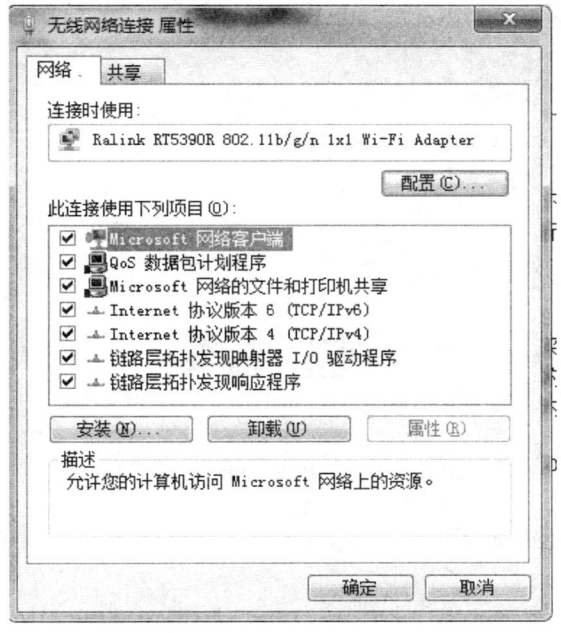

图 10-6　无线网络连接属性对话框

② 双击 TCP/IPv4，在以下对话框按图示设置 IP 地址，如图 10-7 所示。

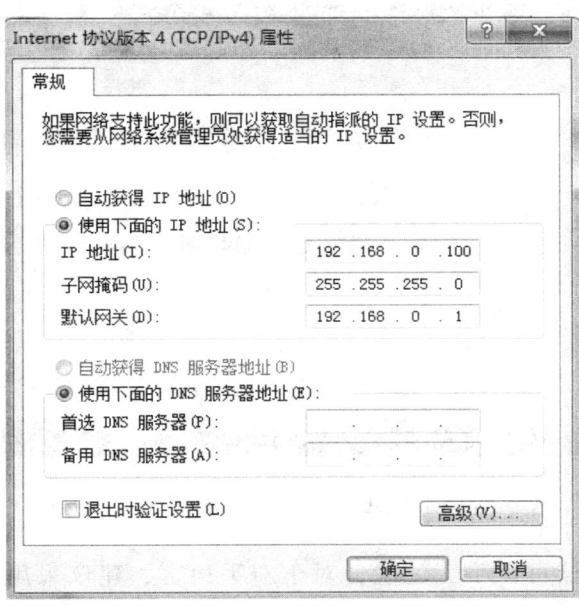

图 10-7　配置无线网卡 IP 地址

（2）打开浏览器，在地址栏中输入 http：//192.168.0.1，进入无线路由器配置登录界面，如图 10-8 所示。

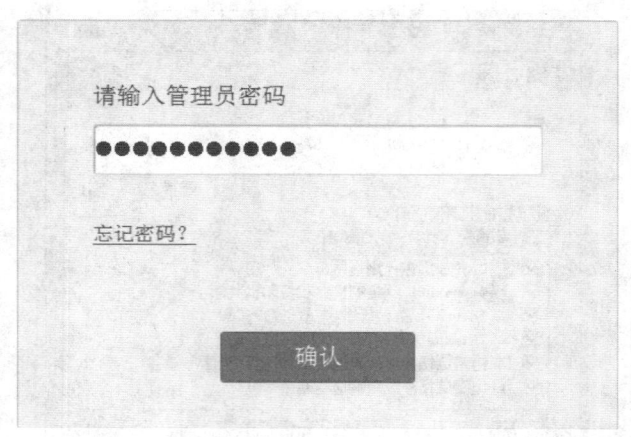

图 10-8　无线路由器登录界面

（3）按照无线路由器产品说明书说明，输入管理员密码，单击【确认】，进入下图 10-9 所示界面。

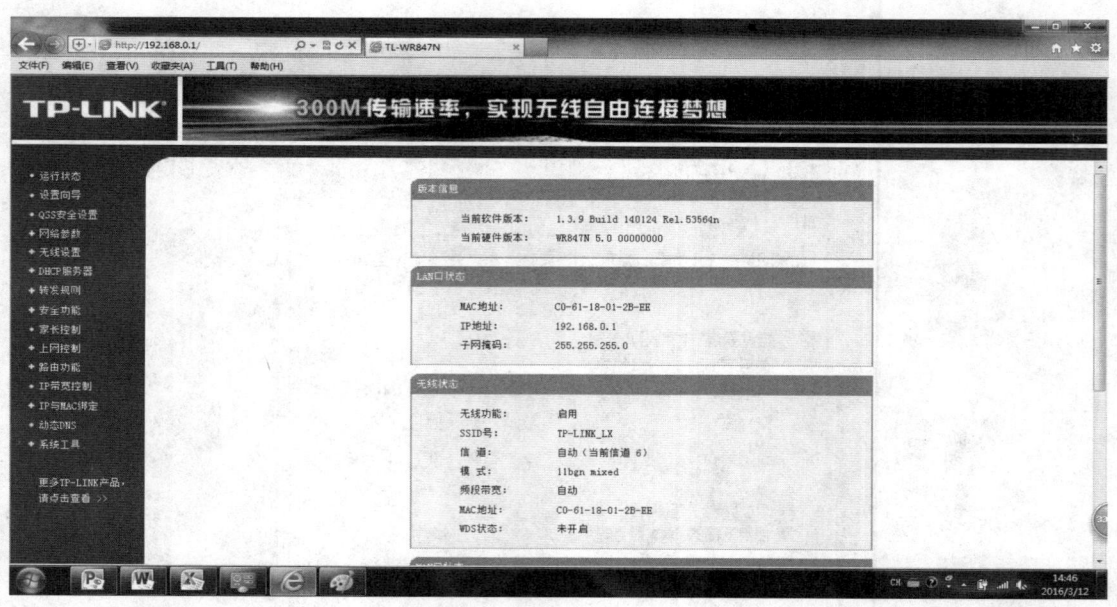

图 10-9　无线路由器状态

（4）对无线路由器可以手工配置，对于新手而言，建议采用设置向导进行配置，单击左侧【设置向导】，如图 10-10 所示。

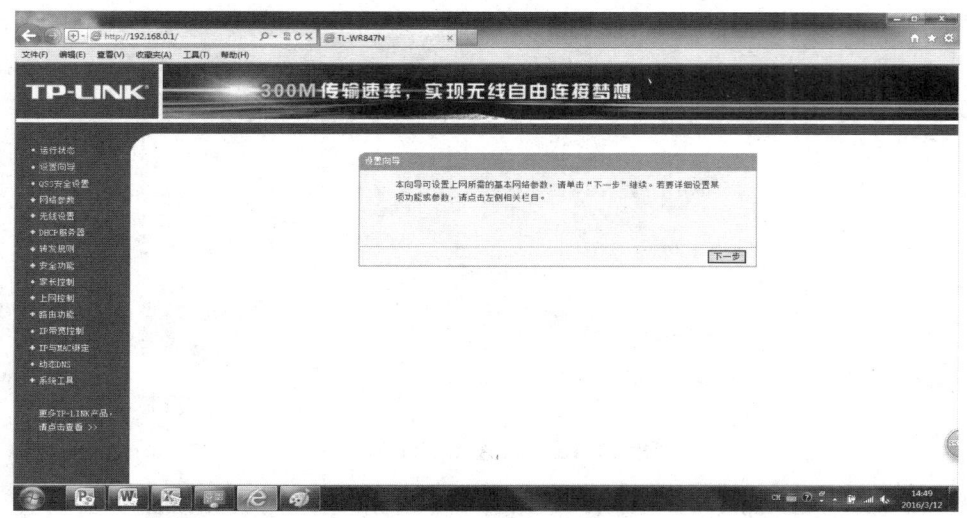

图 10-10　无线路由器配置向导

（5）单击上图右侧【下一步】，进入上网方式的配置，选择 PPPOE 方式，如下图 10-11 所示。

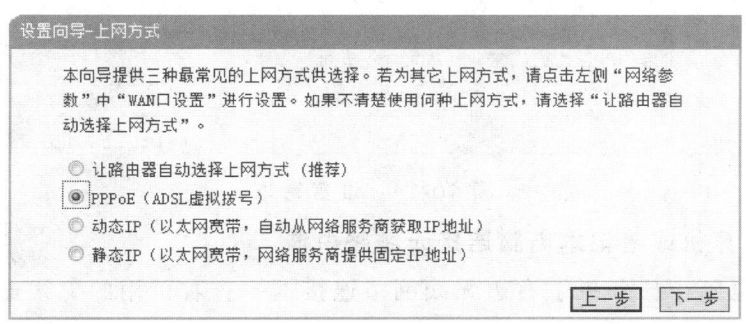

图 10-11　无线路由器连接 Internet 方式

（6）单击上图右侧【下一步】，设置 Internet 上网账号密码，如下图 10-12 所示，输入运营商提供的上网账号和密码。

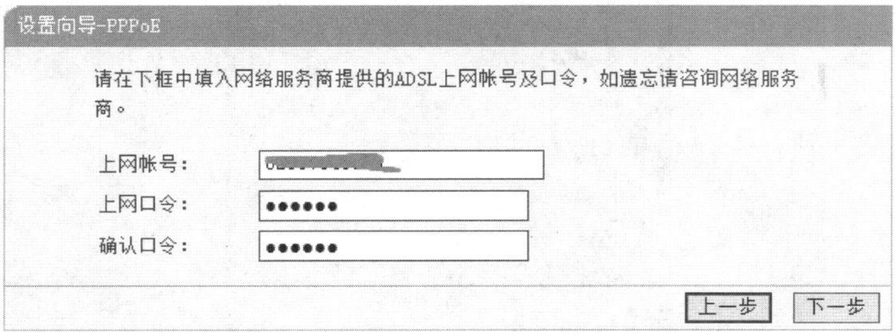

图 10-12　无线路由器连接 Internet 的用户名和密码

（7）单击上图右侧【下一步】，进入无线网络网络名称（SSID）及计算机连接无线路由器的密码（PSK）界面，如图 10-13 所示。

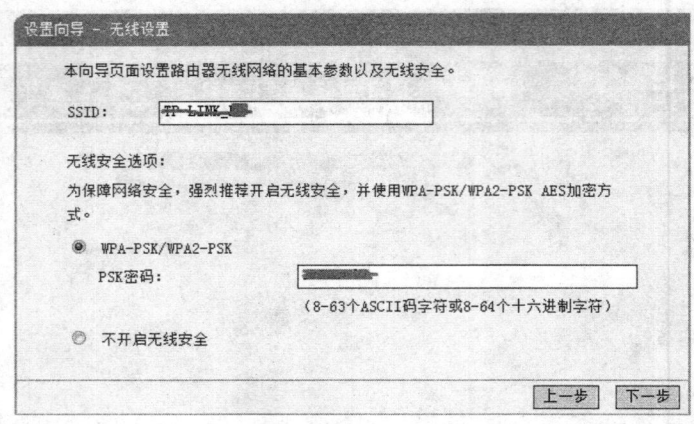

图 10-13　配置 SSID 和 PSK

（8）单击上图右侧【下一步】，单击【完成】按钮，完成无线路由器设置。如下图 10-14 所示。

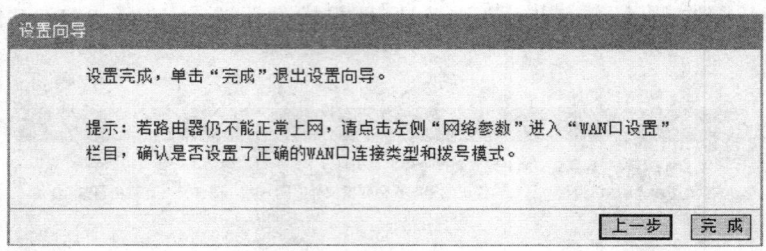

图 10-14　设置完成

3.台式计算机或笔记本电脑连接无线路由器

（1）打开电脑【任务栏】右边无线网络连接框，查看可用的无线连接列表。如图 10-15 所示。

图 10-15　无线连接列表

（2）选择前面第 7 步设置的无线网络名字（SSID），单击【连接】按钮，如图 10-16 所示。

图 10-16　连接无线网络名字

（3）进入密码输入界面，输入前面第 7 步设置的 PSK 密码，点击【确定】，即可连接无线网络了，如图 10-17 所示。

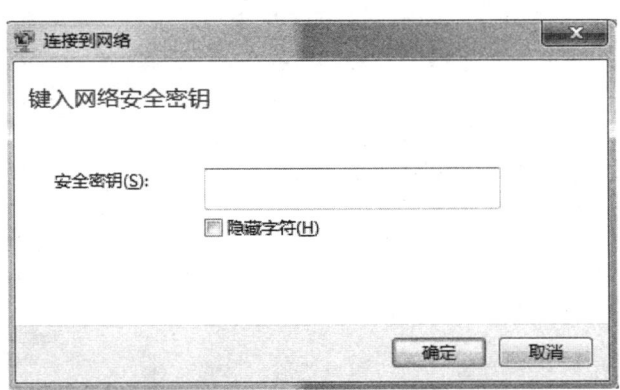

图 10-17　连接到网络

4．测试连接

（1）打开计算机命令窗口，ping 路由器 IP 地址或者本局域网中另外一台计算机的 IP 地址，若能 ping 通，说明配置连接成功。如图 10-18 所示。

图 10-18　测试无线连接

（2）由于家庭网络一般都有 Internet 连接，此时即可使用已完成配置的笔记本电脑或台式电脑进行上网等操作了。

项目七 网络安全

任务要点
- ❖ 理解计算机网络安全的定义、特征、意义及面临的威胁
- ❖ 了解防火墙技术的定义及分类
- ❖ 了解密码体制及常见密码学的分类
- ❖ 掌握数字签名的概念

计算机犯罪、黑客、有害程序和后门问题等严重威胁着网络的安全。目前,网络安全问题成为当今网络技术的一个重要研究课题。同时,网络的规模也越来越大,越来越复杂,所有这一切也都要求有一种端到端的网络管理措施,使得系统和网络故障时间减到最小,管理员可以通过网管工具检测系统和网络的运行状况,进行网络流量分析与统计,从而为网络安全策略的制订提供有力的依据。

任务 11 熟悉网络安全基本知识

11.1 任务描述

随着计算机和网络技术的飞速发展,信息和网络已经涉及国家、政府、军事、文教等诸多领域,在人们的生活中已经占有非常重要的地位,网络的安全问题伴随着信息化步伐的加快而变得越来越重要。本任务主要对计算机网络安全的相关概念进行学习,包括计算机网络安全的定义、功能,防火墙技术的定义、作用及分类,密码体制及常见密码学的分类,数字签名的概念等内容,通过实例和实训让学生理解计算机网络安全和密码学的相关概念。

11.2 相关知识

11.2.1 网络安全的基本概念

计算机网络安全是指利用网络管理控制和技术措施,保证在一个网络环境里,数据的保密性、完整性及可使用性受到保护。计算机网络安全包括两个方面,即物理安全和逻辑安全。物理安全指系统设备及相关设施受到物理保护,免于破坏、丢失等。

逻辑安全包括信息的完整性、保密性和可用性。

1. 网络安全的特征

保密性：信息不泄露给非授权用户、实体或过程，或供其利用的特性。

完整性：数据未经授权不能进行改变的特性。即信息在存储或传输过程中保持不被修改、不被破坏和丢失的特性。

可用性：可被授权实体访问并按需求使用的特性。即当需要时能否存取所需的信息。例如网络环境下拒绝服务、破坏网络和有关系统的正常运行等都属于对可用性的攻击。

可控性：对信息的传播及内容具有控制能力。

可审查性：出现安全问题时提供依据与手段。

从网络运行和管理者角度说，希望对本地网络信息的访问、读写等操作受到保护和控制，避免出现"陷门"、病毒、非法存取、拒绝服务和网络资源非法占用和非法控制等威胁，制止和防御网络黑客的攻击。对安全保密部门来说，他们希望对非法的、有害的或涉及国家机密的信息进行过滤和防堵，避免机要信息泄露，避免对社会产生危害，对国家造成巨大损失。

随着计算机技术的迅速发展，在计算机上处理的业务也由基于单机的数学运算、文件处理，基于简单连接的内部网络的内部业务处理、办公自动化等发展到基于复杂的内部网（Intranet）、企业外部网（Extranet）、全球互联网（Internet）的企业级计算机处理系统和世界范围内的信息共享和业务处理。

在系统处理能力提高的同时，系统的连接能力也在不断的提高。但在信息连接能力、流通能力提高的同时，基于网络连接的安全问题也日益突出，整体的网络安全主要表现在以下几个方面：网络的物理安全、网络拓扑结构安全、网络系统安全、应用系统安全和网络管理的安全等。

因此计算机安全问题，应该像每家每户的防火防盗问题一样，做到防范于未然。甚至不会想到你自己也会成为目标的时候，威胁就已经出现了，一旦发生，常常措手不及，造成极大的损失。

2. 网络安全的意义

迅速发展的互联网给人们的生活、工作带来了巨大的方便，人们可以坐在家里通过互联网收发电子邮件、打电话、网上购物、银行转账等，一个网络化社会的雏形已经展现在我们的面前。但是，在网络给人们带来巨大便利的同时，也带来了一些不容忽视的问题，网络信息安全问题就是其中之一。

网络的开放性和黑客攻击是造成网络不安全的主要原因。科学家在设计互联网之初就缺乏对安全性的总体构想和设计，所用的 TCP/IP 是建立在可信的环境之上，主要考虑的是网络互联，在安全方面则缺乏考虑。这种基于地址的 TCP/IP 本身就会泄露口令，而且该协议是公开的，远程访问使许多攻击者无须到现场就能够得手，连接的计算机是基于互相信任的原则等这些性质使网络更加不安全。

伴随着计算机与通信技术的迅猛发展，网络攻击与防御技术的对峙局面越来越复杂，网络的开放互联性使信息的安全问题变得越来越棘手，只要是接入因特网中的计算机都有可能成为被攻击或入侵的对象。

没有安全保障的信息资产是无法实现自身价值的。作为信息的载体，网络亦然。互联网不仅是金融证券、贸易商务运作的平台，也成为交流、学习、办公、娱乐的新场所，更是国家基础设施建设的重要组成部分。信息网络安全体系建设在当代网络经济生活中具有重要的战略意义。

从用户的角度来说，他们希望涉及个人隐私和商业利益的信息在网络上传输时受到机密性、完整性和真实性的保护，避免其他人或对手利用窃听、冒充、篡改和抵赖等手段对用户的利益和隐私造成损害和侵犯，同时也希望当用户的信息保存在某个计算机系统上时，不受其他非法用户的非授权访问和破坏。

对网络运行和管理者来说，他们希望对本地网络信息的访问受到保护和控制，避免出现病毒、非法存取、拒绝服务和网络资源的非法占用及非法控制等威胁，制止和防御网络黑客的攻击。

对安全保密部门来说，对非法的、有害的或涉及国家机密的信息必须进行过滤和防堵，避免其通过网络泄露，对社会产生危害，给国家造成损失甚至威胁国家安全。

从社会教育和意识形态角度来讲，网络上不健康的内容，会对社会的稳定和人类的发展造成阻碍，必须对其进行控制。

总之，网络安全的本质是在信息的安全期内保证其在网络上流动时和静态存放时不被非授权用户非法访问，但必须保证授权用户的合法访问。

3. 网络安全面临的威胁

1）网络安全威胁

所谓的网络安全威胁，是指某个实体（人、事件、程序等）对某一资源的机密性、完整性、可用性、真实性在合法使用时可能造成的危害。这些可能出现的危害，是某些别有用心的人通过一定的攻击手段来实现的。

网络安全威胁可分成故意的（如系统入侵）和偶然的（如将信息发到错误地址）两类。故意威胁又可进一步分成被动威胁和主动威胁两类。

被动威胁即被动攻击，是指在传输中偷听/监视，目的是从传输中获取信息，只对信息进行监听，而不对其修改和破坏。当截获了信息后，如果信息未进行加密则可以直接得到消息的内容即析出消息内容，但如果加密了则要通过对信息的通信量和数据报的特性信息进行分析，得到相关信息，最后析出消息的内容，如图11-1所示。

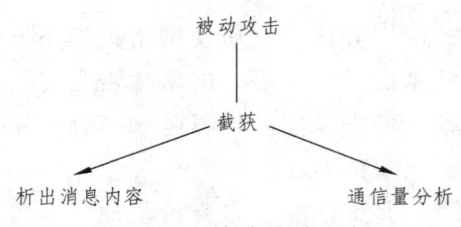

图 11-1　被动威胁图解

主动威胁即主动攻击，是指对信息进行故意篡改和破坏，使合法用户得不到可用信息，有 3 种方式，中断是对信息的可用性进行攻击，使其不能到达目的地；篡改是针对信息的完整性，使其被修改后失去本来的含义；伪造是针对信息的真实性，假冒他人制造一个虚假的信息流以达到个人目的，如图 11-2 所示。

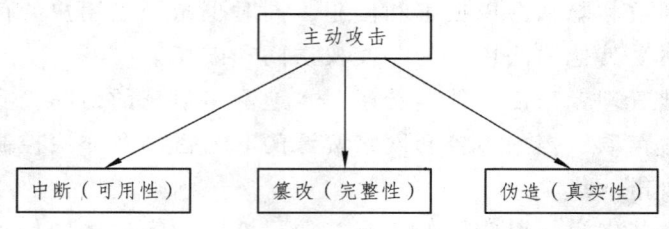

图 11-2　主动威胁图解

2）攻击方式

（1）窃取机密攻击。是指未经授权的攻击者非法访问网络、窃取信息的情况，一般可以通过在不安全的传输通道上截取正在传输的信息或利用协议和网络的弱点来实现。

（2）电子欺骗。伪造源于一个可信任的地址的数据包使机器信任另一台机器的电子攻击手段，包含 IP 地址欺骗、ARP 欺骗、DNS 欺骗等方式。

（3）拒绝服务攻击。目的是拒绝服务访问，破坏组织的正常运行，最终使系统的部分 Internet 连接和网络系统失效。

（4）社会工程。是利用说服或欺骗的方式，让网络内部的人员提供必要的信息从而获得对系统的访问。攻击对象一般是安全意识薄弱的公司职员。

（5）恶意代码攻击。恶意代码攻击是对信息系统威胁最大的攻击，包括计算机病毒、蠕虫、特洛伊木马、移动代码及间谍软件等。

3）攻击类型

通常情况下信息能够很顺利地到达目的地，如图 11-3 所示。但有时会遭到黑客的攻击，下面介绍具体的攻击类型。

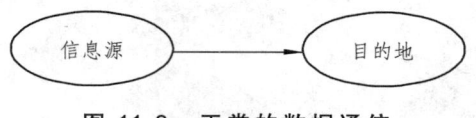

图 11-3　正常的数据通信

（1）中断：是对信息可用性的攻击，使用各种方法使信息不能到达目的地，如图11-4所示。

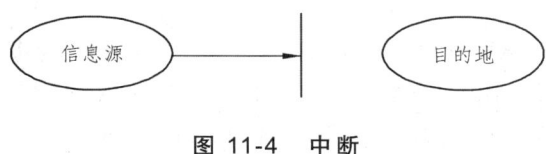

图 11-4　中断

（2）截获：是对信息机密性的攻击，在信息的发送者和接收者都不知道的情况下，通过非法手段获得不应该获得的信息。这对信息的发送者和接收者将带来巨大的损失，如图11-5所示。

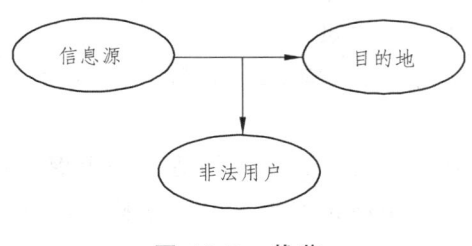

图 11-5　截获

（3）篡改：是对信息完整性的攻击，非法用户首先截获其他用户的信息，然后对信息进行修改以达到自己目的，再发送给该信息的接收者，该信息的发送者和接收者都不知道该信息已经被修改，所以该种攻击的危害是巨大的，如图11-6所示。

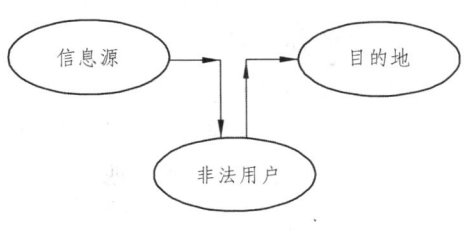

图 11-6　篡改

（4）伪造：是对信息的真实性的攻击，非法用户伪造他人向目标用户发送信息达到欺骗目标用户的目的，如图11-7所示。

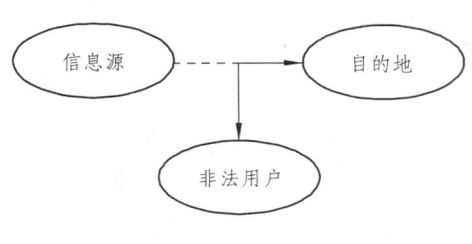

图 11-7　伪造

这 4 种威胁中，截获属于被动攻击，而中断、篡改和伪造属于主动攻击。

11.2.2 防火墙技术

防火墙技术，最初是针对 Internet 网络不安全因素所采取的一种保护措施。顾名思义，防火墙就是用来阻挡外部不安全因素影响的内部网络屏障，其目的就是防止外部网络用户未经授权的访问。它是一种计算机硬件和软件的结合，使外网与内网之间建立起一个安全网关（Security Gateway），从而保护内部网免受非法用户的侵入。

1. 防火墙的作用

防火墙主要用于实现网络路由的安全性。网络路由的安全性包括两方面：

（1）限制外部网对内部网的访问，从而保护内部网特定资源免受非法侵犯。

（2）限制内部网对外部网的访问，主要是针对一些不健康信息及敏感信息的访问。

防火墙在内部网与外部网之间的界面上构造了一个保护层，并强制所有的连接都必须经过此保护层，在此进行检查和连接。只有被授权的通信才能通过此保护层，从而保护内部网及外部网的访问。防火墙技术已成为实现网络安全策略的最有效的工具之一，并被广泛地应用到网络安全管理上。

2. 防火墙的安全控制管理

为网络建立防火墙，首先需要决定它将采取何种安全控制模型。通常有两种模型可供选择：

（1）没有被列为允许访问的服务都是被禁止的。

（2）没有被列为禁止访问的服务都是被允许的。

如果防火墙采取第一种安全控制模型，那么需要确定所有可以被提供的服务以及它们的安全特性，然后开放这些服务，并将所有其他未被列入的服务排除在外，禁止访问。如果防火墙采取第二种模型，则正好相反，需要确定哪些被认为是不安全的服务，禁止其访问；而其他服务则被认为是安全的，允许访问。

从安全性角度考虑，第一种模型更可靠一些。因为很难找出网络所有的漏洞，从而也就很难排除所有的非法服务。而从灵活性和使用方便性的角度考虑则第二种模型更合适。

3. 防火墙的主要技术

1）包过滤

包过滤（Packet Filtering）在网络层依据系统的过滤规则，对数据包进行选择和过滤，这种规则又称为访问控制表（ACL）。该技术通过检查数据流中的每个数据包的源地址、目标地址、源端口、目的端口及协议状态或它们的组合来确定是否允许该数据包通过。这种防火墙通常安装在路由器上。

一般而言，包过滤包括两种基本类型：无状态检查的包过滤和有状态检查的包过滤，其区别在于后者通过记住防火墙的所有通信状态，并根据状态信息来过滤整个通信流，而不仅仅是包。另外，两者均被配置为只过滤最有用的数据域，包括协议类型、IP 地址、TCP/UDP 端口、分段口和源路由信息，但还是有许多方法可绕过包过滤器进入 Internet，原因在于：

（1）TCP 只能在第 0 个分段中被过滤。

（2）特洛伊木马可以使用 NAT 使包过滤器失效。

（3）许多包过滤器允许 1 024 以上的端口通过。

因此，"纯"包过滤器的防火墙不能完全保证内部网的安全，必须与代理服务器和网络地址翻译结合起来才能解决问题。

2）代理型

代理服务技术（应用层网关防火墙）是防火墙技术中使用得较多的技术，也是一种安全性能较高的技术，它的安全性要高于包过滤技术，并已经开始向应用层发展。代理服务器位于客户机与服务器之间，完全阻挡了二者间的数据交流。从客户机来看，代理服务器相当于一台真正的服务器；而从服务器来看，代理服务器又是一台真正的客户机。当客户机需要使用服务器上的数据时，首先将数据请求发给代理服务器，代理服务器再根据这一请求向服务器索取数据，然后再由代理服务器将数据传输给客户机。由于外部系统与内部服务器之间没有直接的数据通道，外部的恶意侵害也就很难伤害到企业内部网络系统。

（1）代理服务技术的优点：安全性较高；能有效对付基于应用层的侵入和病毒；可将内部网络的结构屏蔽起来；能针对协议实现其特有的安全特性；具有数据流监控、过滤、记录、报警等功能。

（2）代理服务技术的缺点：必须为每一个网络应用服务都专门开发相应的应用代理服务软件；系统管理复杂；需要专用的服务器来承担。

3）监测型

监测型（状态检测防火墙）防火墙是新一代产品，监测型防火墙能够对各层的数据进行主动的、实时的监测，在对这些数据加以分析的基础上，监测型防火墙能够有效地判断出各层中的非法侵入。同时，这种监测型防火墙产品一般还带有分布式探测器，这些探测器安置在各种应用服务器和其他网络的节点之中，不仅能够检测来自网络外部的攻击，同时对来自内部的恶意破坏也有极强的防范作用。据权威机构统计，在针对网络系统的攻击中，有相当比例的攻击来自网络内部。因此，监测型防火墙不仅超越了传统防火墙的定义，而且在安全性上也超越了前两代产品。各类防火墙的对比如表 11-1 所示。

表 11-1 防火墙对比

类型	特点	优点	缺点
包过滤	根据定义的过滤规则审查，根据是否匹配来决定是否通过	透明、成本低、速度快、效率高	对 IP 包伪造难以防范、不具备身份认证功能、不能监测高层攻击、顾虑多效率下降快
代理型	阻断内外网之间的通信，只能够通过"代理"实现	有很高的安全性	速度慢，对用户不透明，协议不同就需要不同的代理，不利于网络新业务
状态监测	通过状态监测技术动态记录、维护各个链接的协议状态	效率很高、动态修改规则可以提高安全性	

4. 常见的防火墙设计方案

最简单的防火墙配置，就是直接在内部网和外部网之间加装一个包过滤路由器或者应用网关。为更好地实现网络安全，有时还要将几种防火墙技术组合起来构建防火墙系统。目前，比较流行的有以下三种防火墙配置方案。

1）双重宿主计算机体系结构

双重宿主计算机体系结构是围绕具有双重宿主的计算机而构筑的，该计算机至少有两个网络接口。这样计算机可以充当与这些接口相连的网络之间的路由器，它能够从一个网络到另一个网络发送 IP 数据包。然而，实现双重宿主计算机的防火墙体系结构禁止这种发送功能。因而，IP 数据包从一个网络（例如，因特网）并不是直接发送到其他网络（例如，内部的被保护的网络）。防火墙内部的系统能与双重宿主计算机通信，但是这些系统不能直接互相通信，它们之间的 IP 通信被完全阻止。

双重宿主计算机的防火墙体系结构是相当简单的：双重宿主计算机位于两者之间，并且被连接到因特网和内部的网络，这种体系结构如图 11-8 所示。

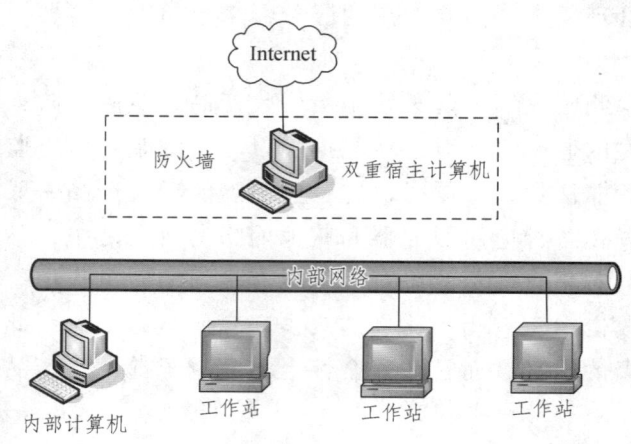

图 11-8 双重宿主计算机结构

2）屏蔽计算机体系结构

双重宿主计算机体系结构提供来自与多个网络相连的计算机的服务（但是路由关闭），而屏蔽计算机体系结构使用一个单独的路由器提供来自仅仅与内部的网络相连的计算机的服务。在这种体系结构中，主要的安全由数据包负责，其结构如图 11-9 所示。

在图 11-9 中堡垒计算机位于内部的网络上。从图中可以看出，在屏蔽的路由器上的数据包过滤是按这样一种方法设置的：即堡垒计算机是因特网上的计算机连接到内部网络上的系统的桥梁（例如，传送进来的电子邮件）。即使这样，也仅有某些确定类型的连接被允许。任何外部的系统试图访问内部的系统或者服务将必须连接到这台堡垒计算机上。因此，堡垒计算机需要拥有高等级的安全。

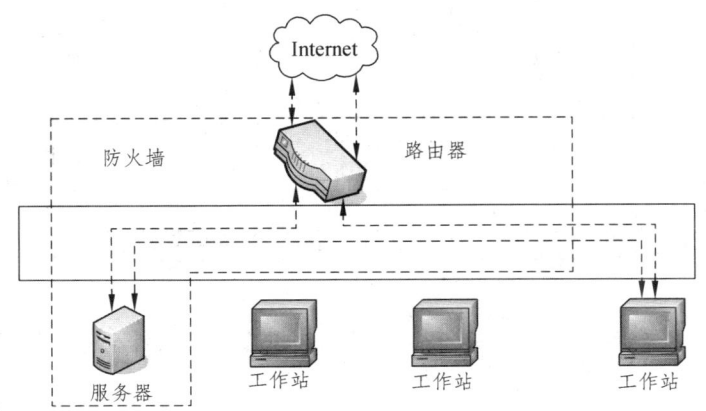

图 11-9 屏蔽计算机结构

数据包过滤也允许堡垒计算机开放可允许的连接（"可允许"由用户站点的安全策略决定）到外部世界。

屏蔽的路由器数据包过滤配置可以按如下执行：

（1）允许其他的内部计算机为了某些服务与因特网上的计算机连接（即允许那些已经由数据包过滤的服务）。

（2）不允许来自内部计算机的所有连接（强迫那些计算机经由堡垒计算机使用代理服务）。用户可以针对不同的服务混合使用这些手段，某些服务可以被允许直接经由数据包过滤，而其他服务可以被允许仅仅间接地经过代理，这完全取决于用户实行的安全策略。

3）屏蔽子网体系结构

屏蔽子网体系结构添加额外的安全层到屏蔽计算机体系结构，即通过添加周边网络更进一步地把内部网络与因特网隔离开。

堡垒计算机是用户网络上最容易受侵袭的计算机。任凭用户尽最大的力气去保护它，它仍是最有可能被侵袭的计算机，因为它本质上是能够被侵袭的计算机。如果在屏蔽计算机体系结构中，用户的内部网络对来自用户的堡垒计算机的侵袭门户洞开，那么用户的堡垒计算机是非常诱人的攻击目标。在它与用户的其他内部计算机之间没有其他的防御手段时（除了它们可能有的计算机安全之外，这通常是非常少的），如果有人成功地侵入屏蔽计算机体系结构中的堡垒计算机，那就可以毫无阻挡地进入内部系统了。

通过在周边网络上隔离堡垒计算机，能减少在堡垒计算机上侵入的影响。可以说，它只给入侵者一些访问的机会，但不是全部。

屏蔽子网体系结构的最简单的形式为两个屏蔽路由器，每一个都连接到周边网，一个位于周边网与内部的网络之间，另一个位于周边网与外部网络之间（通常为因特网），其结构如图 11-10 所示。

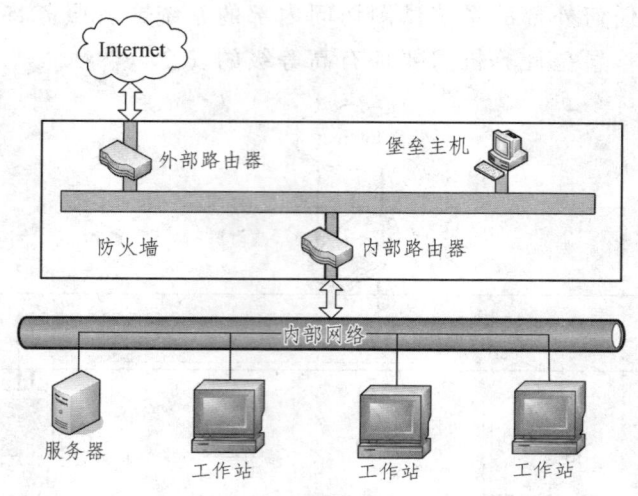

图 11-10 屏蔽子网结构

为了侵入用这种类型的体系结构构筑的内部网络，侵袭者必须要通过两个路由器。即使侵袭者设法侵入堡垒计算机，他仍然必须通过内部路由器，在此情况下，整个系统中不存在损害内部网络的单一的易受侵袭点。作为入侵者，只是进行了一次访问。

5. 典型的 Internet 防火墙

现在已经了解了防火墙的基本概念，通常情况下，包过滤防火墙与应用网关常常一起配合使用，这样既为内部的计算机访问外部信息提供了一个安全的数据通道，同时又能有效地防止外部计算机对内部网络的非法访问。一个典型的防火墙的示意图如图 11-11 所示。

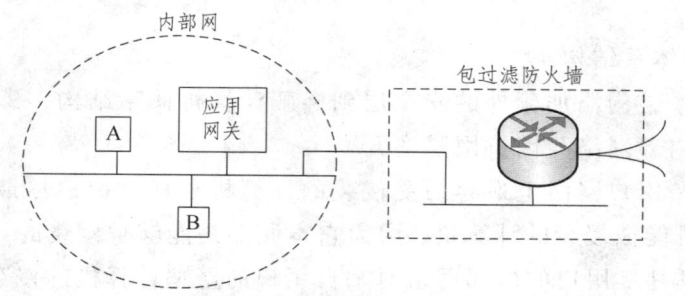

图 11-11 由包过滤路由器和应用网关构成的 Internet 防火墙

由图 11-11 可知，包过滤防火墙不仅实现了对外的屏障，而且实现了对内部计算机的屏障，将公司内部的计算机与外部网络隔离起来。它阻拦所有的数据报，除非数据报来自代理计算机。

当然，整个防火墙系统的安全性取决于代理计算机的安全。如果一个入侵者能够访问代理计算机，他也可以访问内部网络上的其他计算机。

可以说，防火墙与家里的防盗门很相似，它们对普通人来说是一层安全防护，但是没有任何一种防火墙能提供绝对的保护。这就是为什么许多公司建立多层防火墙的原因，当黑客闯过一层防火墙后他只能获取一部分数据，其他的数据仍然被安全地保护在内部防火墙之后。总之，防火墙是增加计算机网络安全的手段之一，只要网络应用存在，防火墙就有其存在的价值。

6．分布式防火墙

传统的防火墙如包过滤型和代理型，它们都有各自的缺点与局限性。随着计算机安全技术的发展和用户对防火墙功能要求的提高，目前出现了一种新型防火墙，那就是"分布式防火墙"，英文名为 Distributed Firewalls，它是在传统的边界式防火墙基础上开发的。由于其优越的安全防护体系符合未来的发展趋势，所以这一技术一出现便得到许多用户的认可和接受。下面重点介绍这种新型的防火墙技术。

1）分布式防火墙的产生

因为传统的防火墙设置在网络边界，处于内、外部计算机网络之间，所以也称为"边界防火墙"。随着人们对网络安全防护要求的提高，边界防火墙明显已不能满足需求，因为给网络带来安全威胁的不仅是外部网络，更多的是内部网络。但边界防火墙无法对内部网络实现有效的保护，除非对每一台计算机都安装防火墙，这是不可能的。基于这种需求，一种新型的防火墙技术即分布式防火墙技术产生了。它可以很好地解决边界防火墙的不足，不用为每台计算机安装防火墙而能够把防火墙的安全防护系统延伸到网络中的每台计算机。一方面有效地保证了用户的投资不会很高，另一方面给网络带来了非常全面的安全防护。

分布式防火墙负责对网络边界、各子网和网络内部各节点之间的安全防护，所以"分布式防火墙"是一个完整的系统，而不是单一的产品。根据其所需完成的功能，新的防火墙体系结构包含如下部分：

（1）网络防火墙（Network Firewall）。

网络防火墙是用于内部网与外部网之间，以及内部网各子网之间的防护产品。与传统边界防火墙相比，它多了一种用于对内部子网之间的安全防护层，这样整个网络间的安全防护体系就显得更加安全可靠。

（2）计算机防火墙（Host Firewall）。

计算机防火墙驻留在计算机中，负责策略的实施。它对网络中的服务器和桌面机进行防护，这些计算机的物理位置可能在内部网中，也可能在内部网外。这样防火墙的作用不仅是用于内部与外部网之间的防护，还可应用于内部网各子网之间、同一子网内部工作站与服务器之间。可以说达到了应用层的安全防护，比起网络层更加彻底。

（3）中心管理（Central Management）。

中心管理服务器负责安全策略的制订、管理、分发及日志的汇总，中心策略是分布式防火墙系统的核心和重要特征之一。这是一个防火墙服务器管理软件，负责总体安全策略的策划、管理、分发及日志的汇总。这是以前传统边界防火墙所不具有的新的防火墙的管理功能。这样防火墙就可进行智能管理，提高了防火墙的安全防护灵活性，使其具备可管理性。

2）分布式防火墙的主要特点

综合起来这种新的防火墙技术具有以下几个主要特点。

（1）保护全面性。

分布式防火墙把互联网和内部网络均视为"不友好的"，它们对个人计算机进行保护的方式如同边界防火墙对整个网络进行保护一样。对于 Web 服务器来说，分布式防火墙进行配置后能够阻止一些非必要的协议（如 HTTP 和 HTTPS 之外的协议）通过，从而阻止了非法入侵的发生，同时还具有入侵检测及防护功能。

（2）适用于服务器托管。

不同的托管用户有不同数量的服务器在数据中心托管，服务器上也有不同的应用。对于安装了中心管理系统的管理终端，数据中心安全服务部门的技术人员可以对所有在数据中心委托安全服务的服务器的安全状况进行监控，并提供有关的安全日志记录。对于这类用户，他们通常所采用的防火墙方案是采用虚拟防火墙方案，但这种配置相当复杂，非一般网管人员能胜任。而针对服务器的计算机防火墙解决方案则是其一个典型应用。对于纯软件式的分布式防火墙，用户只需在该服务器上安装上计算机防火墙软件，并根据该服务器的应用设置安全策略即可，还可以利用中心管理软件对该服务器进行远程监控，不需租用额外的空间放置边界防火墙。对于硬件式的分布式防火墙因其通常采用 PCI 卡式的，通常兼顾网卡作用，所以可以直接插在服务器机箱里面，也就无需单独的空间托管费了，对于企业来说更加实惠。

在新的安全体系结构下，分布式防火墙代表新一代防火墙技术的潮流，它可以在计算机网络的任何交界和节点处设置屏障，从而形成了一个多层次、多协议、内外皆防的全方位安全体系，在增强系统安全性、提高系统性能和系统扩展性等方面都有着很好的优势。因为分布式防火墙采用了软件形式（有的采用了软件+硬件形式），所以功能配置更加灵活，具备充分的智能管理能力，总的来说可以体现在以下 6 个方面。

（1）Internet 访问控制。

依据工作站名称、设备指纹等属性，使用"Internet 访问规则"，控制该工作站或工作站组在指定的时间段内是否允许/禁止访问模板或网址列表中所规定的 Internet Web 服务器，某个用户可否基于某工作站访问 WWW 服务器，同时当某个工作站/用户达到规定流量后是否断网。

（2）应用访问控制。

通过对网络通信从链路层、网络层、传输层、应用层基于源地址、目标地址、端口、协议的逐层包过滤与入侵监测，控制来自局域网/Internet 的应用服务请求，如 SQL 数据库访问、IPX 协议访问等。

（3）网络状态监控。

实时动态报告当前网络中所有的用户登录、Internet 访问、内部网访问、网络入侵事件等信息。

（4）黑客攻击的防御。

抵御包括 Smurf 的拒绝服务攻击、ARP 欺骗式攻击、Ping 攻击、Trojan 木马攻击等近百种来自网络内部以及来自 Internet 的黑客攻击手段。

（5）日志管理。

管理对工作站协议规则日志、用户登录事件日志、用户 Internet 访问日志、指纹验证规则日志、入侵检测规则日志的记录与查询分析。

（6）系统工具。

包括系统层参数的设定、规则等配置信息的备份与恢复、流量统计、模板设置、工作站管理等。

11.2.3 密码体制

与防火墙配合使用的安全技术还有数据加密技术，它是对存储或者传输的信息采取秘密的交换以防止第三者对信息的窃取。被交换的信息被称为明文（Plain Text），变换过后的形式被称为密文（Cipher Text），从明文到密文的变换过程被称为加密（Encryption），从密文到明文的变换过程被称为解密（Decryption）。对明文进行加密时采用的一组规则称为加密算法，对密文解密时采用的一组规则称为解密算法。加密算法和解密算法通常都是在一组密钥控制下进行的，密钥决定了从明文到密文的映射，加密算法所使用的密钥称为加密密钥，解密算法所使用的密钥称为解密密钥。

加密技术的要点是加密算法，加密算法可以分为对称加密、非对称加密和不可逆加密 3 类算法。

1. 对称加密算法

对称加密算法是应用较早的加密算法，技术成熟。在对称加密算法中，数据发信方将明文（原始数据）和加密密钥一起经过特殊加密算法处理后，使其变成复杂的加密密文发送出去。收信方收到密文后，若想解读原文，则需要使用加密用过的密钥及相同算法的逆算法对密文进行解密，才能使其恢复成可读明文。对称加密算法的示意图如图 11-12 所示。

对称加密算法的特点：算法公开；计算量小；加密速度快；加密效率高。

不足之处是：交易双方都使用同样的密钥，安全性得不到保证。每对用户每次使用对称加密算法时，都需要使用其他人不知道的唯一密钥，这会使得收发信双方所拥有的密钥数量成几何级数增长，密钥管理成为用户的负担。

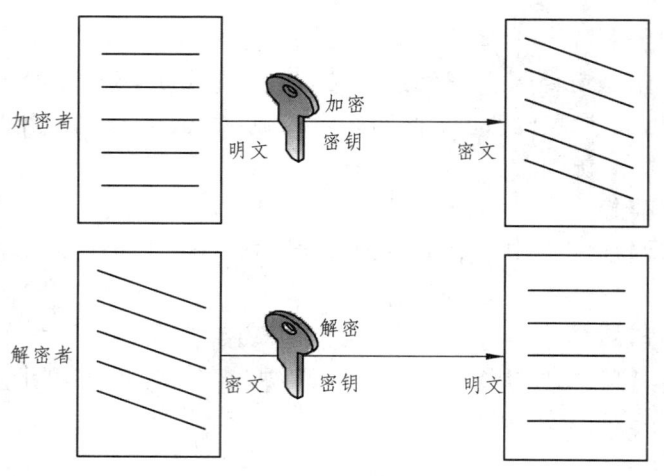

图 11-12 对称加密算法

2. 非对称加密算法

非对称加密算法使用两把完全不同但又是完全匹配的一对钥匙——公钥和私钥。在使用非对称加密算法加密文件时，只有使用匹配的一对公钥和私钥，才能完成对明文的加密和解密过程。加密明文时采用公钥加密，解密密文时使用私钥才能完成，而且发信方（加密者）知道收信方的公钥，只有收信方（解密者）才是唯一知道自己私钥的人。其示意图参见图 11-13 所示。

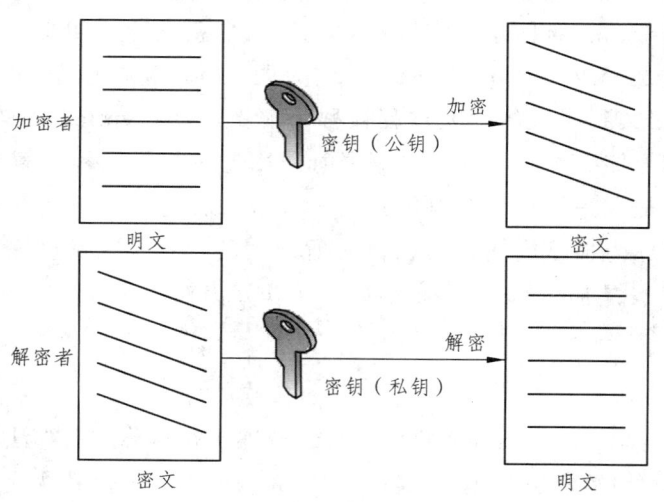

图 11-13 加密和解密过程

如果发信方想发送只有收信方才能解读的加密信息，发信方必须首先知道收信方的公钥，然后利用收信方的公钥来加密原文。收信方收到加密密文后，使用自己的私钥才能解密密文。

3. 不可逆加密算法

不可逆加密算法的特征是：加密过程中不需要使用密钥，输入明文后，由系统直接经过加密算法处理成密文,这种加密后的数据是无法被解密的,只有重新输入明文,并再次经过同样不可逆的加密算法处理,得到相同的加密密文并被系统重新识别后,才能真正解密。显然,在这类加密过程中,加密是自己,解密还得是自己,而所谓解密,实际上就是重新加一次密,所应用的"密码"也就是输入的明文。

在网络传输信息过程中所采用的加密技术主要有以下三类:链路加密方式、结点到结点加密方式和端到端加密方式。

(1)链路加密方式。

该方式对网络上传输的数据报文进行加密。不但对数据报文进行加密,而且把路由信息、校验码等控制信息全部加密。

(2)结点到结点加密方式。

该方式是为了解决结点中数据是明文的缺点。在网络中间结点里装有加、解密的保护装置,由这个装置来完成一个密钥向另一个密钥的变换。

(3)端到端加密方式。

由发送方加密的数据在没有到达最终目的结点之前是不被解密的。加、解密只在源、宿结点进行。

11.2.4 数字签名

数字签名(又称公钥数字签名、电子签章)是一种类似写在纸上的普通的物理签名,但是使用了公钥加密领域的技术实现,用于鉴别数字信息的方法。一套数字签名通常定义两种互补的运算,一个用于签名,另一个用于验证。只有信息的发送者才能产生的别人无法伪造的一段数字串,这段数字串同时也是对信息的发送者发送信息真实性的一个有效证明。数字签名是非对称密钥加密技术与数字摘要技术的应用。

1. 数字签名的原理

数字签名的文件的完整性是很容易验证的(不需要骑缝章,骑缝签名,也不需要笔迹专家),而且数字签名具有不可抵赖性(不需要笔迹专家来验证)。

简单地说,所谓数字签名就是附加在数据单元上的一些数据,或是对数据单元所作的密码变换。这种数据或变换允许数据单元的接收者用以确认数据单元的来源和数据单元的完整性并保护数据,防止被人(例如接收者)进行伪造。它是对电子形式的消息进行签名的一种方法,一个签名消息能在一个通信网络中传输。基于公钥密码体制和私钥密码体制都可以获得数字签名,主要是基于公钥密码体制的数字签名。包括普通数字签名和特殊数字签名。普通数字签名算法有 RSA、ElGamal、Fiat-Shamir、Guillou-Quisquarter、Schnorr、Ong-Schnorr-Shamir 数字签名算法、Des/DSA,椭圆曲线数字签名算法和有限自动机数字签名算法等。特殊数字签名有盲签名、代理签名、群签名、不可否认签名、公平盲签名、门限签名、具有消息恢复功能的签名等,它与具体应用环境密切相关。显然,数字签名的应用涉及法律问题,美国联邦政府基于有限域上的离散对数问题制定了自己的数字签名标准(DSS)。

2. 数字签名的主要功能

保证信息传输的完整性、发送者的身份认证、防止交易中的抵赖发生。数字签名技术是将摘要信息用发送者的私钥加密，与原文一起传送给接收者。接收者只有用发送者的公钥才能解密被加密的摘要信息，然后用 HASH 函数对收到的原文产生一个摘要信息，与解密的摘要信息对比。如果相同，则说明收到的信息是完整的，在传输过程中没有被修改，否则说明信息被修改过，因此数字签名能够验证信息的完整性。

3. 数字签名的过程（见图 11-14）

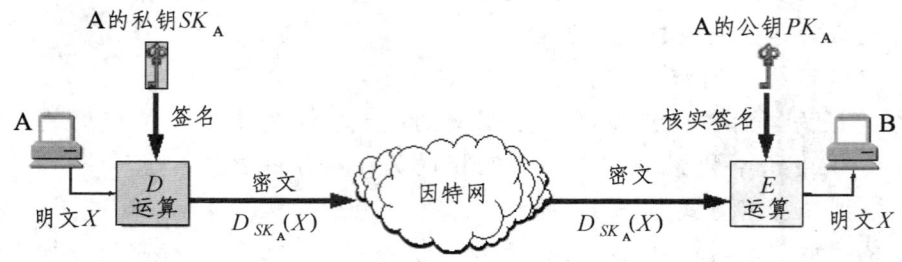

图 11-14　数字签名的过程

发送报文时，发送方用一个哈希函数从报文文本中生成报文摘要，然后用自己的私人密钥对这个摘要进行加密，这个加密后的摘要将作为报文的数字签名和报文一起发送给接收方，接收方首先用与发送方一样的哈希函数从接收到的原始报文中计算出报文摘要，接着再用发送方的公用密钥来对报文附加的数字签名进行解密，如果这两个摘要相同、那么接收方就能确认该数字签名是发送方的。

数字签名有两种功效：一是能确定消息确实是由发送方签名并发出来的，因为别人假冒不了发送方的签名。二是数字签名能确定消息的完整性。因为数字签名的特点是它代表了文件的特征，文件如果发生改变，数字摘要的值也将发生变化。不同的文件将得到不同的数字摘要。一次数字签名涉及一个哈希函数、发送者的公钥、发送者的私钥。

发送方用自己的密钥对报文 X 进行 Encrypt（编码）运算，生成不可读取的密文 Dsk，然后将 Dsk 传送给接收方，接收方为了核实签名，用发送方的公用密钥进行 Decrypt（解码）运算，还原报文。

11.2.5　网络的攻击与防卫

从严格意义上讲，黑客（hacker）和入侵者是有区别的。一般来说，黑客的行为没有恶意，是热衷于电脑程序的设计者，是对任何计算机操作系统的奥秘都有强烈兴趣的人。而入侵者的行为具有恶意，是指那些强行闯入远端系统或者以某种恶意的目的干扰远端系统完整性的人。他们利用非法获得的访问权，破坏重要数据，拒绝合法用户的服务请求，或为了达到自己的目的而制造一些麻烦。

黑客攻击的主要目的是窃取信息、获取口令、控制中间站点、获取超级用户权限等。由于网络的互联共享，来自企业内部和全世界各个地方不怀好意的计算机专业人员和黑客都有可能实施攻击。黑客自己开发或利用已有的工具寻找计算机系统和网络的缺陷及漏洞，并利用这些缺陷实施攻击。这里所说的缺陷，包括软件缺陷、硬件缺陷、网络协议缺陷、管理缺陷和人为的失误。

黑客最常用的手段是获得超级用户口令，他们总是先分析目标系统正在运行哪些应用程序，目前可以获得哪些权限，有哪些漏洞可加以利用，并最终利用这些漏洞获取超级用户权限，再达到他们的目的。黑客攻击系统一般有 3 个阶段：

① 确定目标。黑客首先要确定攻击的目标，如某个站点、某个 ISP 或某个主页等。黑客也可能通过 DNS（域名系统）表知道机器名、Internet 地址、机器类型，甚至机器的属主和单位。

② 搜集与攻击目标有关的信息，并找出系统漏洞和攻击方法。这里主要有两种方法，一种是通过发现目标计算机的漏洞进入系统或用口令猜测进入系统，另一种方法是发现计算机上的漏洞直接进入。发现漏洞的方法有缓冲区溢出法、网络安全列表法等，其他的入侵方法包括采用向 IP 地址使用欺骗手段等。

③ 实施攻击。黑客可以选择多种攻击方式，其后果也大不相同。黑客可能毁掉入侵痕迹，并在受损系统上建立新的安全漏洞，以便以后继续访问该系统；也可能在受损系统上安装探测器软件，以收集所感兴趣的信息；或者发现系统在网络中的信任等级，根据这个信任级进行攻击；或者获取系统上的特许访问权，从而读取系统上的邮件，搜索和盗取私人文件，毁坏重要数据等。

要想有效地防范黑客的攻击，必须有相应的发现黑客和对付黑客的方法。

1. 了解黑客入侵后特征

黑客入侵用户的计算机后总会有某种动作，这样就会留下蛛丝马迹，用户就可以发现其存在。

一般来说，计算机上网时出现以下特征，就表示被入侵了。

（1）计算机有时突然死机，然后又重新启动（黑客控制了用户程序）。

（2）在没有执行操作时，计算机仍在读写硬盘（黑客在读写硬盘和查找信息）。

（3）没有运行程序时，计算机速度却非常慢，或者在"我的电脑"中看到"属性"的"系统资源"低于 6 000。

（4）发现有非法的端口打开，并有人连接。

（5）关闭所有的上网软件，发现调制解调器仍闪烁不停（说明数据仍在传递）。

（6）系统发生了一些不正常的改变。

（7）一个用户大量地进行网络活动或者其他一些不正常的网络操作。

（8）计算机上的某个用户在极短的时间内多次登录。

2. 寻找防范黑客对策

面对黑客的袭击，首先应该考虑这将对网络或用户产生什么影响，然后考虑如何阻止黑客进一步入侵。

（1）当证实遭到入侵时，要正确估计形势，尽可能估计入侵造成的破坏程度。

（2）一旦了解形势，切断内部网与 Internet 的连接是一个短期措施。

（3）仔细分析问题，制订修补安全漏洞的合理计划和时间安排。

（4）修复安全漏洞并恢复系统，记录整个事件的发生，从中汲取经验并记录。

习题

一、选择题

1. 网络攻击的发展趋势是（　　）。
   A. 黑客技术与网络病毒日益融合　　B. 攻击工具日益先进
   C. 病毒攻击　　D. 黑客攻击
2. 拒绝服务攻击（　　）。
   A. 用超出被攻击目标处理能力的海量数据包消耗可用系统、带宽资源等方法的攻击
   B. 全称是 Distributed Denial Of Service
   C. 拒绝来自一个服务器所发送回应请求的指令
   D. 入侵控制一个服务器后远程关机
3. 防火墙能够（　　）。
   A. 防范通过它的恶意连接
   B. 防范恶意的知情者
   C. 防备新的网络安全问题
   D. 完全防止传送已被病毒感染的软件和文件
4. 网络监听是（　　）。
   A. 远程观察一个用户的计算机
   B. 监视网络的状态、传输的数据流
   C. 监视计算机系统的运行情况
   D. 监视一个网站的发展方向
5. 下面不采用对称加密算法的是（　　）。
   A. DES　　B. AES　　C. IDEA　　D. RSA
6. 在公开密钥体制中，加密密钥即（　　）。
   A. 解密密钥　　B. 私密密钥　　C. 私有密钥　　D. 公开密钥
7. 计算机网络的安全是指（　　）。
   A. 网络中设备设置环境的安全
   B. 网络中信息的安全
   C. 网络中使用者的安全

D. 网络中财产的安全

8. 安全套接层协议是（　　）。
   A. SET　　　　B. SSL　　　　C. HTTP　　　　D. S-HTTP

9. （　　）是网络通信中标志通信各方身份信息的一系列数据，提供一种在 Internet 上验证身份的方式。
   A. 数字认证　　B. 数字证书　　C. 电子证书　　D. 电子认证

10. 数字签名功能不包括（　　）。
    A. 防止发送方的抵赖行为
    B. 接收方身份确认
    C. 发送方身份确认
    D. 保证数据的完整性

二、简答题

1. 什么是网络安全？它包括哪几部分？
2. 对称加密与非对称加密有何不同点？
3. 结合自己的理解和经历，谈谈如何实现网络的安全。

实训 11-1　X-scan 扫描工具的使用

【实训目的】

（1）网络安全是连接在网络上的计算机用户最关心的问题，我们可以通过软件扫描工具 X-scan 查看我们的计算机是否存在漏洞，如系统漏洞、弱口令漏洞等。

（2）家庭自组无线局域网是最简单、最基本的一种无线局域网的组网模式。通过组建简单的家庭无线局域网，可以了解无线网卡的配置方法、无线网络的配置过程和连通性测试方法等。

【实训条件】

（1）联网计算机一台。
（2）X-scan 工具。

【实训步骤】

1. X-scan 的安装

因为 X-scan 是绿色版，所以大家首先到正规网站去下载 X-scan 工具。

2. X-scan 扫描工具的使用

X-scan 界面如图 11-15 所示，大体分为三个区域，界面上面为菜单栏，界面下方为状态栏。若下载的为英文版，可以在菜单栏的 Language 菜单将语言设置为中文。

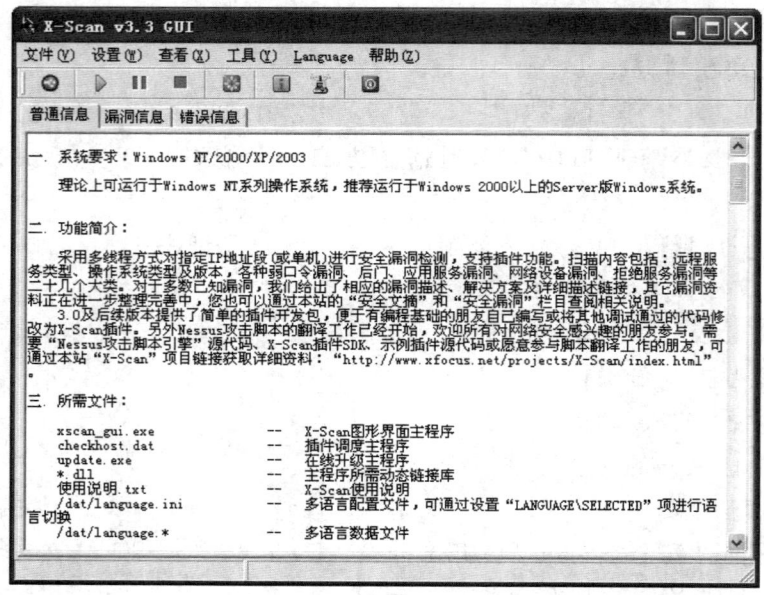

图 11-15　X-scan 工具的工作界面

3. 参数设置

点击"设置"菜单，选择"扫描参数"或者直接点击工具栏的蓝色按钮进入扫描参数设置，如图 11-16 所示。

图 11-16　X-scan 工具参数设置

（1）检测范围可以设置待扫描的 IP，可以按照图 11-17 示例方式设置检测范围，或者从文件获取计算机列表。

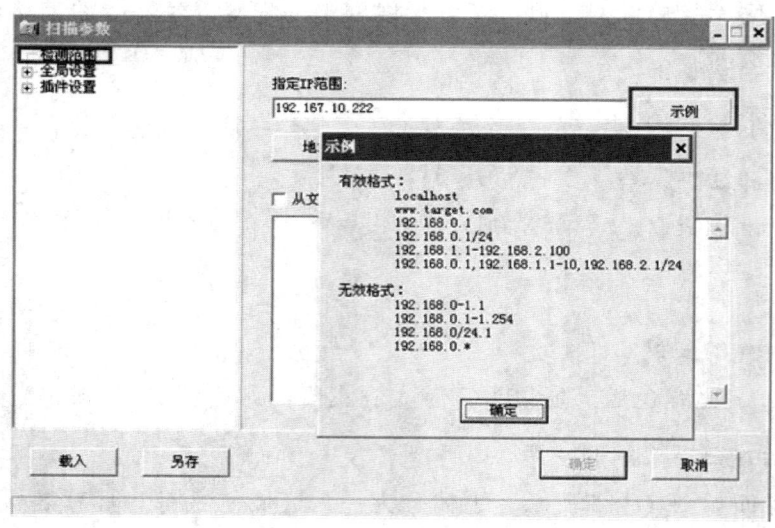

图 11-17　X-scan 检测范围设置

（2）全局设置。用来设置全局的扫描参数，具体如图 11-18。

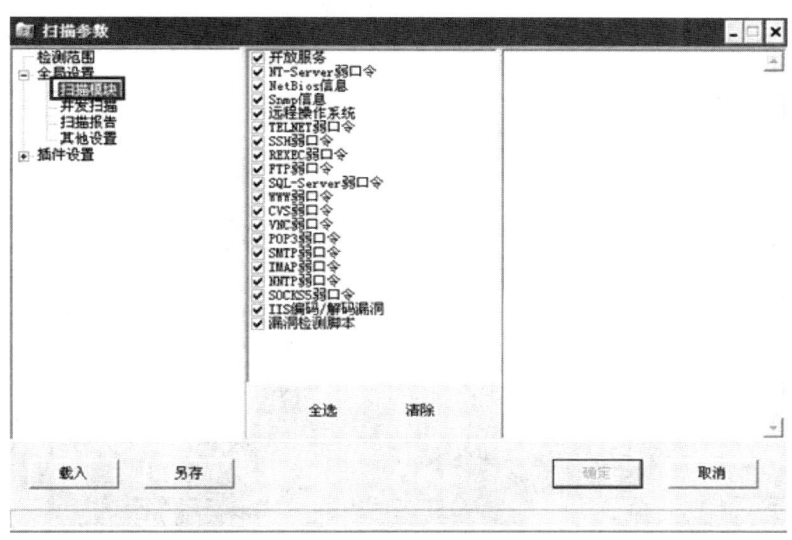

图 11-18　X-scan 扫描模块设置

① 扫描模块：设置需要扫描的模块，对于单台设备的扫描，可以选择全部模块，如果扫描某个范围里面的设备，可以按需勾选需要扫描的模块。

② 并发扫描：设置扫描的并发量，默认即可。如果机器性能好，带宽足够，可以适当增大并发量，如图 11-19 所示。

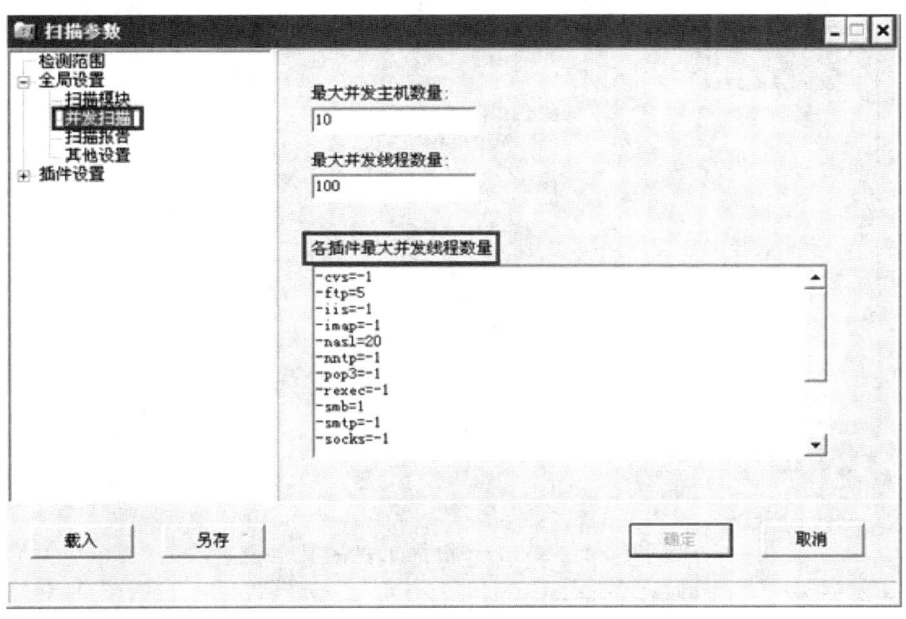

图 11-19　X-scan 并发扫描参数设置

③ 扫描报告：设置扫描报告的名称和类型等，如图 11-20 所示。

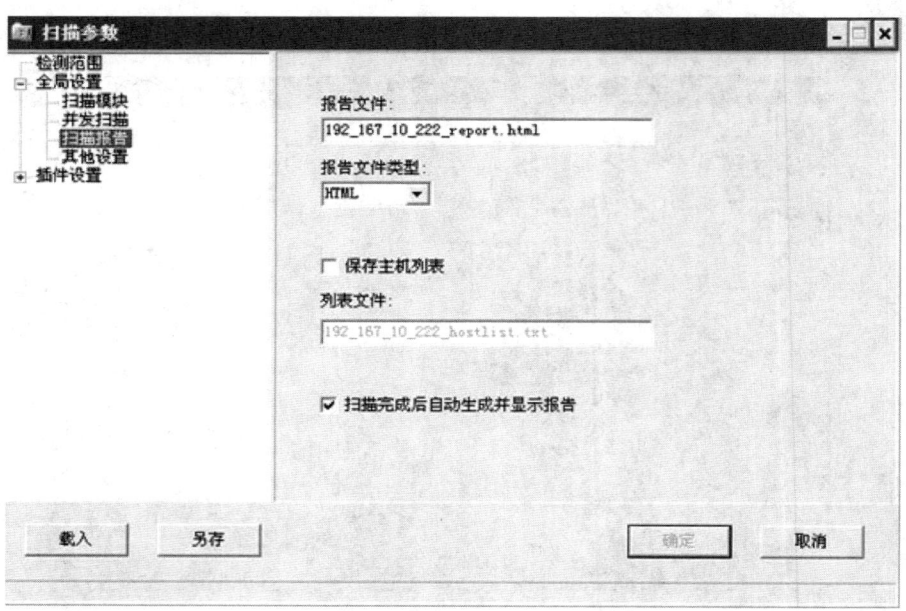

图 11-20　X-scan 扫描报告设置

④ 其他设置：设置对目标设备的检测机制等，如果是单个设备，建议使用无条件扫描，因为测试发现 X-scan 判断计算机是否存活不是很准确，如图 11-21 所示。

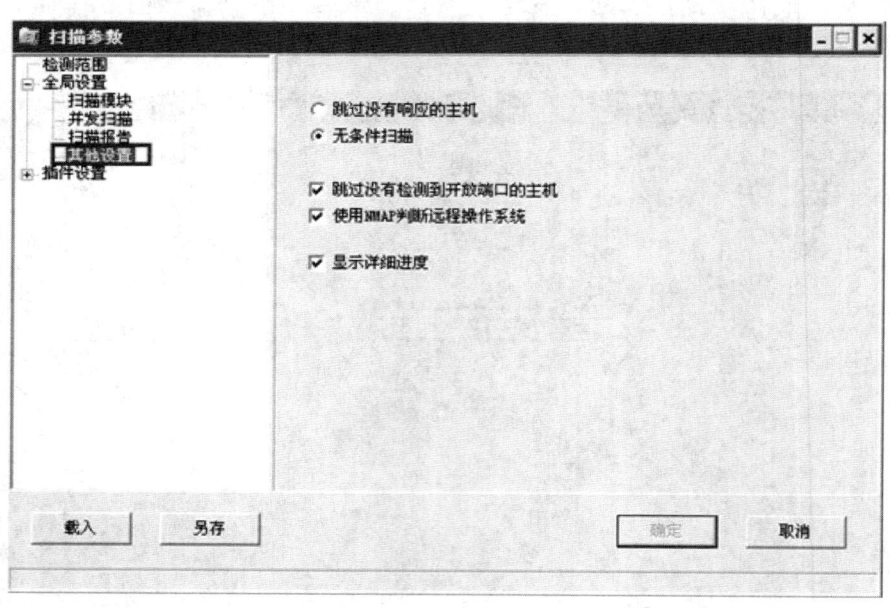

图 11-21　X-scan 扫描工具的其他设置

4．插件设置：设置各插件的相关选项

（1）端口相关设置：设置与端口有关的项。待检测端口可以是任意端口的组合。检测方式使用 TCP 能够提高 X-scan 的准确性，但容易被对方的防火墙阻塞，SYN 却相反。根据响应识别服务，X-scan 能够根据响应判断运行的服务，即使端口已被更改。

预设知名服务端口,可以自定义某些端口为知名服务端口,如图 11-22 所示。

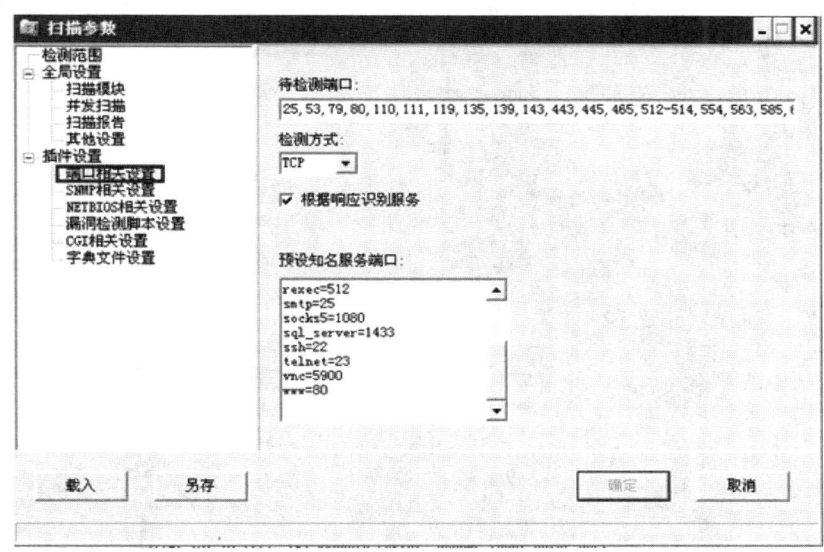

图 11-22　X-scan 扫描工具的端口相关设置

(2) SNMP 相关设置:设置 SNMP 协议检测项,建议全选,如图 11-23 所示。

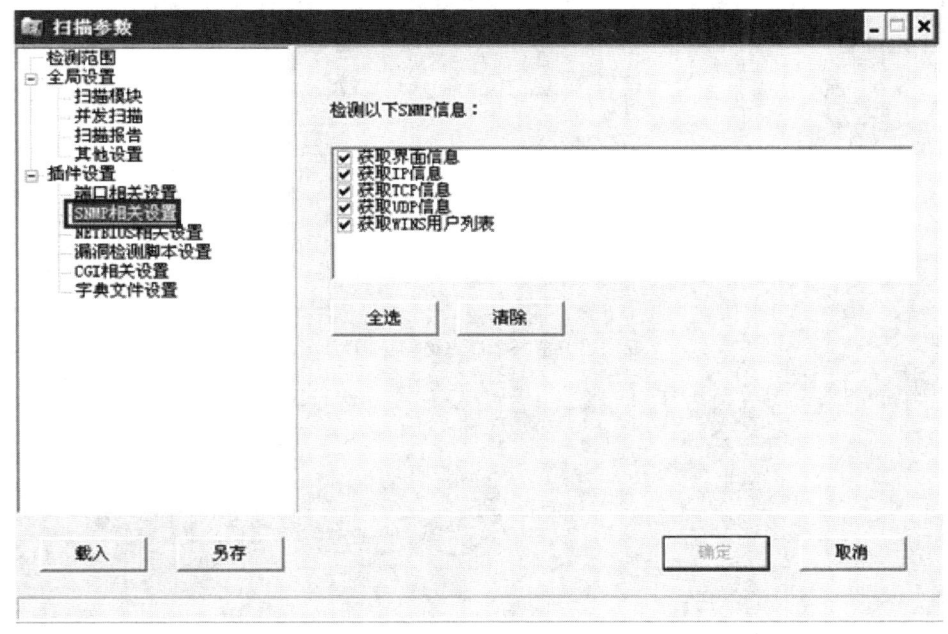

图 11-23　X-scan 扫描工具的 SNMP 相关设置

(3) NETBIOS 相关设置:设置检测的 NETBIOS 信息,主要是针对 windows 系统的 NETBIOS 的检测,单个非 windows 设备测试时勾选也无所谓,如图 11-24 所示。

(4) 漏洞检测脚本设置:默认即可,如图 11-25 所示。

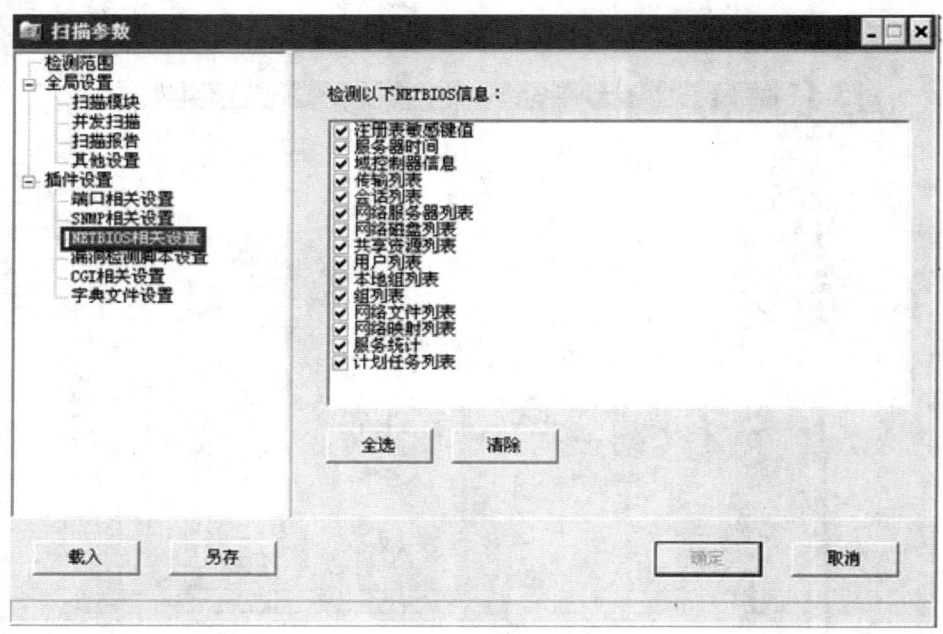

图 11-24　X-scan 扫描工具的 NETBIOS 相关设置

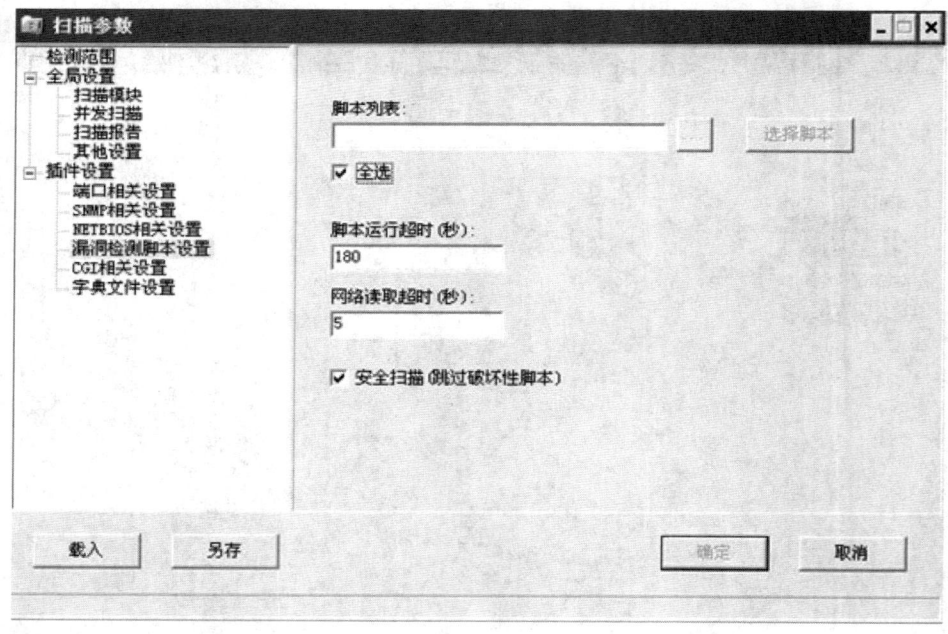

图 11-25　X-scan 扫描工具的漏洞检测脚本设置

（5）字典文件设置：设置扫描弱口令时用到的字典，可以编辑字典以自定义弱口令，如图 11-26 所示。

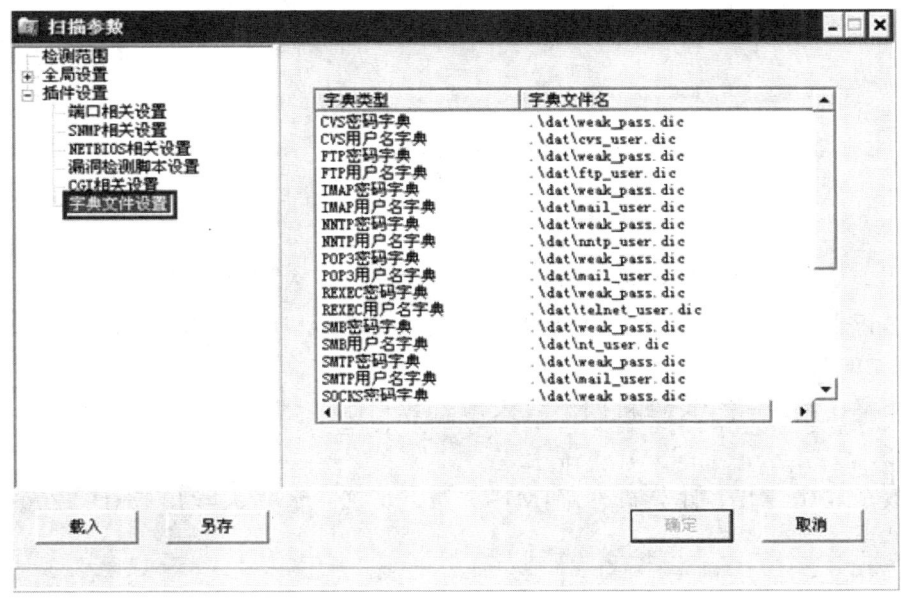

图 11-26　X-scan 扫描工具的字典文件设置

5．开始扫描

保存好配置后，点击工具栏的开始按钮 ▷ 即可进行扫描，X-scan 界面具有详细的扫描状态，扫描时间视扫描的深度和广度而定。

6．扫描结果

扫描结束后，X-scan 会自动弹出扫描结果，结果会详细列出漏洞情况和解决建议，高危漏洞会以红色字体标出。如图 11-27 所示。

检测结果	
存活主机	1
漏洞数量	3
警告数量	1
提示数量	10

主机列表	
主机	检测结果
192.167.10.222	发现安全漏洞

主机分析: 192.167.10.222		
主机地址	端口/服务	服务漏洞
192.167.10.222	MySql (3306/tcp)	发现安全提示
192.167.10.222	www (80/tcp)	发现安全提示
192.167.10.222	ssh (22/tcp)	发现安全漏洞
192.167.10.222	ftp (21/tcp)	发现安全漏洞

图 11-27　X-scan 扫描结果

参考文献

[1] 杜煜,姚鸿.计算机网络基础[M].3版.北京:人民邮电出版社,2014.

[2] 赵家俊,李华,郑基亮.局域网组建与管理教程[M].2版.北京:清华大学出版社,2011.

[3] 王永祥,柳义筠.计算机网络技术项目教程[M].北京:北京交通大学出版社,2013.

[4] 徐敬东,张建忠.计算机网络[M].2版.北京:清华大学出版社,2009.